Di Fabio

Die Kultur der Freiheit

Udo Di Fabio

Die Kultur der Freiheit

Verlag C. H. Beck München

Verlag C. H. Beck im Internet:
beck.de

ISBN 3 406 53745 6

© 2005 Verlag C. H. Beck oHG
Wilhelmstraße 9, 80801 München

Druck und Bindung: fgb · Freiburger Graphische Betriebe
Bebelstraße 11, 79108 Freiburg i. Br.

Satz: Jung Crossmedia Publishing GmbH
Gewerbestr. 17, 35633 Lahnau

Gedruckt auf säurefreiem, alterungsbeständigem Papier
(hergestellt aus chlorfrei gebleichtem Zellstoff)

Vorwort

Der westliche Lebensstil beherrscht die Welt. Die Reservate traditioneller, andersartiger Gesellschaftsformen werden kleiner. Allerdings mehren sich in wichtigen demokratischen und marktwirtschaftlichen Staaten die Anzeichen für eine Krise. Gesellschaften überaltern, verlieren Antriebskraft und Vitalität. Manche Staaten beginnen in einem Klima der pluralisierten Beliebigkeit Freiheiten einzuschränken, verlassen sich immer mehr auf sozialtechnische Regulierung. Staatliche und überstaatliche Herrschaft wird undurchschaubarer, neigt zur Überdehnung ihrer Mittel und Möglichkeiten. Wirtschaft, Wissenschaft und Kunst koppeln sich weiter ab von der alltäglichen Erfahrungswelt der Menschen und ihrer Sprache. In Ländern mit kräftigen religiösen Wurzeln des Alltagslebens wie den USA oder in solchen mit zivilreligiösem Patriotismus wie Frankreich ist die Lage etwas besser als in Staaten, die einen weniger festen kulturellen Boden unter den Füßen haben.

Es zeigt sich immer deutlicher, dass im 21. Jahrhundert diejenigen Nationen und Weltregionen in Führung gehen, die über ein solides kulturelles Fundament verfügen. Im Wettbewerb behaupten werden sich diejenigen Kulturen, die zu einer dynamischen Weltwirtschaft passen, die Menschen motivieren, ihnen eine Mitte geben und die Möglichkeit zur Identifikation. Es geht um Alltagskulturen, die zu Leistungen und Kreativität anspornen, aber auch der Wirtschaft Gestalt verleihen und Grenzen setzen. In diesem Wettstreit gilt: Wer seine kulturellen Kraftquellen nicht pflegt, steigt unweigerlich ab.

Deutschland, ganz Europa, der Westen stehen heute vor einer Zeitenwende. Wir haben uns an alten Ideen und Mächten abgearbeitet, gesellschaftliche Institutionen bekämpft,

aber sie nicht genügend erneuert und keinen vernünftigen,
durchdachten Lebensentwurf an die Stelle der alten gesetzt –
es fehlen Lebenskonzepte, die gleichermaßen persönlichen
Erfolg, privates Glück und gemeinschaftliche Vitalität versprechen. Wir sind uns alle einig, dass wir die Freiheit schätzen, sie lieben. Aber die üblichen Auffassungen von Freiheit
sind zu anspruchslos, zu unvollkommen, um den Eros der
Freiheit spüren zu können. Wahre Freiheit ist viel eigenwilliger als es uns ein System politisch korrekter Konformität
und die Bilder sozialtechnischer Illusionen einflüstern. Freiheit ist viel bindungswilliger, viel gestaltungskräftiger und
weit weniger formbar als von den Protagonisten einer hedonistischen Freizeitgesellschaft oder den Propagandisten einer
sozialtechnisch zugerichteten schönen neuen Welt sugge-
riert.

In einer freizügigen Gesellschaft muss Freiheit von den
Menschen, von den Bürgern gelebt werden. Wer das tun will,
wird sich auch selbst disziplinieren, für die eigene Ordnung
des Lebens kämpfen, um für sich etwas zu erreichen, um gesetzte Ziele zu verwirklichen. Die typischen Sinngehalte
menschlicher Existenz scheinen verschüttet oder an den
Rand gedrängt: die Suche nach Liebe und Intimität, die Geborgenheit einer Familie, die Erkenntnis, dass nur Kinder
Zukunft bedeuten, das Verliebtsein in den Erfolg, Streben
nach Anerkennung, die Entschiedenheit etwas zu leisten und
auch dann weiterzukämpfen, wenn der Erfolg einmal ausbleibt, die Achtung vor dem Anderen, die Bereitschaft zu
helfen, wo Not herrscht, der Sinn für das religiöse Bekenntnis, selbst wenn man es nicht teilt. All das sind beste bürgerliche Ziele und Werte. Wir haben im Überschwang politisiert
aufklärender Kritik allzu vieles davon als kleinbürgerliche
Enge denunziert, leichtfertig verlacht und verhöhnt.

Es ist an der Zeit zu erkennen, dass diese Werte in dem neu
entstandenen Ambiente individueller Gestaltungsfreiheiten
wieder mehr Respekt und Förderung verdienen, damit die
kulturellen Grundlagen einer freien Gesellschaft neu wachsen können. Wir sollten den Aufbruch wagen in eine neue

bürgerliche Epoche, mit einem Bürgerbegriff ohne soziale Schranken, mit weniger staatlicher Bevormundung, mehr eigener Leistungsfreude, mehr Sinn auch für diejenigen Gemeinschaften, ohne die individuelles Freisein gar nicht möglich wäre. Wir müssen stärker den Zusammenhang von individueller Freiheit und unentbehrlichen Gemeinschaften – wie Familien, Nationen, Religionsgemeinschaften – beachten. Diese Gemeinschaften dürfen indes nicht als sozialtechnokratische Projekte missverstanden werden. Sie sind nur vital, wenn in ihnen eine Alltagsvernunft gepflegt wird, die in sich stimmig ist. Ohne die Alltagsvernunft der Menschen kann eine Gesellschaft nicht bestehen, aber der freie Mensch vermag sich auch nicht zu entfalten, ohne die sprachliche und historisch gewachsene Kulturgemeinschaft, die ihm Richtung und Horizont ist.

In diesem Buch wird der Versuch unternommen, die Ideen der Freiheit, der Gleichheit und der Brüderlichkeit aus ihren üblichen philosophischen, rechtlichen oder politikwissenschaftlichen Spezialdiskursen zu lösen und sie mit dem Thema der kulturellen Richtung einer Gesellschaft zu verbinden. Das meiste davon betrifft die westliche Kultur insgesamt, einiges den Dialog der Weltkulturen untereinander und vieles den Zustand speziell der deutschen Gesellschaft und ihre Probleme, sich als eine politisch und rechtlich definierte, weltoffene Kulturgemeinschaft zu verstehen.

Dieses Buch ist im Alltagsleben einer Familie entstanden, also im Lärmen, Streiten, Lachen. Ich danke meiner Frau und meinen vier Kindern. Sie sind für mich der beste Teil jener prickelnden Lebenserfahrung, an der es unserer Gesellschaft immer schmerzlicher zu fehlen scheint.

Bonn, im Juli 2005

Inhalt

Eindimensionale Weltkultur? *52* Das kulturelle Zeichen-
und Wertesystem als Bedingung auch des wirtschaftlichen
Erfolges *53* Verformung der kulturellen Heimat durch
technokratische Politik und Wirtschaft? *54* Nationalstaatliche Kultur unter den Zwängen überstaatlicher Herrschaft *54*

Die Eigenart des modernen Gesellschaftsbildes: Verzicht auf
Einheit und Zentrum *55* Der Verzicht auf Einheit macht
Freiheit möglich *55* Risiken der Freiheit ohne Einheit *56*
Am Ende des politischen Rechts-Links-Schemas *57* Poli-
tik ohne gesellschaftliches Leitbild *58* Individuelle Freiheit
mit staatlichem Komplementär *59* Erosion kultureller
Identität: Gefahr für das Programm individueller Frei-
heit? *60*

Die moderne Epoche entwirft sich als System *62* Die Krise
verlangt nach Neujustierung, nicht nach Zerstörung des
Wertesystems *63* Die Bedeutung von Werten *63* Werte
sind abstrakte Symbole der guten Ordnung *64* Glaube an
die absolute Geltung von Grundwerten *65* Übersetzung
eines Menschen- und Weltbildes in Handlungsanlei-
tungen *66* Werte als Herrschaftsinstrument *67* Eigen-
sinnige Werte in der lebensweltlichen Kultur *67*

Würde, Freiheit, Gleichheit *68* Die Würde des Menschen
als Quellcode unserer Werteordnung *69* Ohne den Welt-

Gleichheit als materielle Gerechtigkeitsidee ist Gegenseitigkeit im Sinne eines Äquivalenzprinzips *120* Das Äquivalenzprinzip der Wirtschaft: der Tausch *121* Der Tauschgedanke hat archaische Wurzeln – ist er sogar universell? *121* Die Marktwirtschaft ist nur ein Spezialfall von gesellschaftlichen Tauschsystemen *122* Beistand und Loyalität als Band der Gegenseitigkeit *123* Rechtseinrichtungen der Gegenseitigkeit *123* Gegenseitigkeitsargumente überzeugen, wenn sie mit anschaulichen Rechtsinstituten der Tauschgerechtigkeit übereinstimmen *124* Gegenseitigkeit besteht zwischen Bürgern untereinander und zum Staat, nicht aber zwischen gesellschaftlichen Gruppen oder Klassen *125* Gerechtigkeitsdenken in Gruppen gefährdet die Idee der Freiheit *125* Lastenverteilung auch nach den Vitalitätsinteressen der freien Gesellschaft *126* Gerechtigkeitsempfinden hat etwas mit den Bestandsinteressen einer Gesellschaft und ihrem Wertesystem zu tun *127* Das Schwinden der Alltagsvernunft *128* Die Ambivalenz des Sozialstaats *128* Sind die ‚Reichen‘ besondere Profiteure der staatlichen Infrastruktur? *128* Konstruktive Beliebigkeit, wenn die alltagsweltliche Anschaulichkeit schwindet *129* Der Sinn für Gegenseitigkeit verblasst in einer kinderarmen Gesellschaft *130* Das soziale Band einer Kultur zerreißt, wenn es dauerhaft an Nachwuchs fehlt *131* Die überalternde Gesellschaft verliert Integrationskraft und Orientierung *131* Alte und neue soziale Fragen *132* Generative Ungerechtigkeit: die neue soziale Frage? *133*

Gemeinschaften neu denken *134* Die Familie als ursprünglicher Kulturraum *135* Bürgerliche Familie: Sozialromantischer Affekt oder unverzichtbare Substanz einer freien Gesellschaft? *135* Die Prägekraft des bürgerlichen

„Was bloß identisch ist mit sich, ist ohne
Glück." (*Theodor W. Adorno*)[1]

I. Warum Kultur?

Die Kultur ist die Substanz der Gesellschaft. Wir sollten deshalb diejenigen kulturellen Bedingungen pflegen, ohne die
Freiheit nicht gedeihen kann. Niemand weiß, ob es wirklich zu
Huntingtons Kampf der Kulturen[2] kommt. Aber schon heute
wird die Karte der Welt nach prägenden Kulturräumen neu
vermessen. Zentrale Probleme wie die Wahrung von Frieden
und wirtschaftlichen Wohlstand, die Bekämpfung eines weltweit agierenden Terrorismus, der Streit über eine gerechte
Weltordnung oder Auswege aus der Falle der Überalterung
von Gesellschaften haben viel mehr mit kulturellen Dispositionen zu tun, als das immer noch herrschende technisch instru-
mentelle Denken wahrnehmen will.

Mit dem Begriff „Kultur" hatte einst das Deutschland des
19. Jahrhunderts, aus den geistigen Quellen der Klassik, der
Romantik und des Idealismus schöpfend, dem Westen seinen
eigenwilligen Weg in die Moderne angekündigt, und für
manche Ohren angedroht. Für das kaiserliche Japan und seinen Weg in das moderne Zeitalter lässt sich Entsprechendes
feststellen. Der international denkende Marxismus sagte mit
seiner „übermodernen" Kritik an der bürgerlichen Kultur
dem Westen von vorneherein und aggressiv den Kampf an.
Auch neue Herausforderungen wie religiöser Fundamentalismus, der gegen das Wertesystem bürgerlicher Freiheit und
Gleichheit gerichtet ist, suchen die Arena des Kulturkampfs.

Kultur als gemeinsame Lebenspraxis
Kultur ist das grundlegende soziale Zeichen- und Orientie-
rungssystem einer Gemeinschaft, die erst durch den gleich-
sinnigen Gebrauch eines solchen Sinnsystems zur Gemein-

schaft wird[3]. Kultur ist vor allem anderen eine gemeinsame
Lebenspraxis[4]; es geht um die Maßstäbe für die Art, wie wir
sehen, fühlen, urteilen und handeln. Die Kultur macht mit
Sprache, Bildern und Begriffen, mit sozialen Standards des
Erlebens und Verhaltens die Welt begreifbar und damit aufeinander bezogenes Sozialverhalten erst möglich. Es geht um
standardisierte Einstellungen, Sichtweisen, um Werte, vorherrschende und abweichende Lebensstile. Es geht vor allem
um Lebenssinn, um das, was fast alle für gerecht und richtig,
was man für böse oder hässlich hält. Derlei Muster geben uns
einen Deutungs- und Handlungsrahmen vor, den wir mit unserem persönlichen Lebensentwurf lediglich ausfüllen[5].

Eine freie Gesellschaft zieht den Handlungsrahmen so
weit, dass der Anteil der Menschen an ihrem persönlichen
Erfolg und auch ihrem Scheitern ganz maßgeblich wird. Für
das Scheitern oder den Erfolg ihrer Biographie bleiben insoweit Frauen und Männer selbst verantwortlich. Aber auch in
einer freien Gesellschaft kann es sein, dass der kulturelle
Raum sich so entwickelt, dass er persönliches Glück und Vitalität nicht fördert, sondern behindert und auf falsche Wege
leitet.

Raumübergreifende Kulturbegriffe: „Der Westen"

Verteilt über den Globus kann man eine schwer überschau-
bare Fülle an Einzelkulturen feststellen, jede Sprache – wichtigstes Zeichensystem – ist Quelle und Voraussetzung einer
eigenen Kultur[6]; hinter jeder Sprache steht zumindest ein po-
tentieller eigener Kulturraum. Aber es gibt nicht nur innerhalb eines Sprachraums Kulturgemeinschaften, es entstehen
auch sprach- oder raumüberschreitende Kulturen, wenn
durch politische oder wirtschaftliche Einheit, durch historische Erfahrung oder gemeinsame Glaubensüberzeugungen
ein die Sprachgemeinschaft überspannendes, ergänzendes
oder ersetzendes Sinnsystem entsteht.

Einen solch raumübergreifenden Kulturbegriff signalisiert
auch die Rede vom „Westen". Der Begriff Westen steht heute
für das, was früher das christliche Abendland war, im Kern

handelt es sich um Europa, Nordamerika, Neuseeland und Australien⁷. Aber der Begriff ist nicht allein auf Territorien, schon gar nicht auf Ethnien oder regionale Landsmannschaften bezogen, er ist stattdessen stark abstrahiert. Indem der Westen selbst seine in Kunst und Bildung bis vor kurzem noch sehr gepflegten historischen und kulturellen Wurzeln nicht mehr besonders betont, macht er sich exportfähig für die Weltgesellschaft, er sucht nach dem Allgemeinverbindlichen, dem Universellen. „Westen" steht heute für eine relative und artifizielle Seinsdeutung, die ernsthafte kulturelle Kontexte eher ausblendet, also eine scheinbar kulturindifferente Kultur, die sich selbst in lediglich abstrakten Werten wie Freiheit oder Gleichheit, Demokratie oder offene Märkte beschreibt. „Westen" bedeutet aber auch das kraftvolle Streben nach individuellem Glück und nach Freiheit, nach Demokratie und die Anerkennung der menschlichen Würde als Höchstwert.

Der Westen: Maßstab jeder Weltkultur?

Die politischen Niederlagen derjenigen historischen Kräfte, die nach Sonderwegen und stärkerer kultureller Identitätswahrung suchten (Japan, Russland, Deutschland, Türkei, China, Südamerika, Arabien) waren zugleich ein Sieg für die westliche Art, die Welt zu sehen. Diese besondere Art, ästhetisch oder moralisch zu bewerten und die Standards der Lebensführung zu bestimmen, scheint bis heute jedem anderen Weg überlegen. Der Westen hat die scharfen historischen, religiösen und nationalen Unterscheidungen ebenso zunächst hervorgebracht wie später dann zielgerichtet nivelliert, damit Konfliktherde beseitigt, aber auch die jeweilige Identität unklarer werden lassen.

Durch diesen Vorgang der planmäßigen Entwurzelung konnte sich das westliche Wertesystem vergleichsweise widerstandslos über den Globus ausbreiten und den Anschluss an seine Logik des Wirtschaftens, des instrumentellen Sozialverhaltens und seine technische Weltbetrachtung sanft erzwingen, mehr überredend und an funktionale Zusammenhänge anschließend als gewalttätig. Die Weltgesellschaft schien mit überall gleicher Fast-Food-Ernährung, musikalischer Standardware und Hollywood-Filmen, im unabhängig-lässigen Lebensstil der Großstadtbewohner, mit der englischen Verkehrssprache und freien Märkten, mit ihren Unterscheidungsverboten zwischen Männern und Frauen, ja überhaupt mit ihren Ideen von Freiheit und Gleichheit längst auch ein kulturelles Weltsystem gefunden zu haben.

Sind die westlichen Werte allgemeingültig?

Eine für das Thema entscheidende Frage geht dahin, ob die Werte des Westens wie Freiheit und Gleichheit und die Vorstellung einer angeborenen Würde jedes einzelnen Menschen universell gültig sind, allgemeingültig für jedermann, in Zeit und Raum. Oder sind es lediglich die Werte eines bestimmten historischen und regionalen Kulturraums? Wären sie universell, so wären sie für immer im Menschsein angelegt gewesen, zwar mit Gewalt dementierbar, aber als Idee unabänderlich wirkend, sie müssten deshalb in einem freien Diskurs von jedem einsichtsfähigen Menschen anerkannt werden. Die Eliten der Vernunftphilosophie, die vorpreschende politische Aufklärung des 18. Jahrhunderts waren von dieser Überzeugung durchdrungen; heute sind es fast alle, die in der westlichen Kulturgemeinschaft stehen[8].

Kritiker dessen könnten es sich zwar leicht machen und auf zwei Umstände hinweisen: Erstens hat es noch nie in der Geschichte der Menschheit ewige Werte gegeben und zweitens neigt jedes kulturelle System dazu, die Universalität seiner Werte zu behaupten, sonst nimmt es sich nicht ernst. Aber man muss sich schon auf Argumente der westlichen Kulturgemeinschaft näher einlassen, denn der „Universalitätsstreit" ist eine zentrale Weichenstellung für den Umgang von Kulturen miteinander, für das Völkerrecht allgemein, für Menschenrechte insbesondere, bis hin zur Rechtfertigung von Kriegen zur Verteidigung von Menschenrechten. Obwohl von Philosophen, Politikwissenschaftlern, Juristen und Soziologen ausgetragen, ist beim Disput darüber die Nähe zur politischen Macht allerdings deutlich spürbar, mitsamt ihren Verformungen und Tabuisierungen.

Frieden durch Vereinheitlichung der Kulturen?

Gerade aus den USA sind Stimmen zu vernehmen, die der Welt reichen Segen, Wohlstand und Frieden versprechen, wenn der Lebenstypus der westlichen Kultur zur universellen Norm würde und nicht länger rückständige kulturelle Muster den Weg in die moderne Zivilisation, zum wirtschaftlichen Wachstum und zur Durchsetzung der Menschenrechte verstellten[9]. Und vielleicht hat auch der Glaube daran die Erwartung genährt, die militärische Befreiung des Irak von einer Diktatur könne der Anstoß sein, den ganzen arabischen Kulturraum, auch dessen Konflikt mit dem westlichen Israel, endgültig zu befrieden: indem islamische Gesellschaften nach westlichen Kulturmustern, nach den Forderungen also der individuellen Freiheit, der Gleichheit und Gleichberechtigung der Geschlechter, der Demokratie umgestaltet werden.

Westliche Leitkultur und Gegenkräfte

Dieses Programm der einen Welt, die nach den moralischen und rechtlichen Grundverständnissen des Westens geformt ist, könnte schon morgen Wirklichkeit sein. Aber dies ist nicht gewiss. Genau so gut ist es möglich, dass Gegenkräfte auf den Plan gerufen werden, eine Region destabilisiert wird, weil gerade die kulturellen Segnungen des Westens nicht gewollt sind, oder doch nur so, dass die eigene kulturell-religiöse Identität keinen allzu großen Schaden nimmt. Wenn Werte wie Demokratie in einem Land wie dem Irak verankert werden sollen, kann und wird dies nur in einer kulturangepassten Weise geschehen, wobei die Probe noch aussteht, ob die Nationalkultur zur Demokratie oder zu anderen Herrschaftsformen drängt.

Sind wir unserer Werte zu selbstgewiss?

Der inzwischen auch in den freiheitlichen europäischen Staaten wie den Niederlanden mitunter offen ausbrechende

Kampf der Kulturen wirkt auf der internationalen Bühne mitunter wie vom Westen provoziert. Dieser Eindruck entsteht, wenn westliche Werte über die Grenzen des eigenen Kulturraums hinausgetragen, radikalisiert und vereinseitigt werden, wenn westlicher Rationalismus allzu forsch als universell behauptet wird und wenn jeder – notfalls militärisch – auf diese für alle geltenden Standards gezwungen werden soll. Aus demselben überzogenen Selbstbewusstsein heraus lassen europäische Staaten heute massenweise Einwanderung aus anderen Kulturräumen zu, weil sie meinen, ihrer universellen Kultur der Toleranz würden am Ende alle erliegen, sie werde ohne besonderes Zutun alle überzeugen und anstecken.

Eine der vielen und in diesem Fall gefährlichen Paradoxien liegt in der Blauäugigkeit des Westens, der seine Werte für ewig und allgemeingültig hält, und deshalb von anderen Ordnungen deren Öffnung für freie Märkte und diese Werte verlangt, aber im Inneren, auf dem Boden seiner eigenen Staaten nicht selten kraftlos, einfallslos oder irritiert auf die radikale Ablehnung des eigenen Wertesystems durch kulturelle Minderheiten reagiert. Der Westen scheint nicht hinreichend zu verstehen, dass gerade auch seine programmatisch vorgetragene kulturelle Indifferenz für koexistierende Kulturräume entweder als arrogante Überheblichkeit oder als unverzeihliche Schwäche betrachtet werden kann.

Die Schwäche des Westens im Wettstreit der Kulturen

Die eigenen Werte können nur geachtet und verteidigt werden, wenn man sie nicht a priori als absolut und universell begreift und nicht von vornherein fremde Kulturansprüche bekämpft oder hinter einer Toleranzmaske ignoriert. Freiheit und Gleichheit sind ohne Zweifel unsere – westlichen – Zentralwerte, daraus folgen konsequent dem entsprechende Menschenrechte und auch der freie Markt und die Demokratie. Gerade aber weil diese Werte für uns so wichtig sind, dürfen wir sie weder übermäßig verallgemeinern noch in einem Überbietungswettbewerb radikalisieren und schon gar nicht von den jeweils anders gelagerten kulturellen Grundlagen isolieren. Im Inneren der westlichen Gesellschaften ist längst zu besichtigen, dass die im Namen von individueller Freiheit und von Gleichheit geführte aggressive Kritik gegen Tradition, geschichtliches Selbstverständnis, überlieferte Kulturleistungen, auch gegen manche festen Einsichten der Alltagsvernunft und die in Institutionen gespeicherte Lebensweisheit massiv die Grundlagen für Freiheit und Gleichheit gefährdet.

Wir glauben – und das regelmäßig in der Pose selbstgerechten Wissens –, dass familiäre, religiöse und nationale Gemeinschaften als Lebensformen überholt sind, irrationale Restbestände der Welt von gestern. Wir verlangen die politische Erzwingung unserer Sicht auf „ideologiefreie Wahrheit"[10] (Was könnte das sein?). Dabei ist der „Westen" kein homogener Block, sondern eine Vielfalt, mit räumlich-historischen Gemeinsamkeiten und beträchtlichen Überschneidungen, aber eben auch Unterschieden. Ein Teil des Westens vertraut auf eher puritanische Werte wie Pflicht, Leistungswille, Pünktlichkeit, Ehrlichkeit oder Bescheidenheit, ein anderer Teil hält auch diese kulturellen Verhaltenselemente für überholte Werte unserer Großväter, womöglich lediglich bedenkliche, weil moralisch indifferente Sekundärtugenden. Und wir glauben schließlich, dass menschliches Glück sich in der Vollendung der Freiheit als unbeschwerte Ungebundenheit findet, dass soziale Gerechtigkeit ein anderer Ausdruck für einen Anspruch auf Teilhabe an diesem Glück ist und Gleichheit für den gleichen Anteil an materiellen Gütern steht, die ein sorgenfreies Leben ermöglichen.

Überrationalisierung von Werten und der Verlust der Alltagsweisheit

Die Ideen der Freiheit und der Gleichheit, der Glaube an eine objektive Wahrheit und den lückenlosen rationalen Weltzugang haben sich längst losgerissen aus uralten kulturellen Fundamenten. Damit werden sie aber seltsamerweise geistig eng und ärmer in ihren Möglichkeiten. Unsere Gesellschaf-

ten verarmen in all ihrem Reichtum, sie treten bei aller fu-
riosen Dynamik intellektuell auf der Stelle oder verlieren
Substanz. Kirchen leeren sich, geistliche Ämter bleiben un-
besetzt, die ersten Schulen werden geschlossen, weil zu wenige Kinder für den Fortbestand einer vitalen Gesellschaft
geboren werden, der politische Diskurs zeigt manchmal
deutliche Züge von Naivität und mangelndem Ernst. Wir
richten uns auf Überalterung ein, wissen nicht recht, ob wir
als nationale oder kontinentale Gemeinschaften nicht selbst
irgendwann so genannte Modernisierungsverlierer werden,
und wir suchen nach Antworten auf die kulturelle Fragmentierung staatlicher Binnenräume, nach Antworten auf das
Faktum, dass sich in westlichen Staaten parallele kulturelle
Welten einrichten, die man schon mit der eigenen Sprache
nicht mehr mit Aussicht auf Verständigung betreten kann.

Die ängstliche Gesellschaft verliert den Sinn für die Freiheit

Wo Zukunftsvertrauen und Vitalität in einer Gesellschaft
fehlen, prägen Ängstlichkeit und Abgrenzung, Fatalismus
und Abkehr die vorherrschende Stimmung. Die Radikalisierung des Freiheits- und Gleichheitsgedankens als einzig
anerkanntes Leuchtfeuer des kulturellen Wertesystems,
der Verzicht auf metaphysische, traditionelle oder auch nur
lebenspraktische Grundlagen hat die Überzeugungskraft
der Freiheit wie der Gleichheit nicht gestärkt, sondern
geschwächt. Um der Gesellschaft Gleichheit zu schenken,
nehmen wir freiheitseinschränkende Regulierungen und –
schlimmer noch – politisch angeordnete Ungleichbehand-
lungen in Kauf, zersplittern in einem paradoxen vormodernen Diskriminierungsdenken die Gemeinschaft der Bürger
in Frauen und Männer, in Junge und Alte, in Behinderte und
Nichtbehinderte, in Bedürftige und Wohlhabende, in He-
tero- und Homosexuelle. Dabei werden in gut meinender
Absicht nicht selten die Unterschiede eher verfestigt und
manchmal erst durch die Politik der Antidiskriminierung auf
die Welt gebracht. Wer immer von den Rechten und der
Schutzbedürftigkeit „alter Menschen" spricht, verdeckt auch

die Natürlichkeit einer menschlichen Gemeinschaft, die aus Jungen und Alten besteht, ohne nach der Zugehörigkeit zu Alterskohorten zu unterscheiden und zu kategorisieren.

Um in einer Welt, die sich gegen westliche Einheitserwartungen gleichwohl kulturell fragmentiert und unberechenbarer wird, Sicherheit zu gewährleisten, übertreten wir mitunter die von uns selbst gesetzten eisernen Regeln rechtsstaatlicher Verfasstheit, wenn etwa – und dies nicht nur als Gedankenspiel – die Frage erörtert wird, wann Folter als ernsthafte, intensive und den Menschen erniedrigende Gewaltanwendung erlaubt ist. Die Angst vor dem terroristischen Attentat lässt die immer notwendige Abwägung zwischen Freiheit und Sicherheit heute schon allzu leicht in Richtung Sicherheit ausschlagen: Das ist in ihrem Anliegen nicht unverständlich, weil es ohne Sicherheit keine Freiheit gibt. Wenn die untrennbare Umkehrung dieser Aussage aber weniger einleuchtend wird, kann dies ein Indiz sein für die Selbstgefährdung einer kulturarmen Freiheitsidee.

Mit anderen Augen die eigene Kultur beobachten

Das Einfühlungsvermögen in die Perspektive der anderen, die Ahnung davon, dass die eigene libertär auftrumpfende Kultur von anderen als abstoßend, unwürdig oder als ehrlos empfunden werden könnte, ist uns heute fast völlig abhanden gekommen; vielleicht weil jede ernsthafte Kritik an der inzwischen fast hermetisch sich absichernden herrschenden Kultur ausbleibt. Während eine in technischen Diskursen sich selbst bespiegelnde politische Herrschaft nach ihrer Ansicht korrektes Verhalten mit Gesetzen erzwingt, scheut sich die freie Gesellschaft, einfache soziale Normen im Alltag durchzusetzen. Menschen, die bei der Wahl ihrer Kleidung, in der Art wie sie speisen oder wie sie reden, inzwischen wieder dem Niveau vorkultureller Zeit zuzustreben scheinen, Menschen, die schon morgens mit einer Alkoholfahne in öffentlichen Verkehrsmitteln reisen oder solche, die überzogen aggressiv ihre Freizeitneigungen austoben, dürfen in unserer Kultur der selektiven Toleranz gegenüber dem individuellen

Sosein weder verlacht noch öffentlich auch unter ästhetischen Gesichtspunkten kritisiert werden. Wer im öffentlichen Raum andere wegen ihres Sozialverhaltens oder gar wegen ihres Aussehens laut rügt, wird unweigerlich selbst zum Gegenstand der Kritik. Die neue herrschende soziale Norm ist die schweigend duldende Toleranz, gefordert ist eine biegsame Anpassung an die Grundnorm, nicht anzuecken.

Doch wenn keine ernsthafte Kritik und Selbstkorrektur mehr von Innen kommt, kommt sie von außen aus anderen Kulturkreisen. Dass der Westen sich plötzlich im „Kampf der Kulturen" wähnt, hat viel mit seiner sittlichen und ästhetischen Selbstbeschreibung zu tun. Solange der Westen nicht nur mit überlegenen Waffen und Waren kolonisierte, sondern mit einer in sich stimmigen, transzendental verankerten Kultur anderen gegenübertrat, fand er zumindest Respekt und nicht selten Gefolgschaft. Es ist an der Zeit darüber nachzudenken, wieso unsere Kultur heute Gleichgültigkeit, zum Teil sogar fanatischen gewalttätigen Widerstand auslöst.

Überzeugt das westliche Modell des guten Lebens?

Dies ist nicht nur ein Ergebnis global verdichteter Kommunikation. Inzwischen sind wir gewiss in einer Weltgesellschaft angelangt. Selbst der Protest gegen die Globalisierung ist ein typisches Phänomen der Weltgesellschaft und fördert das, was er bekämpfen will. Äußere Konflikte wie der Krieg gegen den Terrorismus und innere Probleme eines Staates wie die Überalterung, Wirtschaftsentwicklung oder die massenhafte Einwanderung aus anderen Kulturräumen gehören längst zusammen und verlangen nach weit besseren Antworten als bisher. Die herrschende Kultur des Westens ist ganz ersichtlich an immanente Grenzen gestoßen, sie ist erschöpft wie nach durchtanzter Nacht, ihr Make-up ist rissig.

Muss nicht gerade jeder, der die westliche Art zu leben, zu denken und zu handeln, auch in Zukunft sichern will, ein paar kritische und grundsätzliche Fragen stellen? Ist unser Modell des guten Lebens wirklich geeignet, die Zukunft unbeschadet zu erreichen und human zu gestalten? Sind unsere

Werte, wie wir sie heute verstehen, wirklich universell und deshalb auch notfalls mit Gewalt durchsetzbar? Können wir an unseren Vorstellungen von Freiheit und Gemeinschaft ohne rekonstruktive Abstriche festhalten? Ist unsere Antwort auf die transzendentalen Herausforderungen menschlicher Existenz, ist unsere Antwort auf den Sinn von Leben und Tod wirklich überzeugend oder müssen wir nicht nachbessern, zurückgreifen, um unsere freiheitliche Ordnung neu zu begründen, als lebenszugewandte, als vitale Ordnung neu zu erfinden? Ist das Modernisierungsprogramm des ewigen Traditionsbruchs in jeder Hinsicht überzeugend oder sollten wir nicht vielmehr eine unreife Arroganz aufgeben und uns selbstbewusst in den Schatzkammern des Wissens vergangener Epochen und ihrer Institutionen bedienen?

II. Die kulturelle Selbstgefährdung
des Westens

1. Die Kultur als Einheit von persönlichem Glück und
gesellschaftlicher Ordnung

Der Westen

Der „Westen" ist eine Sammelbezeichnung für Nationen und Staaten, die ein vergleichbares Wertefundament besitzen und die einen ähnlichen gesellschaftlichen Entwicklungspfad betreten haben. Mit „Westen" ist heute keine geographische Verortung mehr gemeint, sondern eine kulturelle. Japan, Südkorea, Taiwan gehören im Wesentlichen ebenso zum Westen wie die USA, Australien, Deutschland, Polen oder Israel. Was macht bei allen Unterschieden die gemeinsame Zugehörigkeit aus? Das westliche Wertesystem gründet sich auf der Prämisse individueller Freiheit und der Organisation der Gesellschaft entlang der Eigenlogik formalisierter Sozialsysteme, wie der Wirtschaft, der Politik, der Wissenschaft oder des Rechts. Freie Wissenschaft und Wirtschaft, offene Märkte, freie Presse, demokratische Staatsorganisation, Individualrechtsschutz, die Achtung der Menschen- und Grundrechte sind allgemeine Merkmale westlicher Kultur.

Die westliche Gesellschaft hat etwas in der geschichtlichen Entwicklung Eigenartiges gewagt. Sie hat auf einen für eine Gemeinschaftsbildung völlig unwahrscheinlichen Pfad gesetzt, der von der Freiheit und der Gleichwertigkeit eines jeden Menschen ausgeht. Nicht eine ‚natürliche' Gemeinschaft, eine Klasse, ein Geschlecht, ein Volksstamm, eine Nation, auch keine beherrschende Idee, kein Glaube, keine Geschichte, kein Gott, nicht die Republik, das Reich, der König oder das Universum waren die höchste und den Grundsinn gebende Instanz, sondern das bloße menschliche Individuum, der einzelne, jeder einzelne Mensch.

Humanismus der Renaissance als Quellcode des modernen Wertesystems

Hinter dem individualistischen Menschenbild steht eine radikal ins Weltliche gekehrte Glaubensüberzeugung. Der die Neuzeit geistig begründende Humanismus hat scheinbar nur an das antike und christliche Menschenbild angeknüpft, und dabei doch darüber hinaus schreitend Undenkbares gewagt. Die christliche Offenbarung gibt dem Menschen bereits Würde, weil er Mensch ist[11], nicht weil er sich als würdig erwiesen hat[12]. Der oberitalienische Renaissance-Humanismus hat den Menschen in weltlicher Absicht zum Ebenbild Gottes erklärt, ihn mit neuem Odem beseelt, jeden Einzelnen in den exklusiven Rang des Schöpfers, zumindest seines eigenen Schicksals, aber damit auch der Welt, gehoben. Dadurch waren letztlich alle gesellschaftlichen Ordnungen und Institutionen um ihre Fraglosigkeit, um ihre Absolutheit gebracht, sie wurden relativiert und in ihrer traditionellen Unangreifbarkeit delegitimiert. Wir haben somit erst in unserer Zeit dasjenige vollendet, was mit Renaissance und Humanismus in den oberitalienischen Städten begann[13]. Mit dieser ursprünglichen und selbstbezüglichen – um nicht zu sagen: tautologischen – ersten Setzung, wonach der Mensch des Menschen höchste Instanz sei, ist der Grundstein der westlichen Kultur gelegt, buchstäblich alles an normativen Ableitungen geht auf diesen Quellcode zurück.

Radikaler Konstruktivismus braucht lebensweltliche Gegengewichte

Doch mit der Vollendung treten häufig die vorher verdeckten Widersprüche und Paradoxien solcher Geistesprojekte in Erscheinung. Der radikale Humanismus und Individualismus, der gegen alle Institutionen gerichtete Affekt, der dynamische Fortschrittsglaube, sie alle waren nur solange überzeugend, fördernd und befreiend, als es noch kräftige Gegenspieler für die verselbstständigten funktionell begrenzten Ordnungen wie Wissenschaft, Recht oder Wirtschaft gab. Durch den übermäßigen, die alten Mächte verdrängenden Erfolg sind lebenskluge Traditionen, ursprüngliche Lebensgemeinschaften, Religiosität dezimiert. Dadurch wanken die Grundlagen des eigenen Ausgriffs, die technische Rationalität kommt aus dem Gleichgewicht[14].

Es ist eine dialektische Grundweisheit, die heute durch die Erkenntnistheorie längst belegt ist: Wer etwas unterscheidet – und jeder gedankliche Akt baut auf Unterscheidungen –, durchtrennt die Einheit der Welt und transportiert die Einheit doch im ausgeschlossenen Anderen weiter mit sich. Eine Setzung, die so mächtig wäre, dass sie das ausgeschlossene Andere zerstörte, unwirklich weil undenkbar machte, zerstörte sich selbst. Die neuzeitliche Physik hat ihre Distinktionsfähigkeit, die Unterscheidung zwischen Subjekt und Objekt, zwischen behauptetem Naturgesetz und falsifizierendem Experiment, so weit getrieben und so perfektioniert, dass sie im subatomaren Bereich der Quantentheorie, aber wohl auch im Makrobereich des Urknalls plötzlich auf die Paradoxie ihrer Unterscheidung gestoßen ist: keine subjektive Beobachtung von Gesetzmäßigkeiten mehr, die Erkenntnis, dass sich präzise Gesetzmäßigkeit und chaotischer Zufall nicht etwa ausschließen, sondern als Einheit bedingen, ebenso wie Freiheit und Schicksal.

Deshalb wächst im 20. Jahrhundert der von *Kant* und *Hegel* im deutschen Idealismus vorbereitete Verdacht, dass auch empirisch bestens bewährte Unterscheidungen nicht tatsächlich im untersuchten Gegenstand zu finden sind, sondern konstruierende Leistungen des Subjekts sind. Mit dem für die Widerlegung offenen Experiment gewinnt man zwar ein gleichsam interaktiv entstandenes verwertbares technisches Wissen über die Welt – und insofern eine Wahrheit der funktionierenden Interaktion –, aber keine „objektive Wahrheit", wie die Welt außerhalb des erkennenden Subjekts wirklich ist[15]. Geistige Ordnungen sind insofern nur als Konstruktionen, als Setzungen und daraus folgenden Konsequenzen möglich. Konstruktive Ordnungen, alle Ordnungen des Geistes stoßen aber auf Grenzen, weil sie als Teil eines Ganzen das Ganze beobachten wollen und es als solches nicht erkennen, sondern wegen eines unüberbrückbaren Komplexitätsgefälles nur konstruieren können[16].

Das Selbstverständnis einer Gesellschaft der autonomen Funktionssysteme

Was folgt aus diesem inzwischen festen Stand der Erkenntnistheorie? Was bedeuten solche Einsichten für eine Gesellschaft, die als Ganze nicht dem Experiment offen steht und letztlich keine methodisch strenge Unterscheidung zwischen einem erkennenden Subjekt und einem Objekt erlaubt, weil jede Beschreibung und jede Aussage, wie eine Gesellschaft sein sollte, zugleich den Gegenstand verändert oder erst hervorbringt? Man wird zunächst möglichst distanziert beschreiben müssen; hier hat die soziologische Systemtheorie des Bielefelder Soziologen *Niklas Luhmann*[17] einen wissenschaftlichen Erkenntnisstand erreicht, hinter dem keiner mehr zurück kann. Der Westen ist in dieser Sicht gekennzeichnet durch die Ausbildung autonomer Handlungssysteme, in denen Menschen nach Regeln und gleichsam in vereinfacht codierten Fachsprachen miteinander kommunizieren. Diese weitgehend einer eigenen Logik folgenden Bereiche der Wirtschaft, der Politik, der Wissenschaft, des Rechts, der Kunst, der Erziehung werden durch fundamentale Freiheitsrechte (Grundrechte) als frei definiert und in dieser Freiheit geschützt[18].

Das Einheitsproblem

All die befreiten spezialisierten Funktionssysteme einer Gesellschaft bekommen es aber mit den Verführungen unendlicher Ausdifferenzierung und mit Grenzproblemen des Erfolges zu tun. Weltweit operierende Unternehmen verlieren mitunter den Kompass wirtschaftlicher Vernunft in der Komplexität der Märkte und im Machtspiel der Unternehmensübernahmen. Die politischen Systeme der Staaten überreizen ihre Mittel. Verschuldung, die Überspannung von Machtmitteln und der Verlust an Legitimation sind die Folge. Das Recht überbordet, kann seine geistige Einheit und die Kraft des rationalen Entscheids kaum noch wahren. Im Verfassungsrecht kann man grundrechtliches Denken so weit über sich selbst hinaustreiben, dass der Staat als Adressat der Grundrechte und als ihr Gegengewicht delegitimiert oder gar begrifflich zum Verschwinden gebracht wird, ohne dass auch nur wenigstens die Grundrechte anderer an seine Stelle richtig in den Blick treten würden. Wer Verfassung, also ein Rechtsdokument, an die Stelle einer Institution oder einer Gemeinschaft setzen will, zerstört mit dieser Überforderung womöglich die Grundrechte und die Verfassung als praktisch wirksame Rechtsinstitution.

Man könnte auch sagen, dass alle Funktionssysteme es mit dem unbehandelten, mit dem abgeschobenen Problem der Einheit der Gesellschaft zu tun bekommen und es auf ihre Art, mit ihren Mitteln immer weiterer Wachstums zu lösen versuchen. Dabei schiebt ein System diese Aufgabe gerne auf andere. Die Wirtschaft verlangt nach Politik, wenn sie an Grenzen stößt, während die Politik geradezu um Wirtschaftswachstum betet, um ihre Probleme zu lösen. Das Recht verlangt von der Politik mal weniger, mal bessere Gesetze und in ihrem Grenzbereich – etwa bei Diskussionen um die Würde des Menschen – um den Beistand des ethischen Diskurses.

Aber stehen nicht alle Funktionssysteme und alle Menschen, die nach deren Regeln spielen und entscheiden, auf dem Boden von Grundannahmen, die tiefer liegen, die einem kulturellen Muster der Weltdeutung folgen[19]?

Logos und Eros

Auch die großartige Systemtheorie *Niklas Luhmanns* hat einen blinden Fleck von nicht geringer Ausdehnung. Sie erklärt die soziale Welt mit den Mitteln rationaler Wissenschaft als einen Wirkungszusammenhang, der vom Prinzip funktionaler Gliederung beherrscht wird, sie sieht also aus einer funktionalen Perspektive eine funktionale Welt. Damit gewinnt sie eine enorme Fähigkeit, verdeckte Zusammenhänge zu erkennen, sie gewinnt größtmögliche wissenschaftliche Distanz zu dem, was wir kommunizieren. Dieser theoretische Ansatz entgeht auch den naiven normativen Unterstellungen, die alle modernen Urvertragstheorien mit sich schleppen, die da meinen, allein mit dem logischen Kalkül der ersten Stunde einer sich gründenden Gesellschaft zu einem zwingenden Bild der Gesellschaft gelangen zu können, wenn man die allgemeinen Bedingungen für ein Individuum zu Grunde legt, das frei und nach rationalen Prämissen entscheidet. Aber in einem Punkt sind sowohl Urvertragstheorien als auch die Systemtheorie typische Kinder der klassischen Moderne: Sie übersehen das durch das Programm der Rationalität ausgeschlossene Andere. Sie entfalten den Logos der Subjektivität, die mit dem Individualismus radikal wurde, und zugleich den Logos rationaler Weltdeutung nach definierten gesellschaftlichen Funktionen. Aber sie schenken dem Eros der Gesellschaft keine Beachtung.

Der misslungene Versuch, die hermetisch rationale Weltdeutung zu überwinden

Etwa seit Ende des 19. Jahrhunderts, etwa seit *Friedrich Nietzsche*[20], haben wir es mit Tendenzen der Rebellion gegen die technische Vernunft der modernen Welt zu tun, weil gespürt wird, dass die Unterscheidung rational/irrational etwas als negativ verdrängt hat, was konstitutiv für jede gute Ordnung, für jede Idee des richtigen Lebens ist. Aber die Rebellion gegen die hermetische rationale Weltdeutung war seit *Nietzsche* überwiegend destruktiv und ist es bis heute: Kulturnihilismus, Pessimismus, Atavismen wie der faschistische Führerkult und Zynismus waren die schlechten kritischen Geister, die die Aufklärung begleiteten. Die Suche nach einem vom Programm rationaler Weltdeutung ausgeschlossenen Anderen mit einem positiven Leitwert führte zu keinem überzeugenden Ergebnis. Purer Wille, wie von *Nietzsche* vorgeschlagen, fand viele Anhänger, offene und verdeckte, war aber erklärtermaßen kulturfeindlich gemeint.

Vitalität als Deutungsprinzip

Vitalistische Weltdeutungen, die im Prinzip des Lebens einen nicht nur rationalen Logos sich entfalten sehen und von *Leibniz* über die deutsche Romantik bis *Bergson* und *Dilthey* reichen, sind dagegen positiver angelegt, waren aber offenbar nicht hinreichend anschlussfähig. Weil das so war, gerieten die nichtrationalen kulturellen Voraussetzungen jeder rationalen Gesellschaft fast widerstandslos aus dem Blick. Die rationalen Deutungsmuster drangen bis in die letzten Spalten dessen, was eine Gesellschaft, was jede Gemeinschaft ausmacht: die Symbiose von gerechter Ordnung und sinngestifteter Lebensfreude, der Eros menschlicher Existenz, der nicht rational erklärbar, aber sehr wohl durch die Logik von Funktionssystemen zerstörbar ist. Eros der Kultur meint die gelungene Verbindung von persönlichem Glück[21] und gesellschaftlicher Ordnung in einem Zeichen- und Wertesystem, das die insofern richtige lebenspraktische Orientierung gibt. Der Einheitsbegriff der Kultur führt – richtig und positiv verstanden – Logos und Eros der Gesellschaft zusammen.

> „In diesem Buch jedoch bedeutet Kultur etwas anderes. Der Begriff bezieht sich auf die Sprache eines Volkes, auf seine religiösen Überzeugungen, seine sozialen und politischen Werte, seine Vorstellungen von richtig und falsch, von angemessen und unangemessen, und auf die objektiven Institutionen und Verhaltensmuster, in denen sich diese subjektiven Elemente manifestieren." (*Samuel P. Huntington*)[22]

2. Begriff und Einsichten: Die Kultur des Westens

Kultur – ein schillernder Begriff?

Was eigentlich ist Kultur? Der Begriff schillert zwischen Faktum und Werturteil[23], wirkt auf den ersten Blick konturenlos, lädt zu Missverständnissen förmlich ein. Seine Verwendung in politischen Kontexten ist zudem nicht ungefährlich, man

erinnert sich an den Kampf zwischen französischer „Zivilisation" und deutscher „Kultur", der schließlich in den Schüt-
zengräben des Ersten Weltkriegs blutig ausgetragen wurde
und der in *Thomas Manns* „Betrachtungen eines Unpolitischen" eine bizarre Verewigung aus der Sicht der schließlich
unterlegenen Seite fand. Den Begriff „Kultur" deshalb zu
meiden, hieße allerdings das Falsche aus seinem früheren
Missbrauch zu lernen. Wenn man mit Kultur nicht gerade die
moderne, zuerst den Intellektuellen ansprechende Kunst
meint, gerät man dennoch leicht in Verdacht, ein geistig enger
Konservativer oder Schlimmeres zu sein; schließlich hatte
auch der Kulturzerstörer Hitler seinen Weg in die Barbarei
immer auch im Duktus eines rassistisch gewendeten Kultur-
auftrags vorgetragen[24].

Wollen wir die Zusammenhänge, für die der Begriff
„Kultur" steht?

Ein weiterer Grund, um „Kultur" als theoretischen Begriff
einen großen Bogen zu machen, scheint in seiner Ganzheit
zu liegen, die nicht recht zu den funktional differenzierten
Gesellschaften unserer Tage passen will. Kultur kann alles
und jedes vom Menschen Geschaffene bedeuten, kann als
Entgegensetzung zur Natur deshalb ein anderer Ausdruck
für „Gesellschaft" sein. Kultur meint dann alles Soziale und
fast noch mehr als der alles umfassende *rationale* Begriff der
Gesellschaft, weil auch das Mythische und das Irrationale in
einer sublimen und nicht gänzlich dem Wissen zugänglichen
Weise vom Begriff umfasst wird[25]. Um nicht alles als Kultur
bezeichnen zu müssen, hat man heute der Kultur – von der
Kulturanthropologie abgesehen – nur einen eng geschnitte-
nen Bereich veredelter Lebensformen gelassen, dargestellt in
allerlei „Kulturmagazinen", hier im Grunde ein Synonym
für arrivierte „Kunst".

*Über Kultur reden heißt, nach dem Spiegel einer
wohlgeordneten Gesellschaft zu suchen*

Mit einer solchen Vermeidung oder Verengung des Kulturbe-
griffs verzichten wir allerdings auf einen wichtigen Begriff, der
ein Stück kontrollierter Selbstreflexion moderner Gesellschaften erlaubt. Der lateinische Begriff „colere" meint be-
kanntlich ursprünglich die richtige Hege und Pflege im Acker-
bau, die Nutzung landwirtschaftlicher Flächen, auch die
Bekämpfung des Unkrauts[26]. Dies war in agrarischen Gesellschaften alles andere als ein Detailproblem. Das hier Erlernte
eines methodischen Vorgehens, der planvolle Umgang des
Menschen mit der Natur, legten es nahe, mit dem Begriff der
Kultur die Qualität einer lernenden Gesellschaft zu bezeichnen und ihn schließlich als einen Maßstab zur eigenen Selbstvergewisserung und Richtigkeit zu verstehen[27]. Über Kultur
zu reden heißt demnach, nach Identität, Sinn und prägender
Ordnung einer Gemeinschaft von Menschen zu fragen.

Kultur und Zivilisation

Dabei mag es weiter sinnvoll sein, eine Unterscheidung von
Zivilisation und Kultur beizubehalten, wobei der gegenläu-
fige Sprachgebrauch zwischen der deutschen und der englischen Sprache letztlich unerheblich ist. Zivilisation steht
für einen gemeinsamen Lern- und Entwicklungsprozess der
Menschheit, der von den Impulsen der vielen Kulturen lebt
und ihnen Impulse gibt. Die Zivilisationsbeobachtung
erkennt allgemeine Techniken und Standards von Sozialge-
meinschaften und sucht nach gemeinsamen oder interdependenten Verhaltensmustern im Prozess der Menschheitsent-
wicklung, der als Zivilisationsprozess verstanden werden
kann[28]. Nicht weiterführend sind Ansätze, die Zivilisation
als Verfalls- und Krankheitszeichen großer Kulturen sehen,
wie dies *Oswald Spengler* in seinem Werk „Der Untergang
des Abendlandes" tat[29].

Genauso verfehlt wäre es allerdings, den Eigensinn und
die Integrationsleistungen von Kulturen – Nationalkulturen,

religiösen Gemeinschaften – als Hindernisse auf dem Weg zu einer strahlenden Zukunft universaler Menschenrechte und standardisierter globaler Verhaltensmuster zu sehen. Kultur meint im deutschen Sprachsinne vor allem auch den Plural der Kulturen, die jeweilige Partikularität und Identität einer Kultur im Vergleich zu anderen. Die Unterschiede zwischen Kulturen können kritisch bewertet werden. Die Kultur, ihr Wertesystem und ihre Vitalitätsmuster bilden eine Einheit, zu einer Kultur muss man sich bekennen, man muss sie womöglich verteidigen. Die Begriffe Kultur und Zivilisation stehen danach nicht in einem Verhältnis der Gegnerschaft, sondern einer wechselseitigen Ergänzung der Blickrichtung.

Kultur als Identitätsmuster einer Gesellschaft

Für die UNESCO-Generalkonferenz ist Kultur die „Gesamtheit der unverwechselbaren geistigen, materiellen, intellektuellen und emotionalen Eigenschaften", die „eine Gesellschaft oder eine soziale Gruppe kennzeichnen" und die „über Kunst und Literatur hinaus auch Lebensformen, Formen des Zusammenlebens, Wertesysteme, Traditionen und Überzeugungen umfasst"[30]. Kultur scheint dasjenige zu sein, wozu eine Gesellschaft sich entschließt, es besonders zu hegen und zu pflegen, als Grundbedingung ihrer Identität und ihres Fortbestandes zu erkennen, als festen Wert in ihren Institutionen sowie in den Überzeugungen und Gefühlen der Menschen zu verankern. Dies beginnt mit der Sprache, die ein beinah unerschöpfliches Reservoir für Sinn und Variation ist, für Denkstruktur, für Logik und für ihre Verbindung mit Emotion, praktischer Erfahrung und Weltsicht. Sprachenstreit in einem Staat ist deshalb häufig Existenzfrage. Nichts zeigt den Zerfall einer bislang einheitlichen Kultur so sehr an, wie der Verlust von Verständigungsmöglichkeiten in öffentlichen Räumen. Immer sprachgebunden, aber bereits nach ihren Funktionsbedingungen verselbstständigt – und deshalb durch Sprachpragmatik nicht hinreichend erschließbar – ist das Wertesystem einer Kulturgemeinschaft. Dieses

Wertesystem speist sich in seiner Überzeugungskraft aus den
Quellen eines einfachen Bildes vom Menschen in der Welt.

Existentielle Lebensfragen

Kultur betrifft in ihrer sichtbaren, der Diskussion offen zugänglichen Schicht die existentiellen Fragen des Lebens: Was
ist die Welt, wer bin ich, worin liegt der Sinn des Lebens, was
macht den Menschen aus, welches Denken, welches Wollen,
welches Handeln ist das richtige? Darunter schlummert eine
nur schwer zu erreichende tiefe, aber mit der Oberfläche ver-
bundene Schicht, die Logik und der Zauber der Sprache, ata-
vistisches Urwissen und heimliches Begehren, Mythen und
Legenden, Gebete und Gebote, Gesänge und Klänge, Verse
und Sprichwörter.

Keine universellen Antworten, nur universelle Fragen

Menschliche Gesellschaften gründen auf einem gemeinsam
geteilten Sinnhorizont. Kultur ist ein anderer Ausdruck für
das System grundlegender Antworten auf Fragen, auf die jeder sprachbildende menschliche Sozialverband stößt. Der
Mensch ist ohne ein sinnhaftes System der Weltdeutung in
Existenznot, weil sich seine Gattung in einer prekären Lage
befindet zwischen natürlichen Antrieben alter Instinktsteue-
rung und dem gewachsenen Potential autonomer geistiger
Selbststeuerung[31]. Das geistige Potential eines jeden Menschen führt zu Fragen der Selbstreflexion und des Selbst-
zweifels, genau daraus wächst aber auch die anthropologi-
sche Offenheit und besondere Formbarkeit des Menschen
durch die Mächte der sozialen Gemeinschaft.

Nur der Mensch kann sich die Frage stellen, wie man richtig lebt, kann Alternativen denken und verwerfen, Wünsche
formulieren, Zukunft planen. Betrachtet man den Entwicklungsverlauf der Hochkulturen, so wird man schwerlich die
Auffassung vertreten können, es gäbe unverrückbar feststehende Muster und allgemeingültige Antworten auf kulturelle
Grundfragen. Es gibt ersichtlich vielfältige Verbindungen
zwischen den Kulturen in Raum und Zeit, evolutionär lo-

gisch aufbauende Abläufe, Reaktionen, Interaktionen, Verneinungen, Rezeptionen, Isomorphien.

Man kann eigene Werte für universell erklären, darf sich aber davon nicht düpieren lassen

Aber es gibt keinen Endzweck und keinen Endzustand, auch keine absolute Position, die es erlaubte, mit normativer oder kognitiver Gewissheit die Vollendung des kulturellen Prozesses zu behaupten, kein Ende der Geschichte. Es kann aus erkenntnistheoretischen und praktischen Gründen keine universellen, keine allgemeingültigen und ewigen Antworten auf die Sinnfragen menschlicher Existenz geben. Das schließt keineswegs aus, dass man die eigenen kulturellen Antworten mit guten Gründen für universell *erklärt* und für ihre allgemeine Akzeptanz streitet. Man muss nur unterscheiden können zwischen einem solchen letztlich politischen oder ethischen Entschluss und der wissenschaftlichen Behauptung, etwas sei unabhängig von jeder Dezision existent oder als Gesetzmäßigkeit immer während gültig.

Mit aller Vorsicht kann man wissenschaftlich die Antworten ausgewählter Kulturen vergleichen, systematisieren und vor allem nach universellen Fragen suchen. Universelle Fragen und ihre Antworten konstituieren die Gemeinschaft, geben ihr Gestalt: Wo kommt der Mensch her, und wo geht er hin? Wie halten wir es mit dem Tod? Was ist das gute und richtige Leben, der Lebenssinn? Gibt es unerkennbare Mächte, Transzendentales oder nur Diesseitiges? Was sind die unentbehrlichen Regeln sozialen Zusammenlebens? Wann verdient ein Mensch Achtung und wann Missachtung?

Leitthema aller Kulturen: Richtiges Leben als Antwort auf den Tod

Es ist keineswegs ein Widerspruch, wenn die zentrale Frage nach dem richtigen Leben eine Antwort auf den Tod erfordert[32]. Der Umgang mit dem Tod ist ein besonderes Merkmal, Kennzeichen jeder menschlichen Kultur. Die Pyramiden legen Zeugnis ab, dass die beeindruckende Hochkultur des alten Ägypten den Tod in das Zentrum der diesseitigen Anstrengungen rückte. Der Ahnenkult der Naturvölker und wertvolle Grabbeigaben der Herrschenden unterstreichen eine Bedeutung, die für ein denkendes Wesen nahe liegend ist. Denn: Jedes Leben ist auf Überleben programmiert[33], der Mensch nicht anders als alles andere Leben. Ein Lebewesen, das seinen Tod sich vorstellen kann, um ihn weiß und deshalb die Unentrinnbarkeit des Todes begreifen muss, gerät zwangsläufig in eine verstörende Urangst und zu fundamentalen Sinnfragen. Jede höhere Kulturleistung, die über die bloße Sicherung des alltäglichen Überlebens hinausgeht, muss Antworten suchen, muss die Welt auch und gerade auf den Tod hin deuten. Familiäre Sozialgeflechte, politische Herrschaftssysteme und religiöse und beobachtende Welterklärung stehen vor der Aufgabe, den Sinn des Lebens so zu deuten, dass er nicht im Angesicht des sicheren Todes dementiert wird. Gesellschaft muss deshalb in irgendeiner Form nachdrücklich lebensbejahend sein, und zwar über den individuellen Tod hinaus. Innerhalb eines logisch begrenzten Spektrums sind hier einige Antworten und ihre Kombination untereinander möglich, und alle sind bereits gegeben worden.

Unsterblichkeit: Sehnsucht allen Lebens

Die einfachste und faszinierendste Weltdeutung erklärt den Tod zur Illusion, weil in Wirklichkeit das Individuum in anderer Form weiterlebe – ewig. Wiedergeburt, Geistesexistenz und der Glaube an die Unterscheidung von Körper und Seele gehören in diesen Kreis der Weltdeutung. Ein anderes – das erste nicht ausschließendes – Erklärungsmuster bestreitet nicht das jedenfalls materielle Ende des Individuums, sieht den Lebenssinn aber gerade nicht vorrangig im Einzelnen, sondern im ewigen Fortbestand einer Gemeinschaft, der Gattung. Für den Adel ist bis heute die Familie, das genealogische Geschlecht, die unsterbliche Einheit; ganz lebenspraktisch sieht sich der Mensch in seinen Kindern und Enkelkindern weiter existieren, sucht dies mit vererbtem Eigentum oder mit moralischen Prägungen abzusichern, die

Soziobiologie erkennt dahinter ein mächtiges biologisches Wirkprinzip, die so genannte Genmaximierung – die Gene sind variabel, aber im Kern und Nachkommen vorausgesetzt unsterblich[34].

Unsterbliche Gemeinschaften, ewige Menschheit

Über die Familie hinaus sind weitere Gemeinschaften bis zur Menschheit als Gattung denkbar. Am wirkmächtigsten haben sich seit dem Zeitalter der ersten Hochkulturen politisch als Einheit beherrschte Sprach- und Kulturgemeinschaften (Staaten) und Religionsgemeinschaften, deckungsgleich mit politischen Herrschaftsgebilden oder ihre Grenzen überschreitend, erwiesen. Der Märtyrer seit den Tagen der Christenverfolgung stirbt für die freie Gemeinschaft. Missbraucht wurde der Opferwille durch die Naziherrschaft, die die Nation wie jeden zivilisatorischen Wert in Wirklichkeit verachtete, sie war allenfalls eine Spielfigur im narzisstisch-darwinistischen Machtwahn des „Führers". Die Hitlerdiktatur hatte deshalb in einem sehr substantiellen Sinne kein Recht, auf die Gräber der Belogenen und Verführten zu schreiben: „Er starb, damit Deutschland lebe". Hier wurde die Lüge zur Wahrheit gebracht durch *Claus Schenk Graf von Stauffenberg*, der – durch die Volksverderber getötet – mit dem hinausgerufenen Glauben an das ewige Deutschland für die wirkliche Gemeinschaft starb.

Vorrang des Individuums, Vorrang der Gemeinschaft

Für große Teile des individualisierten Westens ist indes jede Priorität der Gemeinschaft suspekt und unvereinbar mit der Priorität der Person. Doch sollte auch hier unterschieden werden zwischen *unserem* Wertesystem, das wir normativ verteidigen, und dem Wissen um die Möglichkeit anderer Wertesetzungen. Aus einer anderen, gemeinschaftsbetonten Sicht ist es nicht schlechthin unerklärlich, dass palästinensische Eltern ihre Kinder in den abscheulichen Tod des Selbstmordanschlages treiben. *Innerhalb* eines radikal gemeinschaftsbezogenen Wertesystems kann eben lediglich darüber diskutiert werden, ob es sich um ein fehlgeleitetes – in Wirklichkeit gemeinschaftswidriges – Opfer handelt, wie das der tapferen, aber meist subjektiv unerkannt für das Böse (d. h. aus der kulturellen Binnenperspektive für den Untergang ihrer Gemeinschaft) kämpfenden deutschen oder japanischen Soldaten im Zweiten Weltkrieg, oder wirklich um eine heroische Tat gegen das die Gemeinschaft bedrohende Böse.

Kultur selbst als Antwort auf die Begrenztheit des Lebens

Eine zivile, weniger heroische Antwort auf die Herausforderung des Todes ist die Kultur selbst, als Zweck für sich selbst gesetzt. Wenn die Identität einer Kulturgemeinschaft oder der Menschengattung selbst von einer wahren und wertvollen Weltdeutung abhängt und diese Deutung sich in Werken der Kunst, der Wissenschaft, der Architektur, der Theologie vergegenständlichen muss, dann ist die Arbeit an diesen Gegenständen ein den eigenen Tod relativierendes Werk der Ewigkeit. Allerdings kann auch diese sympathische Antwort pervertiert werden, wenn man behauptet, den Endzweck kultureller Evolution zu kennen, und den Weg zur Vollkommenheit mit allen Mitteln beschleunigt, wie die marxistische Geschichtsteleologie dies getan hat.

Niedergang der großen Antworten auf den Tod, stattdessen Vereinzelung und zweckrationale Entzauberung

Die geschichtlich gewordene Kultur des Westens kennt alle drei Antworten des Zivilisationsprozesses, hat sie gleichsam durchdekliniert. Der heute erreichte Stand der Zweckrationalisierung und der Individualisierung lässt aber diesen Mustern der Antwort auf den Tod zwar noch einen begrenzten Raum, wendet sich aber im Grunde von allen ab. Christen glauben an die ewige Seele, an die Wiederauferstehung am jüngsten Tag, aber glauben sie es mehrheitlich wirklich noch, oder ist ihr Blick nicht doch ganz auf das Diesseits gerichtet? Für die Gemeinschaft zu sterben wird auch den Soldaten des Westens abverlangt, aber wird der Tod der Soldaten nicht eher schamhaft gemeldet, gilt er nicht eher als Unfall in einer möglichst opferfreien Kriegsplanung? Wie könnte und wie dürfte es anders sein in einer Ordnung, die den Wert der einzelnen Existenz zum Höchstwert erklärt?

Entsprechendes gilt für das Vertrauen in die Zeitlosigkeit und den Bestand einer großen kulturellen Gemeinschaft, die Schriften, Ideen und Ereignisse speichert, forterzählt und so die Mitprägungen der eigenen flüchtigen Existenz aufbewahrt, verewigt. Hat der herrschende Glaube an den ewigen und ziellosen Fortschritt nicht auch alle Einzelleistungen für die Kultur marginalisiert, wird nicht vom erwarteten Fortschritt der Zukunft die Leistung der Gegenwart bereits als das Veraltete von morgen begriffen? Hat nicht zudem die internationale Vernetzung der Arbeit und Kommunikation die Zurechnung auf herausragende individuelle Leistungen – wie zu Zeiten *da Vincis*, *Descartes'* oder *Newtons* – fast unmöglich gemacht?

Verdrängung des individuellen Todes

Was ist *unsere* vorherrschende Antwort auf den Tod? Er wird geleugnet, so gut es geht, ein Stück massiver Verdrängung in einer ansonsten alles aufdeckenden Gesellschaft. Wir schieben ihn für jedes Individuum so weit hinaus wie möglich und tabuisieren ihn ansonsten – auch hier der Tod ein Betriebsunfall, diesmal der Medizin oder als Ergebnis mangelnder Vorsorge. Dies hat tiefe Gründe: In der säkularisierten Welt erscheint der Tod als Nichts[35], in der Idee des immer währenden Fortschritts ist der Tod eine Art Betriebsunfall[36]. Aber es hilft nicht: Auch unsere Gesellschaft des Westens wird wie jede zuvor vom Tod, genauer von den Antworten auf die Herausforderung des Todes, bis in ihre Grundstrukturen hinein beherrscht.

Voller Aufmerksamkeit lauschen wir den Versprechungen der Wissenschaft, dass biologische Alterung kein unabänderlicher, kein dem technischen Zugriff gänzlich entzogener Prozess sei. Unser heimliches Ziel, die Perfektionierung der Idee des Individualismus ist die Unsterblichkeit des konkreten Individuums, es kann in der Logik unserer Wertesystematik kaum anders sein. Auf diesem Weg haben wir es schon weit gebracht und kämpfen schon längst mit den Folgen dieser kulturellen Weichenstellung. Die politische Gemeinschaft dient im Grunde vorrangig dem beherrschenden Ziel, ein den Wünschen der Menschen entsprechendes langes Leben ohne Not und Entbehrung zu gewährleisten. Die Erwartungssicherheit für diese Vorstellung von Glück herzustellen, ist womöglich sogar wichtiger als der deklarierte Höchstwert der Freiheit. Sicherheit wird nicht nur durch Unglücksfälle, Naturkatastrophen, Kriminalität, Terrorismus oder Krieg bedroht, sie wird in der Begrifflichkeit der sozialen Sicherheit auch durch Löcher in der medizinischen Versorgung, durch das Abschmelzen bislang erwarteter Renten- und Versorgungsniveaus bedroht.

Individuelles Lebensrecht als ein Höchstwert

Mit anderen Worten: Auch wenn der kluge Grundsatz keinen Widerspruch verdient, dass es keine Freiheit ohne Sicherheit und ohne Freiheit keine Sicherheit gibt, so legt unsere humanistische kulturelle Grundantwort auf den Tod immer etwas anderes nahe: Im Zweifel für die Sicherheit und das Wohlergehen von bestehendem Leben, im Zweifel deshalb gegen die ideelle Substanz der Gemeinschaft, im Zweifel auch gegen werdendes oder künftiges Leben, notfalls auch gegen die Freiheit und ihre Grundlagen für die Zukunft. Aber derartige kulturelle Grundströmungen eines hedonistischen Individualismus entsprechen nicht dem, was wir als normatives Wissen im Recht aufbewahren. Sogar das Leben als ein Höchstwert westlicher Verfassungen ist nicht *der* Höchstwert schlechthin[37]. Die Würde des Einzelnen und die Selbstachtung einer Gemeinschaft, die diese Würde in den Mittelpunkt ihrer Identität rückt, können einerseits das Opfer des Lebens verlangen, vom Polizisten, vom Soldaten. Diese dürfen andererseits die Hände verschränken, wenn ein Mensch wirklich aus freiem Entschluss und aus eigener Hand seinem Leben ein Ende bereitet.

Das gestörte Gleichgewicht im Wertesystem

Wenn Wohlergehen und Leben ausschließlich in den Kategorien des Einzelnen verstanden werden, geraten andere überindividuelle Formen aus dem Blick, das Gemeinwohl wird beinah zu einem unmoralischen Argument gegen das Wohlergehen eines einzelnen Menschen. Auf dieser Linie ist selbst in einem staatszugewandten Land wie Deutschland der Ausbau des Sozialstaates und der Verzicht auf kraftvolle Bildungs- und Wissenschaftsförderung verlaufen. Manchmal scheint das kulturelle Grundmuster einer nichtvitalen Gemeinschaft Regie zu führen: im Zweifel auf Kosten künftiger Generationen, die Umlagefinanzierung von Renten- und Pflegeversicherung, die Finanzierung des Sozialhaushaltes mit Schulden. All das trägt Züge einer korrumpierenden Politik, die nach Mehrheiten sucht, für die jetzt Lebenden auftritt, gegen die Jungen und noch nicht Geborenen. Dahinter steht ein verzerrtes Verhältnis von Leben, Geburt und Tod.

3. Kritik an der Kulturkritik

Kulturkritik und Traditionsnihilismus

Die herrschende, inzwischen beinah hermetisch abgeschlossene Kultur des Westens mit beträchtlichen normativen Anteilen und rigiden Tabus hat mit ihren Wurzeln in einem wichtigen Punkt gebrochen. Wir halten Kulturkritik für wichtiger als die positiven Inhalte der Kultur, wenden aber die Waffe der Kritik nicht gegen die so entstandene, inzwischen herrschende Kultur.

Die womöglich letzte Version einer radikal-individualisierten Kulturform hat sich seit Beginn der sechziger Jahre rund um den Globus entfaltet. Sie ist anders als ihre Vorgänger, weil sie die Integration von kulturellen Leitwerten und gesellschaftlichen Stabilitätsbedürfnissen gezielt bekämpft, und damit durchschlagenden Erfolg hatte. Unter anderen der deutsch-amerikanische Sozialphilosoph der Frankfurter

Schule *Herbert Marcuse* hat die These vertreten, es sei an der
Zeit, die *Freud*sche Annahme, Kultur gedeihe auf sublimier-
ter Triebunterdrückung, aufzugeben und unter dem Motto
der Triebbefreiung eine neue freie, von entfesselter Libido
durchwirkte Gesellschaft zu schaffen[38]. Dies war natürlich
im Kern nichts anderes als ein Aufguss der *rousseau*schen
Forderung, zur Natur zurückzukehren[39], aber diesmal war
es eine Stimme in einem mächtigen Chor, Ausdruck eines
Lebensstils, das Ablegen der Scham, die Abkehr von Selbstdisziplin wurde zu einer Massenbewegung. Der Respekt vor
kulturellen Überlieferungen schwand rapide: Den Artefak-
ten vergangenen persönlichen Leids wollte man nicht auch
noch huldigen. Was hatte die bürgerliche Kultur außer bluti-
gen Kriegen, Faschismus, Kolonialismus, Atombomben und
kapitalistischer Entfremdung im Ergebnis eigentlich gebracht? Später trat der Vorwurf hinzu, wichtige Kulturleistungen seien das Werk des Patriarchats und das asymmetri-
sche Ergebnis der Unterdrückung der Frau oder gründeten
auf der Ausbeutung der Dritten Welt, und schließlich wurde
das Argument vorgetragen, menschliche, zumindest aber
westliche Kultur zerstöre die natürliche Umwelt des Menschen.

*Lustprinzip und Befreiung von gesellschaftlichen
Verwertungszwängen*

Das, was im Westen an die Stelle der „bürgerlichen" Leitwerte richtigen Lebens gesetzt wurde, war das Lustprinzip
und die Idee ungebundenen Lebens, gegen den alten Eros
von lebenslanger Bindung und gemeinsamen Nachkommen.
Von den Theoretikern des kulturellen Protestes wurde in bezeichnender Weise davor gewarnt, die neuen libidinösen
Freiheitswerte nicht wieder für irgendwelche gesellschaftlichen Ordnungsbedürfnisse einfangen zu lassen. Die Kulturkritik der sechziger Jahre sah überall eine unzulässige
Ausrichtung von Leitwerten und Verhaltensnormen auf
gesellschaftliche Bedürfnisse und desavouierte dies. Selbst
die Intimität der sexuellen Beziehung zwischen Frau und

Mann geriet unter Verdacht, bürgerlich für Herrschaftsinteressen zugerichtet zu sein. Dazu *Adorno*: „Der Freudschen Theorie zufolge ist die zivilisatorisch approbierte und herrschende Form der Sexualität, die genitale, nicht als was sie so gern sich verkennt, ursprünglich, sondern Resultat einer Integration. In ihr schließen unterm Zwang gesellschaftlicher Anpassung die Partialtriebe des Kindes, über die Agentur der Familie, zu einem Einheitlichen und dem gesellschaftlichen Zweck der Fortpflanzung Günstigen sich zusammen."[40]

Herrschaftskritik der Intimsphäre

Hinter der etwas verquasten Sprache verbirgt sich im Grunde der Aufruf zur herrschaftskritischen und enthüllenden Durchdringung auch noch des Intimen. Auch das natürlichste Verhalten des Menschen, die Verbindung von Intimität, Sexualität und dem Fortleben in gemeinsamen Kindern wird als instrumentell verunglimpft. Ehe und Familie, bürgerliche Liebe, die mit dem Kinderwunsch substantiell verbunden ist, dies alles wird als bösartige Fremdbestimmung angegriffen: Die Rede ist von „Agenturen", „Zwang", „Herrschaft". Die kritisierte „Zurichtung" von Lebens- und Erlebensformen auf das angeblich nur „gesellschaftliche" Bedürfnis nach Kindern wurde sogar – in heute noch atemberaubender, aber damals typischer Weise – mit der Menschenzucht der „Lebensborn"-Einrichtungen der SS in Verbindung gebracht.

Diskreditierung der Familie

Diese Art anti-integrativer Aufklärung war radikalste Kulturkritik, die alle Elemente der als solche bereits begrifflich denunzierten „bürgerlichen" Kultur betraf. Die Familie als reguläre Lebensform erwachsener Menschen wurde als patriarchalische Zwangsveranstaltung und Sozialisationsagentur für die Bedürfnisse der herrschenden, unfreien bürgerlichen Ordnung wirksam denunziert; Prostitution – vielleicht weil keine nennenswerten Beiträge zur Fortpflanzung der

Gesellschaft leistend – dagegen vergleichsweise leuchtend dargestellt und ihre Tabuisierung angegriffen[41]. Als einer unter vielen hat *Sennett* 1974 in seinem vielbeachteten Werk „The Fall of Public Man" die Familie als bedrohliche sinnzerstörende Intimität dargestellt: ein soziales Gefängnis, mit endlosen Streitereien, tagtäglicher Sorge um unbezahlte Rechnungen, unter dem ewigen Druck, Kinder von hier nach dort chauffieren zu müssen[42].

Leitbild der freien Stadt ungebundener Lebensführung

Ist nicht *Sennetts* Verlangen, stattdessen die Stadt als Brennpunkt eines individuell selbstbestimmten öffentlichen Lebens wiedererstehen zu lassen, inzwischen Wirklichkeit geworden? Beherrschen nicht auf Vernissagen, in den In-Lokalen und in den Rathäusern der Großstädte inzwischen die von der generativen Last befreiten Singles das Geschehen? Strömen ihnen nicht aus dem sich langsam entvölkernden Umland junge Menschen zu, weil sie glauben, dies sei der angesagte Lebensstil? Sind nicht immer mehr Politiker und die sie begleitenden Journalisten, die Autoren und Filmemacher auch in ihrer persönlichen Lebensgeschichte die Repräsentanten des freien lockeren Stils, möglichst ohne familiäre „Lasten"?

Vom Ressentiment gegen die bürgerliche Lebenswelt zur Zukunftsvergessenheit

Fast alles, was heute an essentiellen Auffassungen über das richtige Leben umläuft, was in Medien und Literatur standardisiert, sublimiert und massenhaft verbreitet wird, geht auf derartige Ressentiments gegen die bürgerliche Lebenswelt zurück. Es würde sich lohnen, einmal der Frage nachzugehen, wie sehr in den Jahrzehnten nach 1960 weltweit der Westen seine bis dahin bürgerlichen kulturellen Prinzipien der Moralität nach dem Lustprinzip und antiintegrativ gegen alle traditionellen kollektiven Ordnungen umformuliert hat und wie daraus zumindest in den Augen anderer Kulturen, aber auch der Besiegten im inneren Kulturkampf, nicht nur

eine Weltkultur der reichen Möglichkeiten und der vielfältigen Erlebnisse, sondern auch der Geschmack- und Schamlo-
sigkeit, vor allem aber der *Zukunftsvergessenheit* durch den
Verzicht auf eigene Kinder entstanden ist.

Selbstachtung der Kultur erst im Auge des Fremden?

Als im Herbst 2004 in den Niederlanden ein Exponent der
herrschenden Kultur als Opfer eines abscheulichen Ritual-
mords endete, weil er den Islam in den Ausdrucksformen der
Kunst beleidigt haben soll, forderten Politiker den stärkeren
strafrechtlichen Schutz der Religionen vor Beleidigungen.
An die Verächtlichmachung des christlichen Bekenntnisses,
an die Verhöhnung des Papstes, an die Beschimpfung der Familie und die Beschmutzung nationaler Symbole haben wir
uns bestens gewöhnt und all das für ‚Fortschritt‘ gehalten:
Erst im Auge des Fremden entdecken wir den Anspruch eines Kulturkreises auf Achtung. Die Paradoxie liegt hier allerdings darin, dass in einer das Individuum, die Meinungs- und
Kunstfreiheit und die Gebote friedlichen Zusammenlebens
zu zentralen Werten erhebenden Gemeinschaft es keine
Rechtfertigung oder Relativierung für einen Ritualmord geben kann, der in seiner Tat genau diese Werte dementiert.

Wenn man mit einer solchen Kluft der Kulturen auf Dauer
nicht leben will, gibt es nur eine Konsequenz: Wir müssen
anderen Kulturen und unserer eigenen Geschichte dadurch
ähnlicher werden, dass wir unsere traditionellen Verankerungen nicht länger in adoleszenter Unreife verlachen, sondern – erwachsen geworden – in kritischer Erfahrung uns
wieder neu aneignen. Die Kultur der Freiheit entfaltet sich
nur, wenn wir ihre lebendigen und das heißt im besten Sinne
bürgerlichen Grundlagen wieder freilegen, ihren positiven
Lebensentwurf stärker artikulieren. Von dem Boden dieser
Lebenserfahrung aus werden wir erst fähig, die Regeln friedlichen und freiheitlichen Zusammenlebens mit der Autorität
einer legitimen Ordnung konsequent durchzusetzen.

4. Die herrschende Kultur als Weltdeutung und Wertesystem

Individuelle Freiheit und offene Märkte: Leitidee in der Krise?

Jede Idee gefährdet sich in der Stunde ihres größten Erfolges. Die Ideen der persönlichen Freiheit, des Eigentums, der rechtlichen und staatsbürgerlichen Gleichheit werden heute als Menschenrechte universell behauptet und scheinen der Welt insgesamt die Richtung zu weisen. Gegen die offene Marktwirtschaft des Westens scheint letztlich kein Kraut gewachsen, ernsthafte Gegner gleiten ab in Resignation oder gar Terrorismus. Und doch stellt sich kein Ende der Geschichte ein, keine endlose Harmonie des Immer-weiter. Es mehren sich vielmehr Symptome eines größeren Wandels oder gar einer tieferen Krise. Deutschland, die Staaten Europas, die USA führen große gesellschaftspolitische Debatten. Sie drehen sich mit variierenden Akzenten um das Selbstverständnis von Gesellschaften, die nahe aneinander gerückt sind, sich derselben Entwicklungslogik freier Märkte, individueller Lebensführung, grenzenloser Kommunikation und politischer Koordination unterworfen haben.

Sozialtechnologie löst keine Identitätsfragen

Viele Debatten sind ökonomischer, administrativer oder rechtlicher Natur, weil diese Staaten verrechtlichte und bürokratisierte Wirtschaftsgesellschaften sind. Einige Debatten fallen aber als besonders sperrig und wirtschaftlich, sozialtechnisch oder juristisch nicht ohne weiteres lösbar auf. Überalterung, therapeutisches Klonen, Abtreibung, Gerechtigkeit, besonders als soziale und Generationengerechtigkeit thematisiert, der Umgang mit religiösen Bekenntnissen aus anderen Kulturräumen: Das alles sind Debatten, die in der Tiefe an Werteinstellungen rühren, Identitätsfragen aufwerfen.

Der Kampf gegen Traditionen und Institutionen war
erfolgreich – aber was dann?

Menschen und Staaten des westlichen Kulturkreises stehen
unter beträchtlichen Anpassungszwängen. Es geht um
Grundfragen von Leistungsäquivalenz und sozialer Sicherheit, die künftige Rolle des Staates, es geht um die Überalterung einer kinderarmen Gesellschaft, die auch und gerade
deshalb vor der Notwendigkeit einer kulturellen Selbstbehauptung steht. Seit den sechziger Jahren hat in all diesen
Ländern ein Bruch mit ihren traditionellen Wertesystemen
stattgefunden. Ein entschiedener Individualismus und ein
betont liberaler Affekt gegen Institutionen haben sich mit
zum Teil nur noch verstreuten Einzelteilen einer verblassten
Gesellschaftsutopie und einer emotionalen Grundtönung
verbunden, die das Lust- und Konsumprinzip hervorkehrt.
Die neuen Werte brachen radikal mit den ohnehin bereits geschwächten, aber noch lebendigen Traditionsbeständen religiöser und lebenspraktischer Art. Der Respekt vor überlieferten Traditionen, wie Familie, Nation oder Kirchen, vor
Autoritäten wie Eltern, Lehrern, Beamten, Ärzten, For-
schern und Politikern schwand ebenso wie eine bis dahin immer noch stark gebliebene soziale Bindung in Nachbarschaft, Beruf oder Vereinen. Doch ist das Neue stark, weise
und human genug, sich von der Lebensklugheit der vielen
Generationen abzukehren und den Entwurf des richtigen
Lebens neu zu begründen?

Das Drehbuch des guten Lebens

Herausgekommen ist ein neues kulturelles Amalgam, eine
Weltdeutung und eine Anleitung zum guten Leben, das bislang bestens geeignet schien, die dynamischen Kräfte der
Weltwirtschaft weiter freizusetzen und der Welt mehr politische Freiheit und mehr soziale Rechte, letztlich also nach der
Überzeugung des Westens *mehr Glück* zu bringen. Die moderne Wirtschaft hat – funktionell betrachtet – solche Menschen eben nicht mehr als optimal einsetzbar angesehen, die

allzu fest in Familientraditionen und lokale Gegebenheiten
eingebunden waren, die ihre Nachbarschaft nicht missen
wollten oder die am Wort der Autoritäten von gestern hin-
gen. Der freie moderne Mensch, bestens geeignet für Ar-
beitswelt und Konsum, muss mobil sein, sprachgewandt,
weltoffen und vor allem ungebunden. Frauen mit mehreren
Kindern, sozial tief verwurzelte Väter scheinen nicht in
Unternehmen zu passen, die bedrohten und bedrohlichen
Haifischen gleich im internationalen Wettbewerb stehen.
Menschen mit tiefen Glaubensbindungen und einer als konservativ belächelten Lebensführung, aber auch mit allzu
intensiver klassischer Bildung scheint einfach die Unbeküm-
mertheit zu fehlen, die Offenheit für alles Neue, die beden-
kenlose Anpassungsfähigkeit, die die notwendigen Voraussetzungen für rasches Agieren, Ausnutzen von Vorteilen,
überraschende Innovationen sind.

Das paradoxe Programm: Integration durch Bindungslosigkeit

Das neue Leitbild, der neue Lebensstil – durch Werbung,
Zeitschriften, Filme und Fernsehen inzwischen über Jahrzehnte wirkmächtig propagiert – ist der unabhängige, möglichst junge Mensch oder zunehmend auch der larmoyante
ergraute, der den Kampf um seine Ungebundenheit bis zuletzt fortsetzt. Die Bedeutung von Helden und Heldinnen,
die ortsfeste Familienväter oder sorgende Mütter mehrerer
Kinder sind, nahm in der Unterhaltungsindustrie rapide ab,
der einsame ‚Großstadtcowboy‘ und die von dem Joch der
Ehe befreite Frau, diejenigen also, die das bürgerliche Scheitern bereits hinter sich haben, beherrschen die Szene.

Feste, gar lebenslange Bindung in Ehe und Familie wird
durch mehr oder minder subtile Bilder eines anspruchslosen,
sich verleugnenden Lebens mit Unglück, kleinbürgerlicher
Enge, mit Unfreiheit gleichgesetzt. Der Bruch solcher Bindungen dagegen wird als *Befreiungstat* gedeutet. Zu dem
neuen Lebensstil der ebenso kontemplativen wie aktiven
Selbstverwirklichung gehört selbstverständlich wirtschaftli-

cher Erfolg, dessen Mühe der Entstehung indes gern verdeckt wird. Dazu gehört mindestens ebenso die individuelle
Verwirklichung in Freizeit, Urlaub und lustvollem Konsum.

Die Kathedralen der Gegenwart: Abflughallen

Die beruflich geforderte Mobilität paart sich ganz selbstverständlich mit einer nie da gewesenen Freizeitmobilität, rund
um den Globus. Die Kathedralen der Gegenwart sind die
neuen Hallen der Flughäfen, hier imponieren Größe und
Weite der kühn gespannten luftigen Konstruktionen, hier
herrschen auch polizeilich gesicherte Ordnung und chrom-
blitzende Sauberkeit, die manche Innenstadt, manches Be-
förderungsmittel im Nahverkehr und manche Grundschule
schmerzlich vermissen lassen. Manchmal allerdings stürzen
die rasch und ehrgeizig gebauten Kathedralen ein, wie die
Halle eines Pariser Flughafens – insoweit ihren historischen
‚Vorbildern‘ nicht unähnlich.

Rasende Bewegung, um nicht im Stillstand zu stürzen

Das neuere Kulturprogramm des Westens scheint paradox.
Eine Gesellschaft erstrebt ihren Zusammenhalt, indem Menschen ermuntert werden, bindungslos zu sein, sie erstrebt
Bestand durch rasende Veränderung. Doch bislang hat sich
dieses Programm bewährt. Die Umstellung auf relative
Bindungslosigkeit hat die Möglichkeiten einer ökonomisch
integrierten Gesellschaft, die in die Weltgesellschaft hinein-
wächst, enorm gesteigert. Gesellschaften, die auf Individualismus und den Vorrang der uneingeschränkten Selbst-
entfaltung des Einzelnen setzen, gewinnen Beweglichkeit,
Anpassungsfähigkeit. Dies gilt allerdings nur unter dem Pri-
mat des wirtschaftlichen Systems, das mit seiner harten, aber
gut berechenbaren Funktionsweise und mit dem Wertepro-
gramm des Individualismus bestens vereinbar ist und die bin-
dungsloser werdende Gesellschaft immer stärker und uner-
setzlicher zusammenhält. Es fällt auf, dass Gesellschaften, die
aus historisch tief gewachsenen Kulturräumen stammen, den
Übergang in die Wirtschaftsgesellschaft stark vom politischen

System her abgestützt, den Sozialstaat auf- und ausgebaut
haben und nunmehr versuchen, diesen in der einmal ge-
wonnenen Gestalt möglichst unverändert am Leben zu halten. Der besonders betonte Sozialstaat ist an die Stelle anderer
Integrationskräfte der Gesellschaft getreten. Dadurch wurden die Kompromisslosigkeit und die Unentrinnbarkeit des
wirtschaftlichen Integrationsprogramms moderner Gesellschaften gemildert und verdeckt, die damit einhergehende
Staatsintervention gerät aber unweigerlich selbst unter ökonomischen Druck.

5. Das Paradigma der herrschenden Kultur des Westens:
1968

Der große Aufbruch

Wer die letzte aktuelle Stufe der Entstehung dieser nunmehr
unangefochten herrschenden – und uns längst *be*herrschenden – Kultur sucht, stößt auf eine in den fünfziger Jahren ein-
setzende und 1968 kulminierende Rebellion gegen die Generation der Väter. Die kulturelle Revolte war ein Aufbegehren
der Lust, eine vitale, freche und jugendlich-unwiderstehliche
Ungebundenheit, auch und gerade gegen die bürgerliche
Pflichtethik und Sinnstiftung. Die damals neue Leitkultur
des Westens mit ihrer Verschmelzung von lockerem Lebensstil, Verlachung der Autoritäten, Verstetigung der Adoles-
zenz fand in der Verfilmung von *John Steinbecks* „Jenseits
von Eden" mit *James Dean* ein ewig junges Gesicht. Sie findet ihren ersten großen Ausdruck im Existentialismus des
jungen *Sartre* und *Camus* und in den metallisch-rhythmi-
schen Rockklängen eines *Bill Haley.* Das seit den weltweiten
Demonstrationen gegen den Vietnamkrieg neue, alles mitreißende Lebensgefühl wurde in Stil und Duktus als das bis
heute gültige Paradigma vertont mit den genialen Melodien
der *Beatles,* der rebellenhaften Trotzigkeit der *Rolling
Stones,* fand seine bunten banal-ironischen Bilder in der Pop-
Art eines *Andy Warhol,* seine Texte in *Salingers* „The Cat-

cher in the Rye" oder *Kerouacs* „On the Road", seine seelen-
analytisch-esoterischen Ableger auch in *Hermann Hesse*,
seinen theoretischen Kronzeugen in *Herbert Marcuse* und
seinem Werk „One-Dimensional Man", seinen an Christus
erinnernden ikonisierten Helden in *Ernesto Guevara*.

Die moralische Empörung als Weg zur Macht

Der Vietnamkrieg, der Einsatz von Napalm gegen unschul-
dige Kinder, die historische Schuld der Väter in der jüngeren
Vergangenheit, die Ausbeutung der Dritten Welt, das Schicksal von Minderheiten, rassische Differenzen, die Monotonie
des Industriealltags: All das wurde angeklagt, mit der Geste
der tiefen moralischen Empörung, des Abscheus. Wer wollte
dem, wer will dem widersprechen? Aus der von dort aus
systematisch betriebenen Skandalisierung des bürgerlichen
Alltags wuchs ein mächtiger geistiger Hebel, um die etablierten Mächte und ihr kulturelles Universum in die Knie
zu zwingen. Selbstgewiss und mit einer auch zahlenmäßig
noch einmal sehr umfänglichen Schicht an jungen Menschen
verbreitete sich die nicht enden wollende kritische, eman-
zipative, aufdeckende und subjektivierende Geste bis in
die letzten Verästelungen des Kulturbetriebes, in die Literatur und die Zeitungen, den Film, in die Fernsehwelt
und wurde schließlich mit den Herrschaftsmitteln der staatlichen Politik und der Nichtregierungsorganisationen abgesichert.

Der weltweite moralische Protest gegen den Krieg in Viet-
nam verband sich in vielen Staaten mit einer politisch-mora-
lischen Grundsatzkritik. In Deutschland wandte man sich
gegen die Generation der Väter: gegen ihr Schweigen und
ihre Unaufrichtigkeit, ihre Verstrickung in die Hitlerbarba-
rei. Die Anklage war ein mächtiger Antrieb, er wurde zuerst
unterstützt von einer antikapitalistischen Analyse und revo-
lutionsromantischen Befreiungstheologien und wirkt heute,
davon allerdings geläutert, fort. Allen bürgerlichen Institutionen konnte man so schon im ersten Anlauf die moralische

Integrität absprechen, ihre Autorität bestreiten und die jungen Menschen losreißen aus dem „Mief" der angeblich erstarrten Verhältnisse.

Ironien und Paradoxien der herrschenden Kultur

Diese schwungvolle, fast revolutionäre Botschaft hat wie jede jugendliche Revolte ungeheuer viel bewegt, die Welt verändert, aber auch eine ganze Reihe bemerkenswerter Ironien und Paradoxien hervorgebracht. Die kulturelle Umwertung wurde erst durchschlagskräftig und unabänderlich als sie sich mit dem politisch-theoretischen Hintergrund der damaligen neuen Linken, damit aber auch mit beträchtlichen Restbeständen einer bereits seit längerem ersichtlich gescheiterten marxistischen Ideologie verband. Die radikale linke Kritik am Kapitalismus verstand sich immer als Speerspitze des gesellschaftlichen Fortschritts, als diejenigen, die das westliche Projekt der Moderne von den letzten morschen Traditionsbeständen reinigten und als Einzige wirklich vollendeten.

Eine solche Verbindung von kulturellen Einstellungen und politischer Theorie war nicht neu, sondern nahe liegend. Denn die moderne Kultur ist immer auch eine rationale, erklärende, mit systematischen Konstruktionen arbeitende, die sich nur subkutan, nur verdeckt mit Gefühlen, Stimmungen oder Glaubensüberzeugungen verbinden. Die moderne Vernunft glaubt sich erhaben über den Irrtum, die Tradition und das Gefühl, sie richtet mit vermeintlich kalter Logik und unbestechlicher Moralität über das Unerleuchtete und Dumpfe der menschlichen Natur.

Kapitalismuskritik als Startschuss für die globalisierte Wirtschaft

Hier stößt man auf die erste Ironie: Die Verbindung von Kritik an der bürgerlichen Kultur und der eruptiv aufbegehrende Antikapitalismus der damals jungen Generation förderte in geradezu idealer Weise die von der „kapitalistischen Verwertungslogik" geforderte soziale Mobilität der Menschen. Die Befreiung aus alten Bindungen, der Angriff auf

Tradition, Staat, Familie, klassische Bildungsinhalte und Institutionen, aber auch – obgleich eher am Rande – die Rhetorik der Solidarität mit der „Dritten Welt" und die Affinität zu Befreiungsbewegungen bereitete kulturell das Feld für die globalisierte Wirtschaft der Gegenwart.

Der Jugendkult als erster Schritt in die überalterte Gesellschaft

Eine weitere, eher verdeckte Paradoxie liegt im nachdrücklichen, fast penetranten Jugend- und Vitalitätspathos der neuen Kultur, der sich bei näherer Betrachtung als die eigentliche Ursache für die sich abzeichnende Vergreisung und für das Erlahmen der vitalen Kräfte jedenfalls in denjenigen westlichen Gesellschaften erweist, die wenig religiösen, nationalen oder lebenspraktischen Rückhalt aufweisen. *James Dean, Marilyn Monroe, „Che" Guevara* und auch *John F. Kennedy* bleiben immer jung, weil sie starben, ohne alt geworden zu sein. Aber diejenigen, die altern, entdecken nicht etwa die traditionelle Würde des Alters, die allerdings auch ein entsprechendes Verhalten erfordert, sondern halten an einem immer anachronistischeren Jugendkult fest. Der den Tod verdrängende Jugendkult der Lebenden verführt im Übermaß zur Pflege des eigenen Körpers, es geht um dessen Jungerhaltung in hingebungsvoller Selbstliebe. Durchwachte Nächte am Kinderbett, die selbstlose Freude am Wachsen der eigenen Kinder und damit die Bereitschaft, die Stafette des Lebens beizeiten abzugeben, passen so gar nicht zum ‚juvenilen' Klima der herrschenden kulturellen Grundwertungen. Viel nahe liegender scheint es, den eigenen Körper immer weiter zu reparieren, die Falten chirurgisch zu glätten, den Hormoncocktail der Jugend zu trinken, das Leben zu verlängern, also Unsterblichkeit in sich selbst und nicht in der nachwachsenden Generation eigener Kinder zu suchen[43].

Inzwischen verlangt die einstmals junge Generation, die diese kulturellen Werte so lautstark und erfolgreich gegen die damaligen Alten propagiert hat, aber eben heute unwiderruflich selbst alt wird, man solle alte Menschen besser behan-

deln und ihren Anspruch, jung zu bleiben, ernst nehmen; sie
dürften noch nicht einmal „alt" genannt werden. Dass diese
Forderung so überwältigendes Gehör findet, dass der Schutz
der Alten sogar als Grundrecht in den europäischen Verfas-
sungsvertrag aufgenommen wird[44], zeigt vor allem die Stärke
der Exponenten der herrschenden Generation, die ihren Weg
mit den Leitwerten der individuellen Selbstverwirklichung,
des Lustprinzips und des ungebundenen Lebens bis zu ihrem
biologischen Aussterben unverdrossen weitergehen und bis
zum Schluss den unaufhebbaren Widerspruch zu verdecken
versuchen, dass eine Kultur ohne die starke Präsenz junger
Menschen, ohne Lachen und Lärm vieler eigener Kinder niemals jung und nicht vital sein kann.

Sexuelle Befreiung und die Ästhetik der Differenz endet in grauer Androgynität

Auch der ästhetische Anspruch oder auch die Vitalität der
Beziehung zwischen Mann und Frau haben sich von zunächst bunten Farben, Fantasie und erotischer Spannung zu
den Silbergrautönen der technischen Fassaden und schließlich zu der androgynen Fahlheit entdifferenzierter und politisch korrekt verformter Geschlechterbeziehungen gewan-
delt. Das ursprünglich hoch gehandelte Lustprinzip ist von
medialen Tugendwächtern linksviktorianisch denaturiert
worden, der prickelnde Unterschied von Frauen und Männern wird geleugnet und unter Diskriminierungsverdacht
gestellt, mit einem Unterscheidungs- und Denkverbot belegt, mit einer die Unterschiede verdeckenden Kleider- und
Verhaltensordnung alltäglich als ästhetische und erotische
Möglichkeit dementiert.

Dass Männer und Frauen in aufregenden Liebesbeziehun-
gen und gerade in ihrer Verschiedenheit zueinander finden,
wird längst nicht mehr ungebrochen durch Literatur und
Film als Normalfall thematisiert, wie dies insbesondere noch
in den fünfziger Jahren der Fall war. Dass einer Liebesbezie-
hung zwischen Mann und Frau und aus dem darauf gegründeten Versprechen lebenslanger Bindung ein gemeinsamer

Entwurf der Zukunft folgt, die in den eigenen Kindern Gestalt annimmt und die Vollendung wirklicher Liebe ist, war einmal ein Leitbild und ist mit Vorbedacht, mit geradezu ausgeklügeltem System verunglimpft, genüsslich nur in seinem Scheitern und kaum mehr in seinem Gelingen und seiner ansteckenden Lebensfreude gezeigt worden.

Der Weg der Demokratisierung endet im Verbot,
neue Herrschaftsformen zu kritisieren

Und schließlich sind der moralische Anspruch, die Forderung nach Politisierung und Demokratisierung der Gesellschaft teilweise in ihr Gegenteil umgeschlagen. Die Epoche, die mehr Demokratie wagen wollte, hat nur wenige Jahrzehnte später die Diagnose vom Ende der Demokratie[45] larmoyant hingenommen. Die flammende Forderung nach permanenter und nichts aussparender Kritik ist umgeschlagen in die ängstliche Verteidigung und Ausweitung von Tabus[46], die bis tief in das Alltagsleben der Menschen reichen. Die erstrebte Politisierung der Gesellschaft geriet zur Abwendung der Bürger von Parteien und politischem Betrieb. Die ganze Kraft der Kritik hat man gegen den freiheitlichen Staat mobilisiert, Institutionen und politische Parteien vor sich hergetrieben, Charaktermasken abgerissen, Skandale inflationär gesucht und Verdächtigungen gestreut, so als drohe überall Korruption und Verderbnis oder die Wiederkehr dunkler historischer Gestalten.

Nachdem sich 1945 endlich die Nationen des Westens von den menschenverachtenden Feinden der Freiheit befreit hatten, wurden in tonangebenden Kreisen die Nation und die Republik – diese alten Synonyme für Demokratie – nach und nach selbst zum Feind erklärt. Neue Formen politischer Macht wie sich internationalisierende und kooperative Kartelle bildende Herrschaft, der steuernde Einfluss der Massenmedien, die Politiker erst hochjubeln, dann fallen lassen, Themen und Bilder „pushen" oder begraben, oder moralische Tugendwächter, die sich als moderne Robin Hoods, als wahre Hüter des Gemeinwohls wirkungsvoll in Szene setzen, all das wurde nicht als Teil eines neuen politischen Systems verstanden, und in den Tendenzen zur Freiheitsbedrohung mitunter schlicht verschlafen. Hingegen blieb unverwandt der Blick auf den verblassenden Schatten des alten Leviathans gerichtet. Kein kritischer Wind regte sich gegen die neuen Formen übernationaler politischer Herrschaft. Kein Sensor wurde entwickelt für neue Autoritäten wie europäische Kommissare, bürokratische Fachzirkel, weltweit operierende Nichtregierungsorganisationen oder auch die Wirklichkeit der Vereinten Nationen. Es steht immer noch aus, übernationale Einrichtungen und politische Privatorganisationen überhaupt als Herrschaftsfaktoren zu erkennen und an Maßstäben politischer Ethik, liberalem Freiheitsanspruch und vor allem praktischer Alltagsvernunft zu messen.

Das Elend der herrschenden Kultur: Ewiger Fortschritt,
ewige Entzauberung von Alltagsklugheit und
Institutionen

Die herrschende Kultur des Westens drängt immer noch dynamisch vorwärts, aber nach dem Ableben oder der Schwächung der wichtigsten gesellschaftlichen Institutionen und Autoritäten, ihrer alten Gegenspieler, wirkt sie richtungslos und inhaltsleer. Ihre Fenster bleiben geschlossen. Ein abgestandener Muff verbreitet sich, überdeckt von den betörenden Duftstoffen der immergleichen Rhetorik des Progressiven, die mit dem temporären Argument, das Neue sei gut, das Alte schlecht, jedes sachliche Erwägen verformt oder verdrängt[47].

Wer gegen etwas ,Neues' auftritt – sei es, weil das Alte gut funktioniert und bewährt ist, sei es, weil es Klugheitsregeln und Lebenserfahrung entspricht – wirkt in der Logik des Temporären bald selbst alt und fad. Und selbst die verquersten Vorschläge, gegen alle Erfahrung und Lebensklugheit gerichtet, finden stürmischen Beifall, wenn sie als Innovation, als Reform, als „das Abschneiden alter Zöpfe" verkauft werden. Dabei sind die Aufmerksamkeiten einer nach der Zeitachse verfahrenden Reduzierung gesellschaftlicher Komple-

xität in einer bemerkenswerten Paradoxie *sachlich* nicht
selten auffällig rückwärts gerichtet.

Wer besonders progressiv sein will, dem fällt beispielsweise
zum Fortgang der Europäischen Union regelmäßig nur der
Bundesstaat mit all seinen Organen und Insignien ein, jenem
staatlichen Bauprinzip des 19. Jahrhunderts folgend. Progressiv ist demnach nicht derjenige, der an einem intelligenten
Kooperationsprinzip festhält, es vollenden und pragmatisch
verbessern will, nicht derjenige, der neuartige Instrumente
wie die EG-Richtlinie oder den besonderen supranationalen
Behördencharakter der Europäischen Kommission verteidigt, sondern der, der aus dem Staatenverbund einen Staat, der
aus der Richtlinie ein Europäisches Rahmengesetz[48] und aus
der Kommission eine Regierung mit Richtlinienkompetenz
des Präsidenten[49] nach dem Muster der alten Nationalstaaten
machen will. Auch wer immer weiter den Kampf für unter-
drückte Minderheiten in den (noch) befriedeten Gemeinwesen des Westens, für die immer weitere Befreiung von der
Herrschaft durch soziale Tradition, religiöse Einstellungen
und Staat austrägt, merkt vielleicht gar nicht, wie sehr er der
institutionellen Denkwelt des 18. Jahrhunderts verhaftet
bleibt und den Herausforderungen des 21. Jahrhunderts in einer geradezu bizarren Weise blind gegenübersteht.

*Demokratie ist kein Steigerungsprozess ewiger
Entzauberung, sondern die Suche nach den richtigen
Proportionen freiheitsgerechter Herrschaft*

Für das Schicksal der Demokratie vielleicht wichtiger noch ist
der Effekt der Entzauberung der Autoritäten des Gemeinwe-
sens, der einerseits dem Entertainment endgültig zum Durch-
bruch auf der Bühne des Politischen verhalf und Politikdar-
stellung weit infantiler sein lässt, als dies der gesellschaftlichen
Reife entspricht, andererseits jeden Politiker unter den unaus-
löschlichen Korruptionsverdacht eines kruden Utilitarismus
stellt: Warum sonst sollte er sich der res publica widmen,
wenn er sich nicht persönlich bereichern, seine Eitelkeit pflegen oder seinen niederen Machtinstinkten frönen wollte?

Wenn eine Gemeinschaft sich nicht selbst bejaht, sich nicht in einer entschiedenen Art und Weise *will*, so wird sie denjenigen nicht verstehen können, der – mit welchen kleineren oder größeren menschlichen Mängeln auch immer behaftet – für dieses Gemeinwesen streitet. Wenn die Republik sich selbst und ihre gewählten Repräsentanten nicht akzeptiert, verliert die Demokratie als die Selbstregierung des Volkes ihre Grundlage.

Politische Herrschaft hat sich internationalisiert und bedarf der Kontrolle

Inzwischen ist eine eklatante Kluft entstanden zwischen dem, was mit großem Getöse medial behandelt und mit Entrüstung kommentiert wird, und dem, was die international verbundenen neuen Herrschaftseliten tagtäglich ins Werk setzen und keine, zu späte oder unkritische Aufmerksamkeit erfährt. Das inzwischen alte und graue Ordnungsmuster, die politische Welt nach fortschrittlichen und beharrend-rückschrittlichen Kräften abzusuchen, oder so nichts sagende Tautologien wie die Rede von Zivilgesellschaft sind völlig ungeeignet, neue Herausforderungen für eine freie Gesellschaft auch nur zu erkennen.

Vor einiger Zeit galt eine Resolution des Sicherheitsrats der Vereinten Nationen, die den Boykott des ehemaligen irakischen Diktators Saddam Hussein verfügte und bei Verstoß Strafe vorsah. In Deutschland wurde daraufhin ein Kurde verhaftet, der Geld gesammelt hatte, um Kurden im Nordirak zu unterstützen, die von Saddam Hussein wegen des alliierten Schutzes nicht mehr beherrscht wurden. Formal wurden damit nach der Resolution unerlaubte Bankgeschäfte auf dem Staatsgebiet des Iraks abgewickelt, bei vernünftiger Betrachtung, ja schon nach einem flüchtigen Blick auf den Fall war klar, dass sich nicht derjenige strafbar machen konnte, der die Opposition gegen den boykottierten Diktator unterstützte. Doch deutsche Behörden brachten es zunächst nicht über sich, gegen den Wortlaut die Sicherheitsratsresolution nach Sinn und Zweck auszulegen, wie dies im innerstaatlichen Strafrecht allgemein üblich ist. Sie nahmen den Mann in Untersuchungshaft. Er wurde erst wieder freigelassen, nachdem er sich mit einer Verfassungsbeschwerde an das Bundesverfassungsgericht gewandt hatte.

Daran erkennt man, dass freiheitsbedrohende Herrschaft neue Gesichter und ganz neue Verlaufsformen annehmen kann. Eine Gesellschaft bleibt nur frei, wenn sie Herrschaft nicht anbetet, sondern nur nach deren Nützlichkeit und „Beherrschbarkeit" fragt. Die individuelle Zuwendung für eine politische Gemeinschaft darf emotional sein, muss aber letztlich doch kritisch bleiben, darf rationale Grenzen nicht überschreiten. Wir beginnen heute überstaatliche Herrschaftsformen in einer Art zu bejubeln, die bereits im Zeitalter der Nationalstaaten an der Tagesordnung war, als die Nation besungen wurde. Die heute sichtbar werdende politische und kulturelle Direktive, alles Internationale und Überstaatliche unkritisch zu übernehmen, ist kein Einzelfall, sie gefährdet nicht nur die Freiheit, sondern auf längere Sicht auch das Ansehen der internationalen Kooperation.

6. Erschöpfungszeichen des herrschenden kulturellen Paradigmas

Der Westen glaubt nicht mehr an den Eigenwert anderer kultureller Gemeinschaftsentwürfe

Die herrschende Weltdeutung mit ihren Leitwerten und Beschreibungsmustern ist deutlich an Grenzen gestoßen. Drei Beispiele verdeutlichen dies: der Irak-Krieg, das islamische Kopftuch und die Debatte über soziale Gerechtigkeit in einem globalisierten Wirtschaftssystem.

Im Irak-Krieg erlitt der Westen bereits vor der Eröffnung der Kampfhandlungen eine kulturelle Niederlage. Schon der militärische Angriff und seine diplomatische Vorbereitung erfolgten auf einer – gelinde gesagt – unsicheren völkerrechtlichen Grundlage. Man hätte dies der unbestrittenen Führungsmacht des Westens aber wohl über kurz oder lang durchgehen lassen, wenn mit dem Krieg ein handfestes praktisches Konzept zur Überwindung kultureller Gräben zwischen islamischem und westlichem Wertesystem verbunden gewesen wäre, und ein solches muss immer auch eine kraftvolle Idee von der Lösung des nahöstlichen Urkonflikts zwischen Israel und Palästina einschließen. Zum Schrecken aller Freunde der USA hat sich die handelnde Regierung aber – zumindest nach ihrer medialen Selbstdarstellung – von einfachen moralischen Einteilungen in Gut und Böse leiten lassen, sich auch zu sehr auf die Logik militärischer Machtentfaltung verlassen und jedenfalls zunächst keinen hinreichend ausgeprägten Sinn für die fundamentalen Differenzen der aufeinander treffenden Kulturen gezeigt. Diese geradezu sträfliche Naivität und noch mehr die abstoßenden Bilder der Misshandlung von Gefangenen erschüttern die Überzeugungskraft und damit die Fundamente unseres westlichen Wertesystems.

Durch die innenpolitische Konstellation der USA wurde verdeckt, dass der konservative, politisch eher rechte Präsident im Grunde etwas unternahm, was auch die politische Linke im Grundsatz billigte. Man brachte dem Irak universelle Menschenrechte und Demokratie, auch wenn man keine Massenvernichtungswaffen fand. Mit einem unreflektierten Glauben an die eigenen universellen Werte als verbindliches Weltprinzip kann nicht nur die Ordnung des Völkerrechts in Gefahr geraten, sondern auch leicht ein kapitaler politischer Fehler begangen werden: die Missachtung der Eigenlogik anderer Kulturen.

Eine schwache Kultur lässt sich eher provozieren, aber auch eher einschüchtern als eine vitale

Innenpolitisch streiten sich wichtige Staaten Europas, vor allem Frankreich, Belgien, die Niederlande und Deutschland, über den Umgang mit ihren ständig wachsenden moslemischen Minderheiten. Das von Muslimen getragene Kopftuch in Schulen und Behörden erregt die Öffentlichkeit. Hinter allem Für und Wider der Debatte lauert die Frage, warum eine solche Diskussion so hohe Wellen schlägt. Die Antwort ist einfach: Es geht um das Symbol für eine kulturelle Disparität, dies lässt nicht gleichgültig. Mit der Verhüllung wesentlicher Teile des weiblichen Hauptes ist untrennbar ein bestimmtes Bild von der Rolle der Frau (und des Mannes), von Sittlichkeit und Weltdeutung verbunden. Die Provokation, die darin liegt, ein Kopftuch ausnahms- und kompromisslos auch im öffentlichen Dienst tragen zu wollen[50], kann man gewiss ins Hysterische übertreiben, aber auch bewusst klein reden. Es ist nicht zu übersehen, dass hinter einem Symbol wie der Verhüllung der Frau ein kulturelles Konzept steht, das mit den Leitwerten der gegenwärtigen Kultur des Westens nicht ohne erheblichen Anpassungsbedarf und womöglich gar nicht zu vereinbaren ist.

Verirrungen der Debatte, wenn es an lebenspraktischer Beurteilungssicherheit fehlt

Eine Form der Anpassungs- und der Konfliktverweigerung liegt darin, das Kopftuch in seinem Erklärungswert und Symbolgehalt zu leugnen und gleichsam seine Botschaft zu ‚verwestlichen‘, indem man es zu einem Instrument der Emanzipation hochredet: Denn ohne Verhüllung wäre es der Muslima doch verwehrt, sich überhaupt in der Öffentlichkeit zu zeigen. Mit dem Kopftuch eröffnet sich in dieser Sicht dagegen das auch von westlichen Frauen gesuchte Feld beruflicher Selbstverwirklichung. Ist das Kopftuch, so ‚gelesen‘, ein Mittel, um der Bindung der Frau an Heim und Herd zu entgehen, ein Schritt in die Integration und die Emanzipation? Von dort aus ist es nicht weit, die ganz selbstverständliche Mäßigungs- und Neutralitätspflicht von Staatsdienern hintanzustellen, das zwingende Religions- und Weltanschauungssymbol als Freiheitsanspruch hochzuheben und als Nächstes aus der beamtenrechtlichen Pflicht zur Zurückhaltung während der Ausübung des Amtes einen Eingriff in grundrechtliche Freiheiten und als gleichheitswidrige Diskriminierung von Frauen zu begreifen, weil Männer von dieser Pflicht der Zurückhaltung jedenfalls in Bezug auf Kopftücher nicht betroffen seien.

So wird in falscher Dialektik aus dem Versuch, den Staatsdienst nahe am westlichen Wertesystem mit seiner Gleichberechtigung von Mann und Frau und im Übrigen neutral mit Blick auf Weltanschauungs- und Glaubensfragen zu halten, eine verbotene Diskriminierung. Dies ist ein nicht untypisches Beispiel für die Selbstgefährdung einer von lebenspraktischer Beurteilungssicherheit abgehobenen vereinseitigten Diskussionslogik. Wenn das moderne Denken in Freiheits- und Gleichheitskategorien gelöst wird von der in Institutionen gespeicherten Vernunft und von der alltagsweltlichen praktischen Urteilskraft, entfalten sich notwendigerweise die Paradoxien unserer zentralen Wertesetzungen in einer destruktiven Weise: Unsere Werte dementieren sich bei solchen Kapriolen selbst, lassen keine Orientierung mehr zu, verlieren die notwendigen Gegengewichte eines jeden logischen Systems.

Wie groß ist die Anziehungskraft der westlichen Kultur im Prozess der Integration?

Dem Problem kultureller Diskrepanz wird man mit solcher Diskriminierungsrhetorik genau so wenig gerecht, wie mit flammenden Kreuzzugsappellen. Das islamische Verständnis der Beziehung von Mann und Frau ist fundamental anders als dasjenige, das sich im Westen in den letzten Jahrzehnten durchgesetzt hat. Die Anhänger der in der Absicht durchaus klugen Toleranzpolitik mit großzügigen Integrationsofferten, die der kulturellen Fragmentierung der Gesellschaft entgegenwirken sollen, übersehen das Kardinalproblem: Warum um Gottes willen soll sich der Angehörige einer anderen und vitalen Weltkultur in die westliche Kultur integrieren, wenn diese Kultur ohne ausreichenden Nachwuchs und unter Verlust einer transzendentalen Idee – zumindest aus seiner Sicht – ohnehin ihrem historischen Ende entgegen geht? Warum soll er sich auf eine von Selbstzweifeln ebenso wie von Überheblichkeit gekennzeichnete Kultur einlassen, die mit dem forcierten Prozess der Modernisierung einen Großteil ihrer religiösen und sittlichen Fundamente aufgezehrt hat, deren Angebot an Lebenssinn in keinen höheren Werten als dem Umher-Reisen, der Lebensverlängerung und dem Konsum liegt?

Die Kulturabhängigkeit der Sozialstaatsidee

Eine dritte Debatte schließlich lässt sich nicht ohne Rückgriff auf die kulturellen Grundlagen der Gemeinschaft führen, diejenige über die Fortführung sozialer Politik. Gerade hier laufen die Fäden des kulturellen Gewebes zusammen, denn es geht um das ‚gute‘ und ‚richtige‘ Leben. Der Wohlfahrtsstaat als allgemeiner Entwicklungsabschnitt westlicher Sozialmodelle ist ein Versuch, den abendländischen Traum von der gerechten Gesellschaft zu verwirklichen. Der deutsche Sozialstaat ist mit dem pragmatischen Versprechen angetreten, den Menschen die Risiken einer aufs Ganze nicht planbaren freien Wirtschaft erträglich zu machen. Nur so schien es akzeptabel zu sein, das Funktionssystem der Wirtschaft aus allen ursprünglich ‚vernünftigen‘ Fesseln – wie sie die Religion, das Zunftwesen oder die Lehenstreue vorsahen – zu befreien, ohne Rücksicht auf die Folgen, nur in der Hoffnung, eine freie Wirtschaft mache die Gesellschaft auf kurz oder lang wohlhabend[51].

Aber auch hier ein bedeutsamer Widerspruch: Es ist frappierend, wie tief das eher etatistisch orientierte Europa in die wirtschaftlichen Prozesse eingegriffen hat, weil das Schicksal der Gemeinschaft sich in der Wirtschaft entscheidet. Um sozialen Frieden, um politische Stabilität zu garantieren, wurden den wirtschaftlichen Kräften Fesseln des Rechts angelegt und Abgaben in immenser Höhe auferlegt. Das, was anfänglich gut funktionierte, hat sich inzwischen in einem byzantinischen System sozialer Sicherungssysteme und einem steuerlichen Lenkungsgewebe zu einer drückenden Last entwickelt. Mehr noch: Mit dem Gedanken einer staatlich gewährleisteten Grundversorgung für alle wurde dem revolutionären Sozialismus der Schneid abgekauft. Der bürgerlich-puritanische Leistungsgedanke – in den USA nie schwach geworden – verblasste in wichtigen Staaten Europas, hielt

deshalb auch keinen überzeugenden Einzug in die Grund-
ideen der Europäischen Union.

Wenn inzwischen deutlich überschuldete Staaten wie
Deutschland oder Frankreich Schritte zur Sanierung der finanziellen Transferströme in Angriff nehmen, droht ein
massiver politischer Legitimationsentzug; wir haben uns an
ein quasi-sozialistisches System der Umverteilung längst
gewöhnt[52]. Solche Systeme kann man aber nur in dem Maße
installieren und erhalten, wie die Wirtschaft kräftige Zu-
wächse verspricht, ansonsten muss man sie den Möglichkeiten anpassen, an die Grundidee wieder heranführen oder
aber den Weg in eine freiheitsbedrohende staatlich gelenkte
Wirtschaft gehen. Dies ist der Grund, warum die einen stöh-
nen unter einem kruden, herzlosen Neoliberalismus, während andere sorgenvoll rufen: „Rettet den Kapitalismus!"[53]
Aber die politische Richtung kann nur dann konsequent ge-
wiesen und der Kurs auch gegen Widerstände gehalten werden, wenn man sich Rechenschaft darüber gibt, was sozial-
staatlich von denjenigen Normen sozialer Gerechtigkeit
gefordert wird, die sich tatsächlich aus dem Wertesystem der
Gesellschaft sinnvoll ableiten lassen.

7. Die Kolonisierung der lebensweltlichen Kultur durch Wirtschaft und Politik

Eindimensionale Weltkultur?

Die sich in der Weltliteratur neuer Prägung, einem internationalen Kunstbetrieb und der Forderung universeller Menschenrechte herausschälende Weltkultur ist breit ausgrei-
fend, bleibt aber bislang ohne Tiefe und vor allem ohne die
Selbstständigkeit, ohne den lebenspraktischen Eigensinn
herkömmlicher, vor allem religiös verankerter Kulturen. Die
neue Weltkultur ist überwiegend ökonomisiert, verwissen-
schaftlicht oder aber bis in die Darstellung des Alltagslebens
politisiert. Damit steigert sich die Irrtumsanfälligkeit gesellschaftlicher Entwicklungspfade beträchtlich. Denn die gro-

ßen religiösen und nationalen Kulturüberlieferungen haben wie Speicher einer lebensweltlich verankerten Rationalität gewirkt und aus diesem Selbststand heraus mit den eher technisch einseitigen anderen Rationalitätsmustern interagiert, sie aber auch im Zaum gehalten[54].

Das kulturelle Zeichen- und Wertesystem als Bedingung auch des wirtschaftlichen Erfolges

Bis weit in die Neuzeit hinein war keine soziale, ökonomische oder politische Entwicklung möglich, die nicht den kulturellen Prägungen entsprach, die nicht zumindest kulturell anschlussfähig oder sogar von großen kulturellen Entwicklungstrends vorbereitet war. Die beeindruckende und bis heute nicht ernsthaft bestrittene These *Max Webers*, dass der moderne Kapitalismus sich vor allem dort wirksam entfalten konnte, wo der Geist des asketischen Protestantismus herrschte[55], erklärt regionale sozio-ökonomische Unterschiede in Deutschland und Europa, erklärt auch die wirtschaftliche Dynamik der USA. Aber gewendet auf die Welt muss es nicht allein der Protestantismus sein. Es gibt offenbar Muster der Weltdeutung und der Lebensführung, die mit der westlichen Logik des Wirtschaftens bestens harmonieren, und andere, die sich einfach nicht mit ihr vertragen. Damit erklärt sich auch, warum es eine Gruppe von Staaten auf der Welt gibt, die trotz Entwicklungshilfe und Liberalisierung des Welthandelssystems nicht ernsthafte Mitspieler im Weltwirtschaftssystem werden. Andere Staaten und Kulturräume dagegen konnten ihre politische Abhängigkeit mit einem Kraftakt abschütteln und ihren Rückstand zum Westen manchmal schon innerhalb einer Generation beträchtlich verkürzen: Der Aufstieg Japans seit Ende des 19. Jahrhunderts von mittelalterlich anmutenden Sozialformen zur international anerkannten Großmacht erfolgte innerhalb weniger Jahrzehnte.

*Verformung der kulturellen Heimat durch technokratische
Politik und Wirtschaft?*

Doch heute besteht die Gefahr, dass die mächtigen und auf
die Erfordernisse globaler Tätigkeit bestens zugeschnittenen
Systeme wie die Wirtschaft und zunehmend auch die politische Herrschaft mit ihren kraftvollen einfachen Imperativen
die schwerfälligen Kulturen nationaler oder religiöser Prove-
nienz erdrücken und nunmehr umgekehrt nur noch das als
Entwicklung erlauben, was wirtschaftlich und politisch er-
wünscht oder doch jedenfalls akzeptabel ist. So wie im europäischen Mittelalter in einigen Phasen die katholische Kirche
möglichst nur das an Entwicklung erlaubt hat, was ihre
Glaubens- und Herrschaftsgrundlagen nicht zu erschüttern
drohte, so herrschen heute die Logik weltwirtschaftlichen
Wettbewerbs und eine überstaatliche technokratische Me-
thode der Politikgestaltung, die sich immer weiter von den
lebensweltlichen Mustern der Volksherrschaft entfernt.

*Nationalstaatliche Kultur unter den Zwängen
überstaatlicher Herrschaft*

Das aufeinander eingestellte überstaatliche wirtschaftliche
und kooperative politische System gibt dem nationalstaatlichen Politikbetrieb, aber auch den gesellschaftlichen Werte-
ordnungen Richtung und Maß, begrenzt den Horizont. Was
damit nicht kompatibel ist, und seien es die nationalkulturel-
len Traditionen politischer Selbstbestimmung, wird verdrängt und vergessen. Den Regierenden auf den nationalen
Bühnen ist es durch die Logik überstaatlicher Koordination
und supranationaler Herrschaftssicherung bereits deutlich
erschwert, ohne Preisgabe von Aufrichtigkeit oder Bruch
überstaatlichen Rechts dasjenige zu verwirklichen, was
Mehrheiten der Bürger wünschen. Schlimmer noch: Die
Bürger verlieren die Orientierungsmarken für die eigene Beurteilung, wenn sie nicht mehr in dem Bezugsrahmen einer
eigenen historisch gewachsenen öffentlichen Kultur, mit ihren Tiefenschichten der Legenden, Sagen und Märchen, ih-

ren kollektiven Erfahrungen, ihren Sprichwörtern, Klugheitsregeln und dem Geist der eigenen Sprache mit ihren
komplexen Verweisungen, Konnotationen und Evidenzen
politische Fragen beurteilen können. Das alles macht Demokratie nicht unmöglich, zehrt aber an der Überzeugungskraft
ihrer Idee und an ihren Legitimationsgrundlagen.

8. Das Problem der Einheit der Gesellschaft

*Die Eigenart des modernen Gesellschaftsbildes: Verzicht
auf Einheit und Zentrum*

Der westlich-abendländische Gesellschaftstyp unterscheidet
sich von allen anderen hochkulturellen Gesellschaftsformen
durch seinen Verzicht auf ein Zentrum und die Pflege einer
in diesem Zentrum stehenden Einheitsinstanz. Ihre Einheit
finden moderne Gesellschaften tatsächlich in der Vielheit ihrer ausgebildeten Sonderbeziehungen. Wenn Menschen sich
wirtschaftlich als Käufer und Verkäufer begegnen, werden
sie scheinbar zwanglos genötigt, in der Logik des Wirtschaftens zu denken und handeln. Dies vereinfacht die Welt der
wirtschaftlichen Tauschbeziehungen so sehr, dass ein – vom
kulturellen Standpunkt aus betrachtet – künstliches System
der Ökonomie rund um einfache geldvermittelte Tauschbeziehungen entstehen kann, dessen Komplexität dann aber
über die unzählbaren Einzeloperationen und ihren An-
schlüssen hinweg fast undurchschaubar wird.

Der Verzicht auf Einheit macht Freiheit möglich

Dieser sozialevolutionäre Trick, mit Vereinfachung und Spe-
zialisierung zulässiger Kommunikationen das an sich un-
berechenbare menschliche Verhalten an die Logik von speziellen Funktionssystemen anzuschließen und mit dieser
Verengung zulässigen Sozialverhaltens gerade neue Freiheiten, aber auch neue Abhängigkeiten der Menschen gleichermaßen zu befördern, ist allgegenwärtig. Ein Politiker, der
sich nicht bedingungslos dem Regelwerk der Machthydrau-

lik verschreibt, ein Jurist, der nicht mit Gespür für die gerechte Entscheidung die methodische Anwendung des
Rechts beherrscht, ein Wissenschaftler, der nicht der Logik
der Forschung gehorcht, sie alle werden nicht erfolgreich
sein, sie werden scheitern. Doch wer die Logik der Systeme
wie eine Klaviatur beherrscht, der ist erfolgreich und kann
eine in traditionellen Gesellschaften unvorstellbare Bewe-
gungsfreiheit erlangen.

In einer nach sozialen Funktionen gegliederten Gesellschaft verlangen Sozialbeziehungen nicht den ganzen Menschen, sondern nur bestimmte Verhaltensausschnitte: Dies
macht den Kern unserer Freiheit aus[56]. Auch die Gesellschaft
insgesamt scheint als Ensemble solcher funktioneller Sonderbeziehungen gut zu funktionieren, denn die frei gelassenen
sozialen Systemzusammenhänge können sich reich entfalten.
Freie Wirtschaft produziert Wohlstand, freie Wissenschaft
Wissen, freie Richter sprechen gerecht Recht, freie Politiker
treffen akzeptierte Entscheidungen. Keine Zentralinstanz,
keine Kaste von Priestern oder gottbegnadeten Herrscherge-
stalten, keine übermächtige Tradition, keine retardierende
Macht von Familienclans oder des Aberglaubens behindert
das immer weitere Wachstum, die Dynamik der freigelasse-
nen sozialen Systeme. In diesem Organisationsprinzip der so
genannten funktionellen Differenzierung[57] liegt das Erfolgs-
geheimnis der westlichen Kultur, ihre bislang alles überrol-
lende Macht, aber auch die schlichte Möglichkeit individueller Freiheit.

Risiken der Freiheit ohne Einheit

Doch wissen wir nicht, wie lange sich dieses gesellschaftliche
Bauprinzip noch bewährt. Die entscheidende Gefahr lauert
wie so häufig im Erfolg. Einheit und Stabilität der Gesellschaft sind kein ernsthaftes Thema mehr, weil die einzelnen
Funktionsbereiche so scheinbar naturwüchsig ineinander
greifen. Wer Einheitsbedürfnisse dennoch hat – wie z. B.
Nachrichtensendungen –, pflegt auf Politik und Staat zu
schauen, obwohl wir inzwischen gelernt haben, dass die Po-

litik – wie andere Systeme auch – die Gesellschaft zwar zu
beeinflussen vermag, aber sie nicht im Sinne der Aufklärung
und der politischen Utopien planen und exakt nach ihren be-
schlossenen Plänen gestalten kann. Daraus können zwei ge-
gensätzliche Schlussfolgerungen abgeleitet werden.

• Wer glaubt, es müsse auch in modernen Gesellschaften ein
  Spezialsystem für die Einheitsfragen der Gesellschaft ge-
  ben, wird weitere *politische* Anstrengungen verlangen. Er
  wird die Stärkung und Ausweitung des Sozialstaates, des
  Umweltstaates, des Verbraucherschutzes fordern, und er
  wird überstaatliche Einrichtungen wie die Europäische
  Union oder die Vereinten Nationen als entsprechende
  Großgemeinschaften anpeilen, sie entschlossen stärken
  wollen, um dort sein etatistisches Einheitsprojekt auch im
  Zeitalter der Globalisierung fortsetzen zu können.

• Man kann aber auch in dem Festhalten an einem suprema-
  tischen Einheitssystem einen Denkfehler erkennen und
  darin eine rückwärtsgewandte Grundhaltung befürchten.
  Die freie Gesellschaft braucht in erheblichem Umfang
  politische Leistungen, doch sie wird gefährdet, wenn die
  Politik danach strebt, die Gesellschaft nach der Einheits-
  prämisse konkret gestalten zu müssen. Die prinzipiell
  freie Wirtschaft oder die Wissenschaft müssen sich mit einem politisch gesetzten Ordnungsrahmen abfinden, aber
  auch die Politik muss einen Rahmen im Recht, in der
  wirtschaftlichen Vernunft und im Wertesystem von Gemeinschaften finden und akzeptieren. Politische und
  rechtliche Entscheidungen folgen einer eigenen Vernunft,
  sie sind aber nicht der Vernunft wissenschaftlicher Erkenntnis, ökonomischer Zweckrationalität oder der Alltagsvernunft der Menschen überlegen.

Am Ende des politischen Rechts-Links-Schemas

Daraus ergeben sich in der Welt der Politik zwei Lager: ein
eher sozialen Interventionen zuneigendes und ein eher libe-
ral-wirtschaftsfreundliches. Die Neujustierung dieser Pole
hat die politische Links-/Rechtsarithmetik und die tempora-

lisierende Ordnung „progressiv/konservativ" gründlich
durcheinander gebracht und Widersprüche in politischen
Parteien erzeugt.

Die politische „Linke" ist dort ausgesprochen konservativ,
wo sie die Strukturen des staatlichen Interventionismus erhalten will. Um gleichwohl den alten Anspruch zu bewahren, Speerspitze des Fortschritts zu sein, werden nicht selten
zum Zwecke der Kompensation und wohl auch der Ablen-
kung neue emanzipatorische Projekte ‚erfunden', gemessen
am Alltagsempfinden der Menschen höchst künstliche Ent-
rüstungen inszeniert und der Nationalstaat überstaatlich als
Über-Umverteilungsstaat neu gefordert[58].

Die politische „Rechte" wird dagegen dort progressiv, wo
sie öffentliche Herrschaft zurückschneiden muss, um vor allem der Wirtschaft wieder mehr oder noch mehr Luft zum
Atmen zu geben. Wenn allerdings allzu eilig den wechselnden tagespolitischen Bedürfnissen der Wirtschaft nachgege-
ben wird, leiden häufig gerade diejenigen Gemeinschaften
wie Familien, deren Schutz sich die Konservativen eigentlich
auf die Fahnen geschrieben haben. Wer in der Politik nur einen Appendix und ein Sprachrohr der Wirtschaft sieht, wird
schnell erkennen müssen, dass die Wirtschaftseliten in etwa
soviel politischen Verstand besitzen, wie Politiker etwas von
rentabler Unternehmensführung verstehen.

Politik ohne gesellschaftliches Leitbild

Misslicherweise sind diese beiden nur noch schwach ideologischen Positionen im Grunde ungeeignet, die wachsenden
Bedürfnisse nach Einheit in einer nach verschiedenen Funk-
tionsimperativen gegliederten Gesellschaft zu befriedigen,
und auch ihre Kombination führt zu nichts. Die beiden
Standpunkte zeigen nur den Einbruch wirtschaftlicher Rea-
litäten in die Festung eines selbstgenügsamen Politikbetriebes, eine Störung der abgeschlossenen politischen Selbstbe-
zogenheit. Die Autonomie des politischen Systems ist zu
einer argen Last für die Gesellschaft geworden. Die immer
weitere Stärkung politischer Herrschaft, die Produktion im-

mer neuer Gesetze lähmt die Gesellschaft, die Verrechtli-
chung aller Lebensbereiche droht die Alltagsvernunft zu zerstören, die Umverteilung des Wohlstandes gefährdet dessen
Wurzeln. Die konsequent liberale Gegenposition bleibt aber
die Antwort schuldig, ob eine Gesellschaft ohne sichtbare
und einleuchtende Muster der Solidarität, ohne einen Ge-
meinschaftsethos und ein, auch positive Inhalte umfassendes
Wertesystem auf Dauer zu existieren vermag.

Individuelle Freiheit mit staatlichem Komplementär

Unumstritten im westlichen Denken ist die Prämisse des Eigenwerts jedes Einzelnen und seiner Freiheit indes nur, soweit
sie sich gegen kollektivistische, totalitäre und freiheitsbedrohende Staatsauffassungen richtet[59]. Mit dieser Ablehnung allein lässt sich aber noch keine vollständige Architektur einer
politischen Gemeinschaft entwerfen, aus Abwehr und ungebundener Freiheitsidee allein vermag sich das Logos des
Rechts nicht zu entfalten.

Heute ist unsere Gesellschaft individualisiert. Das Bild
vom Menschen als für sich verantwortlichen Akteur, die freie
Entfaltung der jeweils besonderen Persönlichkeit ist nicht
nur ein Maßstab im Recht, sondern zu einem beträchtlichen
Teil soziale Wirklichkeit. In großen Städten Deutschlands
lebt bereits die Mehrheit in Ein-Personen-Haushalten, die
Kraft aller sozialen Gemeinschaften hat in den letzten hundert Jahren insgesamt abgenommen, während es vorher im
wesentlichen Verschiebungen zwischen Gemeinschaften gegeben hat – von organischen zu organisierten, etwa von der
Großfamilie oder der Dorfgemeinschaft hin zu Staat, Vereinen, Gewerkschaften und Parteien. Die Erfahrung der Abhängigkeit des Menschen von sozialer Gegenseitigkeit hat
abgenommen, seitdem der Staat die Fürsorge verrechtlicht
und durch eine nie gekannte Dimension der Umverteilung in
seiner Hand kollektiviert hat. Dadurch konnte sich einerseits
individuelle Freiheit durch die starke und scheinbar verläss-
liche Hand des Staates geschützt entfalten, andererseits haben die Leitwerte des richtigen und erfüllten Lebens sich von

der Praxis, von der Lebenserfahrung entfernt, religiöse
Grundlagen der Gemeinschaften sind erodiert, außerstaatli-
che Formen des Zusammenhalts wie Gewerkschaften oder
Selbstverwaltungseinheiten haben ihren solidarischen Sinn
weitgehend eingebüßt, die Familie als die älteste und ursprünglichste Lebensform wird immer noch von Kulturpro-
tagonisten mit kritischer Geste bewusst abgelehnt oder in
der Bedeutung hintangestellt.

*Erosion kultureller Identität: Gefahr für das Programm
individueller Freiheit?*

All das hinterlässt tiefe Spuren in einer Gesellschaft, die erst
mit der Freiheitsidee und durch sie zu allgemeinem Wohlstand gekommen ist. Trotz des Reichtums an finanziellen
Mitteln und Wirtschaftsgütern, verdüstern sich die Perspektiven. Ohne auch nur eine halbwegs ausreichende Zahl von
Kindern und jungen Menschen überaltern unsere europäischen Nationalgemeinschaften rapide. Ein wirklich beleben-
des Wirtschaftswachstum wird kaum noch ernsthaft erwartet, die Folgen für das ausgedehnte System der staatlich
verfügten sozialen Sicherung liegen auf der Hand. Der hoch-
verschuldete Staat wird von vielen als opake Umverteilungs-
maschinerie und als drückende Last empfunden[60].

Die Sorge um die Zukunft kehrt zurück. Wie werden die
heute 30- oder 40-Jährigen in 30 oder 40 Jahren leben? Wird
die Altersversorgung reichen? Werden private Versicherun-
gen, werden Grundstücke valide Anlagen bleiben? Neben
dem katastrophalen Verlust an jungen Menschen durch den
verharmlosend so genannten demographischen Wandel und
dem Verarmungsrisiko einer reichen, aber schwerfälligen
Gesellschaft tritt als drittes Problem die Ungewissheit über
die eigene kulturelle Identität, eben über das Selbstbild des
Menschen. Die Einwanderung in den europäischen Kontinent erfolgt heute schlecht gesteuert und führt auf Dauer
vermutlich zu einer fragmentierten Landschaft von Kulturen, die sich fremd sind. Unser rationalisiertes Verständnis
von Religion, Moral und Wertesystem gerät ins Wanken,

wenn diejenigen vitaler und entschlossener scheinen, die diesen Prozess der Rationalisierung mit religiös gespeistem Fundamentalismus in Frage stellen. In die sozialpolitische Unsicherheit mengt sich deshalb die Sorge vor Überfremdung und vor dem Verlust kultureller Identität. Dies wird auch deshalb an bestimmten Kristallisationspunkten als dramatisch empfunden, weil die diese kulturelle Identität tragende Vorstellung vom Bild des Menschen in der Welt nicht mehr selbstgewiss ist und auch auf anderen Gebieten kaum noch eine sichere Beurteilung erlaubt.

III. Das westliche Wertesystem: Menschenbilder und Weltbilder

1. Was sind Werte?

Die im politischen System, aber auch in der Alltagserfahrung der Menschen diskutierten Probleme haben immer auch eine Tiefendimension, sie sind nicht nur Eintagsfliegen der Kommunikation, sondern immer auch Ergebnis einer ideengeschichtlichen Entwicklungslogik. Nicht nur Menschen können Selbstbewusstsein entwickeln und dadurch das Tierreich verlassen, auch Gesellschaften vermögen durch die arbeitsteiligen Strukturen der Fachdiskurse ein individuell nicht vollständig und nicht gleichzeitig begreifbares Bewusstsein von sich selbst zu erlangen.

Die moderne Epoche entwirft sich als System

Mit Renaissance, Humanismus, Aufklärung, Wissenschaft, Individualismus und Demokratie hat sich eine bewusst konstruierte neue Welt in die bestehende, in die gewachsene gesetzt. Diese modernen Setzungen, beginnend mit der Würde und Freiheit des einzelnen Menschen[61], dem Vertrauen in seine Leistungs- und Selbstschöpfungskraft, in das methodische und experimentell überprüfbare Weltwissen, der gegen jeden anderen Glauben gesetzte Glaube an das Vernunftprinzip, all das hat sich logisch entfaltet, gerade weil Systematik und Logik ihrerseits zu beherrschenden Prinzipien der Vernunft erklärt wurden. Damit wurde auch das Wertesystem einer Gesellschaft als abänderbar, als kontingent erlebt und entsprechend verfahren.

Die Krise verlangt nach Neujustierung, nicht nach Zerstörung des Wertesystems

Das führt aber zu der Einsicht, dass ein in die Krise geratendes Wertesystem neu justiert werden muss, ohne seine Wurzeln preiszugeben. Die kulturellen Grundlagen einer Gemeinschaft sind heute plastischer denn je, deshalb anpassungsfähiger, aber sie sind auch gefährdeter als in der Vergangenheit. Die alten Gegengewichte des Neuen, des nur intellektuell Konstruierten, bestanden in den über Jahrhunderte und über Jahrtausende ausgeprägten traditionellen Weltsichten und Lebensweisheiten. Diese Sichtweisen des Lebens wurden gespeist aus religiösen Überlieferungen, Auseinandersetzung mit der Natur, den tiefen Erfahrungen von Lebensglück, von Ehre und Würde. Sie alle haben dramatisch an Bedeutung verloren, können aber nicht durch Recht, Politik, Wirtschaft oder Sozialtechnologie ersetzt werden. Traditionelle Wege zum Glück dürfen deshalb heute nicht weiter intellektuell bekämpft, sondern müssen in einer selbstreflexiven Weise neu entdeckt und bewertet werden; wir müssen sie wieder ins Spiel bringen und uns aneignen, damit die Gesellschaft nicht ihre sittliche Richtung und ihre menschlichen Proportionen verliert.

Die Bedeutung von Werten

Jedes kulturelle System entwickelt Einstellungen und Werte. Werte sind unbedingte Vorrangregeln mit moralischer Qualität: das Gute ist stets dem Schlechten vorzuziehen[62], das Richtige dem Falschen. Gerade weil sich Werte mit Rigidität der zweckrational nüchternen Abwägung zu entziehen scheinen, sind sie geeignet, Festigkeit und Selbstgewissheit zu vermitteln. Grundwerte sollen die Präferenzen für Handlungen, Ziele und Verhaltensregeln weisen, die für die Menschen und ihre Zivilisation fundamentale, existentielle Bedeutung besitzen.[63] Eine politische Gemeinschaft ist denn auch nur soweit Gemeinschaft, als sie gemeinsame Grundwerte teilt, die ihre Identität, ihre Existenz in der Zeit sichern.

Werte sind auch im aufgeklärten Westen ein Stück ziviler Religion, ein „Reflexionsstopp"[64] für Diskussionen: Wer weitergeht, betritt einen tabuisierten Bereich[65], verlässt den sicheren Grundkonsens der Gesellschaft. Mit dem lenkenden und stark einschränkenden Sinnhorizont von Werten sollen Strukturen gesichert werden, die für die Identität und Existenz einer Gesellschaft unverzichtbar sind. Doch Werte sind schillernd, nicht selten einander widersprechend, überschreiten die Grenzen der berechenbaren Zweckrationalität, wandeln je nach Kontext auch schon einmal ihre Bedeutung. Aber jeder Aggregatzustand einer Gemeinschaftskultur prägt eigene Werte, deutet bestehende Werte um, vergisst alte und setzt neue. Betonte, hervorgehobene Werte sind in der Regel diejenigen, die die jeweils herrschende Weltsicht, ihre moralische Grunddramaturgie, ihre Ideologie des guten und richtigen Lebens gegen Alternativen schützen. Deshalb hat auch die gegenwärtig herrschende Kultur ihr Dogma der individuellen Selbstverwirklichung und ihre Traditionsabneigungen in Werte gegossen und die klassischen bürgerlichen Werte wie humanistische Bildung, Leistung, Familie oder christliche Lebensführung bekämpft.

Werte sind abstrakte Symbole der guten Ordnung

Werte spielen eine merkwürdige Rolle in aufgeklärten Gesellschaften. Sie werden in ihrer Funktion und in ihrer Abänderbarkeit gesehen, wir reden vom Wertewandel, aber wir können wenig mit ihrem vormodernen Wesen anfangen. Werte wirken in ihrer Rigidität wie Relikte aus einer vergangenen Epoche, in der die Einheit von Mensch und Gesellschaft noch eine ausgemachte Sache war. Werte haben in gewisser Weise die Entzauberung und Rationalisierung der modernen Welt nicht mitgemacht: Sie stehen zwischen Sein und Sollen, sie sind normativ, aber unterliegen einem Wandel durch gesellschaftliche Faktizität, sie stehen zwischen Recht und Moral, zwischen Verbindlichkeit und Appell, zwischen Universalismus und Pluralismus, und manchmal auch zwischen heißer Emotion und kühlem Verstand. Ein Wert hat als Präferenzregel – und das rückt ihn in die Nähe des Rechts, aber mehr noch in die der Moral – eine hohe normative Orientierungsfunktion: Er sondert gut von schlecht, wichtig von unwichtig, richtig von falsch. Werte helfen, die Welt begreifbar zu machen, entbinden scheinbar vom allzu kleinteiligen Zweckrationalen, vom berechnenden Kalkül. An Werte glaubt man wie an religiöse Offenbarungen, für Werte kämpft man, sie bilden als Grundwerte den letzten Sinn eines Menschen, einer Gemeinschaft[66].

Die scheinbar atavistische, emotional tief gegründete Natur der Werte erklärt aber auch, warum bestimmten staatlichen Entscheidungen leidenschaftliche Aufmerksamkeit geschenkt wird. Wenn Gerichtsentscheidungen Wertesymbole betreffen, wie das christliche Kreuz oder das islamische Kopftuch, wenn eine Wertekollision den Fall prägt, bewahrheitet sich *Luhmanns* Einschätzung, dass es um Höchstrelevanz mit normativem Gehalt geht. Die Erregung stammt aus dem Erleben der Menschen, dass es um die richtige Lebensform geht, sie sehen vor sich eine Frage der eigenen Identität, der Selbstbehauptung. Die Symbole für Werte sind Garanten der guten und vertrauten Ordnung; Symbole können wichtiger sein als das, was sie repräsentieren.

Glaube an die absolute Geltung von Grundwerten

Für *Max Weber* zeichnet sich eine moderne wertrationale Einstellung durch den bewussten Glauben an die absolute Geltung letzter verpflichtender Werte sittlicher, ästhetischer oder anderer Art aus[67], wobei einem bestimmten Verhalten ein Eigenwert unabhängig vom Erfolg und von zweckrationalen Überlegungen zukommt[68]. Mit der bewussten Setzung solcher Werte muss jede Gesellschaft sparsam und umsichtig umgehen, weil zwar die Setzung der Werte rational begründbar ist, ihre Anwendung als Wertnormen aber Zweckrationalität weitgehend ausschließt, so dass Werte – werden sie ernst genommen – entweder wie ein Tabu wirken[69] oder andernfalls der Begriff inflationiert und sinnentleert wird. *Max Weber* sieht in der Zweckrationalität die vorzugswürdige

Form gesellschaftlicher Vernunft, aber er weiß: ohne Werte geht es nicht. Sie wurden so weit als möglich neuzeitlich kultiviert, das heißt rationalisiert, mit systematisch verbundenen Gründen versehen.

Seit der Epoche des Humanismus und spätestens seit der Aufklärung werden deshalb aus individueller Vernunft nicht nur ethische Gebote ermittelt, sondern auch Werte fixiert und der Gesellschaft angesonnen, sich ihrerseits nach diesem Bild zu organisieren. Bei Lichte betrachtet hat aber die Aufklärung nicht dazu geführt, dass nunmehr die Gesellschaft nach dem Bilde individueller Wertentscheidungen neu erschaffen wird. Dies wäre – wie schon die Jakobiner erfahren mussten – praktisch unmöglich und normativ mit dem Leitwert der Freiheit unvereinbar. Zwischen gesellschaftlichen Funktionsbedürfnissen und individueller Willkür ist eine voraussetzungsreichere Wechselwirkung an die Stelle einer sozial angepassten Verhaltensausrichtung der Menschen getreten.

Übersetzung eines Menschen- und Weltbildes in Handlungsanleitungen

Werte sind nicht nur allgemeine Präferenzregeln zur Gewährleistung einer bestimmten gesellschaftlichen Ordnung, sie sind noch viel stärker auch Grundeinstellungen der Menschen, die durch eine besondere Festigkeit, Überzeugung von der Richtigkeit und emotionale Grundierung auffallen. Werte sind der Versuch, einen Kulturzusammenhang vereinfacht und abstrakt normativ abzubilden und zu sichern. Mit der Formulierung von Werten wird ein Menschen- und Weltbild in handlungsanleitende Orientierungsnormen übersetzt: Moderne Persönlichkeitsentwicklung gelingt nur dann vollständig, wenn mit der moralischen Kompetenz die Fähigkeit wächst, souverän mit dem gesellschaftlichen Wertesystem umzugehen und dieses zum Ausgangspunkt der eigenen Selbstbeschreibung zu machen. Dass der Mensch als offenes Wesen solcher kulturprägenden Normen zur eigenen Identitätsbildung bedarf, ist von *Scheler* und *Gehlen* in den Vordergrund gerückt worden.[70]

Werte als Herrschaftsinstrument

Doch auch in der Diskussion über Werte erliegen wir der Suggestion rationaler Weltdeutung und funktionaler Gesellschaftsorganisation: Wir meinen, dass unsere Rechtswerte, die Grundrechte und die Menschenrechte, das Ganze unseres Wertesystems abbilden. Das ist falsch. Subjektive Rechtsansprüche stammen nur aus der halben, der rationalen Welt, und bilden in dieser Hälfte der sozialen Wirklichkeit nur die Teilmenge des politisch gesetzten und autonom durch Richter ausgelegten Rechts. Das, was politische Herrschaft als ihr Wertesystem bezeichnet, ist deshalb alles andere als identisch mit der Kultur einer Gesellschaft. Sonst wäre im Übrigen Kritik an politischer Herrschaft, die sich als Wertegemeinschaft definiert, praktisch ausgeschlossen.

Eigensinnige Werte in der lebensweltlichen Kultur

Es gibt kulturelle Werte, die nicht oder nur unzureichend als Individualrecht formuliert werden können, schlimmer noch, die bei einem solchen Versuch beschädigt oder gar zerstört werden können. Es sind die Werte, die im schillernden Begriff der Kultur immerhin noch ein Schattendasein fristen, aber in Wirklichkeit der Humus von Freiheit und Gleichheit sind. Zentrale Werte der bürgerlichen und auch der vormodernen Welt galten dem richtigen praktischen Lebensentwurf. Ehe und Liebe, Kinder und eine intakte Welt der Familie waren ebenso wichtig wie die Ideale der Höflichkeit, der Bildung, der Verbundenheit, der Loyalität und des Anstandes, der Aufrichtigkeit oder des Fleißes, der zupackenden Vitalität und der religiös verankerten Demut. All das kann in Individualrechten nicht abgebildet werden, ist dem rechtlichen Funktionssystem im Kern verschlossen. Die Regulierungssucht des politischen Betriebes richtet an dieser wichtigen Stelle regelmäßig mehr Schaden an, als sie Nutzen stiftet, wenn sie mit ihrem groben funktional verrechtlichten Instrumentarium hier eingreift und meint, von einem rechtlich universalen Wertesystem geleitet und legitimiert zu werden.

2. Das Menschenbild der Freiheit

Würde, Freiheit, Gleichheit

In einer der frühesten Entscheidungen des Bundesverfassungsgerichts ist zu lesen: „Dieser Grundordnung liegt letztlich nach der im Grundgesetz getroffenen verfassungspolitischen Entscheidung die Vorstellung zu Grunde, daß der Mensch in der Schöpfungsordnung einen eigenen selbstständigen Wert besitzt und Freiheit und Gleichheit dauernde Grundwerte der staatlichen Einheit sind. Daher ist die Grundordnung eine wertegebundene Ordnung. Sie ist das Gegenteil des totalen Staates, der als ausschließliche Herrschaftsmacht Menschenwürde, Freiheit und Gleichheit ablehnt."[71] Damit hat das Gericht den Ausgangspunkt für ein Programm benannt, das heute nicht nur in Deutschland, sondern in allen Gesellschaften des Westens reich entfaltet vor uns steht. Die staatliche Gemeinschaft ist zwar die Grundlage für jede substantielle Freiheit in einem Raum des Rechts und der Sicherheit, aber Ursprung, Grenze und Maß der Gemeinschaft werden durch die Würde und die Freiheit des Einzelnen gesetzt. „In der freiheitlichen Demokratie ist die Würde des Menschen der oberste Wert. Sie ist unantastbar, vom Staate zu achten und zu schützen. Der Mensch ist danach eine mit der Fähigkeit zu eigenverantwortlicher Lebensgestaltung begabte ‚Persönlichkeit'"[72].

Diese ebenfalls vom Bundesverfassungsgericht formulierte grundlegende Aussage, dass der Mensch mit seiner individuellen Freiheit und seinem personalen Achtungsanspruch im Mittelpunkt der Rechtsordnung stehe, ist heute unzweifelhaft gemeineuropäisch. Artikel I-2 des Vertrags über eine Verfassung für Europa verleiht dieser Übereinstimmung Ausdruck. Eine Frage bleibt allerdings bereits in der Grundkonstruktion in der Schwebe: Gewinnt der Mensch durch die Leitwerte Freiheit und Gleichheit seine Würde oder ist Würde ein dritter, vielleicht sogar überragender, Freiheit oder Gleichheit relativierender Wert?

Die Würde des Menschen als Quellcode unserer Werteordnung

Wer dem Menschen unberechtigt die Freiheit nimmt und seine Gleichheit vor dem Gesetz leugnet, verletzt die Würde des Menschen, wenn er dies in einem Zusammenhang grundsätzlicher Verachtung des freien und gleichen Menschen tut. Im unbestimmten Höchstwert der Menschenwürde bewahrt die Kultur der Freiheit zugleich das Gedächtnis für die Grenzen des menschlichen Selbstentwurfs, setzt einen außerrechtlichen absoluten Wert gegen absolute Werte des Rechts.

Mit jenem zweiten überrechtlichen Gehalt der Menschenwürde können Juristen nur schwer oder gar nicht Fälle entscheiden, er erlaubt keine rationale Abwägung. Denn dieser Gehalt verweist auf den Zusammenhang von Recht und Kultur, auf die Grenzen des ausdifferenzierten Rechts. In moralischen Grundsatzfragen wie in der Abtreibung, Präimplantationsdiagnostik, der Frage nach dem zulässigen Umfang der Veränderungen menschlichen Erbgutes ist die Öffentlichkeit gespalten, es fehlt der ethischen und erst recht der rechtlichen Debatte die Selbstsicherheit, häufig auch die Tiefe und der lange Atem. Nicht untypisch ist die folgenlose Delegation des Themas auf pluralisiert zusammengesetzte Expertengremien, typisch ist aber auch die emphatische Bekräftigung der Würde des Menschen mit ihrer Abwägungssperre und der Verzicht auf Konsistenz der Fallbehandlung.

Ohne den Weltsinn des kulturellen Raumes bleibt die Würde des Menschen leer

Die Menschenwürde wird zu einer Zuflucht einer ihrer religiösen Wurzeln entsagenden Gesellschaft, doch werden die Grenzen, ja die Leere dieses Quellcodes unserer Werteordnung gerade dann offenbar, wenn die großen religiösen Gewissheiten aus dem Gedächtnis schwinden. Was die Würde des Menschen ausmacht, kann nicht allein aus Artikel 1 Absatz 1 des Grundgesetzes mit juristischer Auslegung und mit einem Blick in die Rechtsprechung ermittelt werden, sondern hängt von einem außerhalb des Rechts entstandenen und sich wandelnden Selbstverständnis der Menschen ab. Insofern ist die Menschenwürde im freiheitlichen Kontext des Verfassungsstaates janusköpfig: Sie ist normativ verbindlich und stark in der Ablehnung aller totalitären und kollektivistischen Verirrungen, aber – und das ist im Ansatz konsequent – beinah inhaltsleer, was den positiven Gebrauch der individuellen Freiheit angeht, dieser bleibt abhängig von einer rechtlich nicht disponierbaren Alltagskultur.

Die Menschenwürde ist ein relativer Blankettbegriff, der seine Anschaulichkeit erst in einer Kultur der Freiheit gewinnt. Die Würde des Menschen ist eine Art Identitätsmarkierung der eigenen Gattung, ethische Selbstvergewisserung der freiheitlich-humanen Rechtsordnung[73]. Der Begriff ist im Inhalt vergleichsweise unbestimmt gehalten, einladend zur öffentlichen Selbstreflexion. Zu dem damit angeschnittenen Themenkomplex gehört immer auch die Frage, was das Menschsein ausmacht, wer zur Gattung dazugehört, wer als Bedürftiger oder Hilfloser den Schutz der Gemeinschaft verdient, ebenso wie diejenige, inwieweit in Zukunft die genetische Festlegung des Menschen durch individuelle Entscheidungen mit einer möglichen Wirkung für alle – für die Gattung – verändert werden darf. Die Achtung der Menschenwürde verlangt immer auch und maßgeblich ein kontextuelles Denken[74], wobei die Bewertung des Kontextes ohne ein kulturgeprägtes Menschen- und Gesellschaftsbild nicht auskommt.[75] Die tiefste und folgenreichste Setzung unseres Menschenbildes, das auch die Vorstellung der richtigen Gesellschaft beherrscht, ist die des Menschen als freies und selbstverantwortliches Subjekt. Wir stellen uns den Menschen, dem seine Würde nicht genommen wird, als einen Citoyen vor: mit aufrechtem Gang, selbstbewusst, frei, für sich selbst verantwortlich.

„Wenn mich jemand bittet zu beschreiben, *was ich sehe*, beschreibe ich, *was gesehen wird*."
(*Ludwig Wittgenstein*)[76]

IV. Idee und System der Freiheit

1. Logik und Paradoxien der Freiheit

Freiheit und Kultur

Freiheit gehört zum Menschen wie das Denken. Aus dem Denken wachsen Wille, Vorstellung und Plan. Eine diese Freiheit achtende Gesellschaft lässt die Menschen möglichst nach ihrem jeweils eigenen Lebensentwurf ihr Schicksal gestalten. Zu diesem ursprünglichen Begriff von Freiheit zählt auch, das Risiko des Scheiterns prinzipiell dem frei Handelnden und niemandem sonst zuzurechnen. Gleichheit besteht nur im Hinblick darauf, dass alle in dieser Hinsicht frei sind und sich alle an dieselben Spielregeln halten müssen, nicht aber in den notwendigerweise verschiedenen Ergebnissen individuellen Tuns oder Unterlassens.

Dieses Grundprinzip individueller Freiheit hat tiefe Wurzeln, die – was heute manchmal aus dem Blick gerät – viel mit Ehre, Stolz und eben Würde zu tun haben. Der freie Bürger der griechischen Polis, der freie Bürger des antiken Rom, der freie Germane, der freie waffentragende Krieger, der freie Adlige, der freie Bürger der Stadt und der freie Citoyen einer Nation: sie alle betonen einen Anspruch auf Respekt ihres Willens, der keine Rechtfertigung in fremden Willen braucht. Der Freie kann an äußeren Widerständen zerbrechen, er kann sich als Folge seiner frei gewählten Bindung in den Untergang bewegen wie die Nibelungen, aber er bleibt Herr seines Schicksals, wird nicht Knecht. Die Geschichte der Menschen kann als ständiger Kampf um Intensität und Grad der Freiheit verstanden werden. Wie oft wurde den Menschen

versprochen, sie könnten Freiheit gegen körperliche oder so-
ziale Sicherheit eintauschen, und wie oft mussten sie nach der
Enttäuschung dieses Versprechens sich ihre Freiheit und ihre
Sicherheit zurückerkämpfen?

Gemeinschaft der Freien

Keiner dieser stolzen Freien steht allein. Der einsame Robinson auf seiner Insel, ist er frei, bevor er auf Freitag trifft? Die
ohne Gemeinschaft gedachten Menschen im Naturzustand
des *Thomas Hobbes*, die sich nahmen, was sie wollten, aber
in ständiger Furcht vor dem noch Stärkeren leben mussten,
waren sie frei? Man kann die stolze Freiheit des aufrecht
gehenden Menschen, diesen unverzichtbaren Teil seiner
Würde, nicht denken, ohne eine Gemeinschaft *nach dem
Bilde dieser Freiheit* mitzudenken. Denn schon der logische
Gegenbegriff der Freiheit, die Unfreiheit, meint nicht ein
Naturschicksal, sondern Menschenwerk. Stolz kann auch
derjenige sein, der im Kampf mit der Natur wie der einsame
Robinson die Oberhand behält, aber wir nennen dies nicht
Freiheit.

Doch eine Freiheit, die andere Freie berücksichtigen muss,
gehorcht bestimmten Bedingungen. Wenn es stimmt, dass
der Freie aus dem Freisein Würde und Ehre bezieht, und dies
etwas mit seinem sozialen Rang und seinem Achtungsanspruch zu tun hat, kann ihm nicht gleichgültig sein, wie sein
Handeln auf andere wirkt und wie ihr Handeln sein Handeln zu bestimmen vermag. Freiheit denken heißt also immer
auch soziale Bindung denken. Diese fruchtbare Paradoxie,
dass wahre Freiheit ohne die ‚Unfreiheit‘ der Bindung gar
nicht zu haben ist, beherrscht das neuzeitliche Freiheitsparadigma.

Moral und Freiheit

Damit wird Freiheit als sozial gerichtetes, als interdependen-
tes Verhalten zugleich moralisch, denn Moral zielt auf Achtung durch den anderen, auf Reputation. Der Handelnde
vermag sich deshalb in seiner Freiheit durch Vernunft selbst

zu begrenzen und die Gemeinschaft erwartet das mit verschiedenen normativen Standards auch von ihm. *Charles Taylor* hat in seinem bekannten Werk „Negative Freiheit" zudem darauf hingewiesen, dass bereits die Auswahl einer Situation als freiheitsrelevant eine sozial bestimmte Selektion ist[77]. Ob wir eine rotes Licht zeigende Verkehrsampel, einen etwas fordernden Ehepartner oder eine Abendeinladung von Freunden als freiheitseinschränkend ansehen, ist zu einem Gutteil eine Sache der Konvention und der eigenen Auffassung. Es ist daneben bereits Sache der Erziehung, den Kindern moralische Maßstäbe mitzugeben, wie ihr Freiheitsgebrauch begrenzt ist, damit sie frei werden und bleiben können. Denn wer die moralischen Grenzen der Freiheit überschreitet, riskiert im Ergebnis Unfreiheit, sei es durch Verachtung, soziale Ausgrenzung oder körperlichen Freiheitsverlust einer Freiheitsstrafe.

Freiheit nur ein Konstrukt?

Man muss vor diesem logischen Hintergrund kein Gehirnforscher wie *Singer* sein[78], um die Annahme, der Mensch sei frei, als nur gesellschaftliches Konstrukt in Zweifel zu ziehen. Denn angesichts der Paradoxie der Freiheit, nur als sozial gebundene möglich sein zu können, könnte man genauso gut soziale Bindung zum Normalzustand oder sogar zum höchsten Wert erklären, wobei die Freiheit zum Negativwert geriete und dann nur als individuelle Willkür, als Gefahr für Sittlichkeit, Ordnung und Moral wahrgenommen würde. Die moderne Kultur des Westens hat entschieden anders optiert, betont aber wegen der Paradoxie, der sie nicht entkommen kann, unablässig den Wert negativer Freiheit. Es müssen aus diesen konstruktiven Zwängen heraus einleuchtende Unterschiede von Freiheit und Unfreiheit immer wieder belebt und gefestigt werden, dramaturgisch verständlich und in den Bahnen der jeweiligen kulturellen Überlieferungen. Wir brauchen große Erzählungen[79], Rituale und ständig ermahnende Kräfte, wie Journalisten, Politiker, Protestierende und Richter, die die Unterscheidung von Freiheit und

Unfreiheit immer erneut sichtbar machen. Ein solcher Befund ist nicht kritisch gemeint, es soll keine Maske abgerissen werden, um dahinter zu einem wahren Zustand zu gelangen. Denn Differenzierungen sind notwendige Kulturleistungen. Hinter ihrer Zerstörung steht entweder eine neue Differenzierung – welche sollte das nach der Freiheit sein? – oder ein Differenzierungsverlust, das ist aber immer auch ein Ordnungsverlust[80].

Weil aber eine anspruchsvolle, d. h. differenzierte Ordnung der Welt eine die Möglichkeiten steigernde Kulturleistung ist, kann der ersatzlose Verlust von Unterscheidungsmöglichkeiten nur als Kulturverlust oder aber – Wiederkehr der Paradoxie – als Freiheitsverlust erlebt werden: Was nicht unterschieden werden kann, kann auch als Möglichkeit nicht frei gewählt werden.

2. Positive Freiheit heißt freiheitsgerecht differenzieren

Der Eros der Freiheit

Wir müssen erkennen, dass von der westlichen Kultur die Freiheit des Individuums als ein Höchstwert gesetzt wird. Gesetzt heißt, es könnte auch anders sein (Kontingenz), aber wir wollen es mit guten Gründen so, mit starken Gründen, die in unserem kulturellen Deutungsschema der Welt überzeugend sind. Freiheit ist trotz seiner langen Geschichte nicht natürlich vorfindbar, sondern wie alles vom Menschen Kommunizierte gesellschaftlich gesetzt, eine Konstruktion wie jede andere: aber als ein Höchstwert gesetzt. Doch alle guten rationalen Gründe sind nur die halbe Wahrheit, letzten Endes überzeugt das Konzept der Freiheit nur den, der die Freiheit liebt, der ihren Eros spürt.

Dahinter lauert die unausweichliche Paradoxie einer rational verkürzten Wertsetzung, die gut verstanden werden muss, um den Wert nicht über kurz oder lang zu gefährden. Warum ist der Hinweis auf die Kontingenz, die Änderbarkeit des Freiheitsbegriffs wichtig und notwendig? Sollte man seine Abänderbarkeit nicht besser verschweigen, tabuisieren, um die Menschen nicht auf falsche Gedanken zu bringen? Doch die Strategie der Tabuisierung bei bereits aufgebrochenen Fragen ist gerade kein Bestandteil der modernen westlichen Kultur, die auf Rationalisierung, auf soziale Integration durch Überzeugung mit Gründen setzt, nicht zuletzt wegen der Prämisse von der Freiheit vernunftbegabter Subjekte.

Freiheit und ihre Voraussetzungen

Freiheit als einen Wert zu begreifen, der kulturell gebunden, änderbar und nicht ein universelles Sanktuarium ist, macht uns nicht schwächer, sondern stärker. Aber die Einsicht hat Konsequenzen für unser Freiheitsverständnis. Wir müssen Voraussetzungen mitbeachten, die wir bei einem feststehenden Naturphänomen oder – im Grunde dasselbe – bei einem objektiven historischen Entwicklungsgesetz ignorieren könnten. Freiheit ist dem Grunde nach kulturgebunden, wer Freiheit will, muss auch die tragende Kultur wollen und darf nicht ungehindert unter Berufung auf Freiheit eine kulturelle Ordnung zerstören, die Freiheit erst möglich macht. Damit erweist sich ein individualistisch einseitiges, ein traditionsfeindliches und ein Institutionen ablehnendes Verständnis der Freiheit als Kern der Selbstgefährdung des Westens und auch als Grund für die sich verhärtende Abwehr oder die von Toleranzgesten begleitete Ignorierung anderer Kulturen wie der des Islam.

Freiheit steht nicht unter Gemeinschaftskuratel, ist aber abhängig von einer freiheitsgerechten Gemeinschaft

Freiheit ist im Kern subjektiv und abwehrend (negatorisch) angelegt, sie berechtigt den Einzelnen, die organisierten Anderen aus seiner Sphäre fern zu halten. Anders kann sich individuelle Freiheit als moralische, politische und rechtliche Struktur nicht durchsetzen. Es wäre deshalb ein Irrweg zu glauben, man müsse Freiheit wieder in irgendeiner Form bereits als Grundkategorie kollektivieren, unter Gemeinschaftsvorbehalt stellen. So richtig es ist, dass freie politische

Gemeinschaften auch Freiheit gemeinschaftlich ausüben, so wenig kann das an dem konstruktiven Rang des negatorisch-individuellen Grundprinzips dieser Gemeinschaften ändern. Aber der Gebrauch der Freiheit muss vereinbar sein mit den jeweiligen kulturellen Grundlagen einer Gemeinschaft. Diese Grundlagen müssen wieder rational begründet und deutlicher sichtbar gemacht, Gegenstand eines großen öffentlichen Diskurses werden, nur dann taugen sie als Rechtfertigung für Schranken der Freiheit oder als Gründe für die vernünftige Selbstbegrenzung des Freiheitssubjekts.

Kulturschonende Auslegung von Freiheitsrechten?

Innerhalb unseres Rechtssystems sind wir längst auf diese Notwendigkeit gestoßen, individuelle Freiheitsrechte kulturspezifisch und kulturschonend auszulegen, und kennen entsprechende juristische Übersetzungen dieses Problems[81]. In Artikel 2 Absatz 1 Satz 2 des Grundgesetzes wird ein inzwischen als überholt geltender, gleichwohl bemerkenswerter Weg sichtbar. Danach ist die Freiheitsausübung auch durch die Sitten, durch das „Sittengesetz" begrenzt. Der Begriff der guten Sitten ist allerdings im Laufe der Zeit und besonders markant seit der letzten kulturellen Wende der sechziger Jahre einer Entzauberung und Verhöhnung zum Opfer gefallen. Gute Sitten stützen sich auf Traditionen und auf feststehende gesellschaftliche Anschauungen der bürgerlichen Gesellschaft, sind also im Grunde unvereinbar mit einem Wertesystem, das pauschal gegen Traditionen und gegen einen sittlich-bürgerlichen Verhaltenskodex gerichtet war. Das Abstreifen „bürgerlicher Gesittung" wurde als Befreiungstat gefeiert. Dabei ist allerdings ein wichtiger gegenläufiger Zusammenhang aus dem Blick geraten.

Wenn „gute Sitten" schwinden, wächst die regulative Macht moralisierender Bürokratien

Je weniger sittliche Ordnung eine Gemeinschaft außerhalb politisch-rechtlicher Systeme entwickelt, desto weniger frei kann sie sein. Denn der Verlust des bürgerlichen Konsenses ruft nach immer neuen rechtlichen Regelungen, ein wichtiger Grund für eine Fülle von Gesetzen, Verwaltungsmaßnahmen und noch mehr Gerichtsentscheidungen, die insgesamt nicht als Erweiterung autonomer Handlungsfreiheit der Bürger verstanden werden können. Die bürgerliche Gesellschaft wusste und hat es nicht als Freiheitseinschränkung empfunden, dass im Rauchsalon und nicht bei Tisch geraucht wird. Diese Anstandsregel ging mit der Rebellion gegen die angeblich freiheits- und gleichheitswidrige bürgerliche Kultur unter, wie vieles andere auch. Heute benötigen wir zur Schlichtung des Konfliktes ein Nichtraucherschutzgesetz, das die Freiheit von Rauchern einschränkt, weil diese nicht mehr wissen, *,was sich gehört*[82]. Verzichten wir, wie in Deutschland, auf ein solches Gesetz, so nehmen wir in Kauf, dass die Freiheit von Nichtrauchern auf ungestörten Besuch von Restaurants verkürzt wird. Wenn ein junger Angehöriger der englischen Monarchie nicht weiß, was sich gehört, und mit einer Hakenkreuzbinde zum Kostümfest geht, rufen Europaparlamentarier nach einem Strafgesetz für eine halbe Milliarde Europäer[83]. So oder so: Nach dem Verlust einer Anstandsregel ist die Bilanz für die Freiheit negativ. Es schnappt eine Falle zu, die derjenige stellt, der sittliche und ästhetische Regeln als altväterlich verlacht und an ihre Stelle bei jeder politisch bemerkten Unsittlichkeit ein Schutzgesetz erlassen will und so nach und nach die Freiheit auf der Suche nach dem politisch korrekten Idealbild zu Tode schützt.

Ohne kulturellen Eigensinn keine lebendige Freiheit

Sowohl der Rechtsanspruch auf Freiheit wie ihre praktische Verwirklichung bedürfen eines Fundaments, bestehend aus ethischen Mindestregeln, die die Kompetenz vermitteln, überhaupt eine Vorstellung von Gerechtigkeit als dem sittlich Entsprechenden zu gewinnen. Es ist mehr als zweifelhaft, ob westliche Gesellschaften, die ihre Aversionen gegen die eigenen religiösen Wurzeln und den Eigensinn der großen Religionstraditionen pflegen, ein solches Fundament der Freiheit in naher Zukunft noch besitzen werden. Die herrschende Kultur der *Be-freiung* aus den Zwängen von Religion und Tradition zerstört womöglich die Grundlagen der Freiheit. „Ohne ein vitales Empfinden für die letzte unübersteigbare Grenze geht in den immer neuen Befreiungen leicht die Freiheit selber zu Grunde. Denn ihrer eigenen Tendenz überlassen, finden solche Entwicklungen niemals ein Ende in sich selbst und drängen durchweg auf ihre äußerste Konsequenz, der kein sozialer Lebenszusammenhang standhält."[84]

Die Würde des freien Menschen hat auch etwas zu tun mit der Selbstachtung einer Kulturgemeinschaft

Freiheit als relativer Höchstwert wird heute im Recht mit dem absoluten Höchstwert der Würde des Menschen begrenzt, aber auch die unbeschädigt gebliebenen Normen sittlichen Anstandes haben unter diesem Begriff Asyl gefunden. Die ersten beiden Sätze der deutschen Verfassung nach der Präambel lauten: „Die Würde des Menschen ist unantastbar. Sie zu achten und zu schützen ist Verpflichtung aller staatlichen Gewalt." Auch die Charta der Grundrechte der Europäischen Union folgt diesem Modell. Diese Sätze sind nicht allein programmatisch und deshalb unverbindlich gemeint, sie sind geltendes Recht. Im deutschen Verfassungsrecht wurde dies sichtbar, als das Bundesverfassungsgericht 1975 die Freiheit der schwangeren Frau zur Abtreibung begrenzte unter Verweis auf das Lebensrecht der Leibesfrucht und der ihr zustehenden Würde[85]. Die Würde des Menschen ist ein juristischer Ausdruck für kulturelle Grundlagen einer Gemeinschaft mit verbindlichem Geltungsanspruch, in die sich jede Freiheitsausübung einzupassen hat, obwohl die Freiheit selbst ein entscheidendes Merkmal dieser Kultur ist. Eine klug komponierte und geistig tief schöpfende Verfassung wie das deutsche Grundgesetz hängt keiner Monokultur an, die nur individuelle Freiheit und keine Belange einer Kulturgemeinschaft kennt. Die staatliche Gemeinschaft dient dem Freiheitsstreben der Einzelnen und schützt deren Würde, hat aber selbst nur – aber auch immerhin – von diesem Ziel her abgeleitet eine eigene Würde, die man auch als Selbstachtung einer freiheitlichen Gesellschaft verstehen kann. Das Verhältnis von individuellem Freiheitsanspruch und staatlichem Gestaltungsstreben ist dieser grundlegenden Anordnung folgend asymmetrisch, die Freiheit hat Vorrang.

3. Soziale und liberale Freiheit

Freiheit sozialstaatlich gedacht

Das moderne Denken und das westliche Wertesystem finden ihren letzten Grund im Paradigma individueller Freiheit. Freiheit kann rein technisch als die Abwesenheit determinierender fremder Faktoren gedeutet werden. Danach wäre der einzelne Mensch umso freier, als er ganz nach seinen Eingebungen, Plänen und Launen sein Leben führen kann, er nicht zu einem Verhalten gezwungen und nicht seiner Möglichkeiten zur Selbstverwirklichung beraubt wird. Schon in diesem Sinne hat Freiheit sofort etwas mit dem modernen Sozialstaat zu tun, denn obwohl Erwerbsarbeit als Fremdbestimmung und danach als Unfreiheit gedeutet würde, hängen doch die meisten Menschen von dieser Erwerbsquelle ab. Jede Verkürzung der Arbeitszeit wäre demnach ein Gewinn an Freiheit, weil diese nur als fremdbestimmt verstanden wird. Wahre Freiheit wäre danach zwar nicht die, unter Brücken schlafen zu dürfen, sondern einen Anspruch gegen die Gemeinschaft zu haben, auch ohne fremdbestimmte Arbeit jedenfalls nach einem Mindeststandard so finanziell versorgt zu werden, dass ausreichend Gelegenheit zu einem selbstbestimmten Lebensentwurf verbleibt. Diejenigen indes, die der Erwerbsarbeit nachgehen, verlangen aus diesem Blickwinkel ihrerseits, dass die Arbeitsbeziehung so ausgestaltet ist, dass möglichst wenig an Freiheit verloren geht: die Arbeitnehmer müssen arbeitsrechtlich und in den sozialen Sicherungssystemen so gestellt sein, dass sie mit erhobenem Haupt und selbstbewusst ihrem Arbeitgeber entgegentreten können und auch die Insolvenz des Unternehmens notfalls gut überstehen.

Gefahren eines sozialfürsorglichen Freiheitsbegriffs

Doch ein Grundproblem auch des Sozialstaates liegt in der kulturell herrschenden Progressivitätsattitüde, die jedes gesellschaftspolitische Thema (Sozialpolitik, Arbeitschutz, Umweltschutz, Gleichstellungspolitik, Europäische Integration) mit einer moralisierenden Steigerungsrhetorik versehen hat. Das begrenzte Denken in Einzelthemen verbindet sich mit dem Fehlverständnis, „Je mehr, desto besser". Jedes richtige politische Ziel kann so ins Gegenteil verkehrt werden, weil man sich gegen moralisierende politische Herrschaftsformen nur schwer verteidigen kann.

Der unentwegte „Ausbau des Sozialstaates" wurde subkutan als eine große Straße zu immer mehr persönlicher Freiheit erlebt und war über Jahrzehnte der Ausweis eines modernen und weltoffenen Politikers, dem es um die Menschen und ihr Wohlergehen ging. Dadurch wurde eine Maschinerie der Umverteilung und der bürokratischen Verformung des Wirtschaftslebens in Gang gesetzt, die heute zu einer der Hauptprobleme des Politikbetriebes geworden ist. Dabei wirkte nicht nur der Glaube, dass Leistungen des Sozialstaates wichtiger sind als die Forderung nach Leistung der Bürger, sondern auch die Überzeugung, soziale Transfers aus Staatshand erweiterten das Reich der Freiheit, weil sie die Menschen von Zwängen und Not befreite.

Freiheit aus der Hand des Staates?

Dies war und ist ein verhängnisvoller Irrtum. Mit den Worten *Paul Kirchhofs*: „Die Freiheit vom Staat, die den selbstbewussten, zur autonomen Gestaltung seines Lebens fähigen Menschen voraussetzt, wandelt sich zu einer Freiheit durch den Staat, die den auf staatliche Wohltaten angewiesenen Menschen schützt. Die Freiheitserwartungen richten sich nicht an den Freiheitsberechtigten selbst, sondern an andere – den Betrieb, den Sozialversicherer, den Staat. Dieses Freiheitsverständnis hat nach den Gesetzmäßigkeiten der Demokratie zur Folge, dass eine Mehrheit sich als sozial schwach,

bedürftig, anspruchsberechtigt definiert, damit eine Minder-
heit in die Rolle der Starken verweist und in Anspruch nimmt.
Demokratische Stärke verkleidet sich als soziale Schwäche.
Der Sozialstaat widerlegt sich selbst."[86]

Der liberale Entwurf der Freiheit

Dem liberalen Freiheitsbegriff, wie er deutlich etwa von
Hayek[87] vertreten wird, will ein den Freiheitsbegriff unmittelbar staatsabhängig machendes Denken nicht einleuchten.
Es weist darauf hin, dass jede Reglementierung durch die politische Macht die Freiheit der Gesellschaft reduziere. Die
Leitidee der Freiheit sei nicht das gute selbstbestimmte Leben der Bürger nach den Gestaltungsmöglichkeiten eines politischen Herrschaftssystems, sondern die Abwesenheit gerade von staatlichen Beschränkungen, damit sich die Bürger
insgesamt nach ihren eigenen Plänen entwickeln können, mit
den Lebensrisiken, aber auch und vor allem mit den Erfolgen, die dazugehören. Die Anhänger des sozial verstandenen
Freiheitsbegriffs halten dem entgegen, dass dadurch die gesellschaftlich Starken ihre Freiheit übermäßig ausleben
könnten, während die Schwachen der Gesellschaft ein viel zu
hohes Maß an Unfreiheit hinnehmen müssten. Mit anderen
Worten streiten die beiden Lager um die Frage, wie und ob
man Freiheit möglichst gleichmäßig verteilen solle: die konsequent Liberalen wenden sich bereits gegen jede Verteilung,
die anders als nach dem Muster formal gleicher Startchancen
funktioniert, das sozial argumentierende Lager will immer
wieder – mehr oder weniger deutlich – in den Prozess gesellschaftlicher Freiheit eingreifen, um die Ergebnisse freien
Handelns zu korrigieren – um der von ihnen so verstandenen
Freiheit der Mehrheit willen.

Die schiefe Debatte über Freiheit zwischen Radikalisierung und Ablehnung

Diese alte, aber kräftig fortwirkende Diskussion erreicht
nicht die analytische Ebene, die heute möglich und nötig ist.
Diese Diskussion macht sich nicht genügend klar, dass der

Wert individueller Freiheit eine kulturelle Konstruktion des westlichen Gesellschaftstypus ist und welche Konsequenzen mit dieser Einsicht verbunden sind. Eine Gesellschaft könnte auch ganz anders organisiert sein als um den Leitwert der Freiheit herum und ebenso kann unter Freiheit etwas ganz anderes verstanden werden als ein Selbstbestimmungsrecht des Einzelnen.

Die kulturellen Weichenstellungen des Westens sind immer wieder an diesen Punkten angegriffen worden. Der Kommunismus hatte sich theoretisch noch wenig von der Freiheitsidee der Anhänger der sozialen Ausrichtung entfernt, weil er den Gedanken eines Lebens mit möglichst wenigen Abhängigkeiten des Broterwerbes und den dabei unterstellten „Entfremdungserfahrungen" zum Programm machte. Aber obwohl – oder besser weil – das Brot in den untergegangenen Systemen des Sozialismus fast kostenlos war, hat diese Radikalisierung des sozialen Freiheitsverständnisses die individuelle Freiheit zerstört – und im Grunde auch jede andere mögliche Form der Freiheit. Immerhin erklärt sich aus der Nähe des Kommunismus zu den Forderungen nach „wahrer" Freiheit eine gewisse Sympathie einiger westlicher Intellektueller für marxistische Gesellschaftsexperimente, obwohl die abgrundtiefe Schreckensbilanz der stalinistischen und maoistischen Gewaltsysteme einigermaßen klar zu Tage liegt.

Die Abschaffung der individuellen Freiheitsidee kann durch ihre Radikalisierung bewerkstelligt werden, aber natürlich auch durch ihre Dementierung. Faschistische Regierungsformen und der deutsche Nationalsozialismus haben die individuelle Idee der Freiheit frontal angegriffen. Für sie hatten bestimmte Gemeinschaften und ihre mythische Tiefenstruktur den Rang eines absoluten Freiheitssubjekts: Das falsche Versprechen Hitlers, sein faustischer Pakt, lag darin, das deutsche Volk frei zu machen, indem auf individuelle Freiheit verzichtet wurde, „Du bist nichts, Dein Volk ist alles". Die Kollektivierung der Freiheit in der Volks- und Rassegemeinschaft führte nicht nur zur beabsichtigten Niederlage der individuellen, der liberalen Freiheit, sondern gerade auch zur Zerstörung jeder Form der gemeinschaftlichen Freiheit eines selbstbestimmten Volkes bis hin zur völligen Auslieferung des kollektiven Freiheitssubjekts zuerst an die volksverachtenden Rasseideologen, dann an den fremden Willen der Sieger, von denen aber die Mehrheit wieder den Weg in die Freiheit und Selbstbestimmung eröffneten.

Die richtigen Proportionen der Freiheit

Diese bitteren Erfahrungen des 20. Jahrhunderts zeigen: Keine der Gesellschaft strukturgebende Konstruktion darf radikalisiert und allzu sehr vereinseitigt werden, weil dann die in ihr denknotwendig angelegten Paradoxien zerstörerisch und nicht nutzbringend zu Tage treten. Das beschränkte Denken in Steigerungszusammenhängen bestimmter Theorie- oder Politikausschnitte ist überall verhängnisvoll, weil die Balance der Gesellschaft verloren geht. Das Prinzip der individuellen Freiheit kann sich nur entfalten, wenn es die Proportionen der freien Gesellschaft achtet. Das heute beherrschende Modell individueller Freiheit ist die kraftvolle Setzung eines Leitwertes, aber sie ist kein absolutes Prinzip, das man wie Kapital immer weiter aufhäufen könnte.

Die allgemeinen Einrichtungen der Gesellschaft sind nötige Werkzeuge des individuellen Lebensentwurfs

Die radikale Selbstverwirklichung des Subjekts, autark nach seinen von ihm gesetzten Zwecken, ist unmöglich, weil jede menschliche Existenzform, auch die des radikalsten Individualisten, in erheblichem Maße auf Gemeinschaftsbildungen aller Art angewiesen ist. Jede individuelle Freiheit setzt voraus, dass der Einzelne in bestimmten sozialen Verbänden, in Gemeinschaften aufwächst und sich bewegt, aus ihren Prägungen heraus den Horizont sogar noch für eine Verneinung der Welt gewinnt. Moderner Individualismus ist nur als individuelle Nutzung von sozialen Institutionen, solche des Rechts, der Moral, der Politik, Wirtschaft oder Wissenschaft denkbar. Wer in dieser Nutzung hochselektiver Kommunikationsangebote Unfreiheit sieht, verfehlt die ganze Idee der Freiheit. Wer allgemeine Institutionen wie Privatautonomie, Staatsbürgerlichkeit, den Zusammenhang von persönlicher Leistung und Erfolg, Unabhängigkeit der Rechtspflege, Unternehmerfreiheit, Wahrheitethos der Wissenschaft bekämpft, bekämpft die Voraussetzungen der Freiheit. Wer solche allgemeinen Prinzipien der freien Gesellschaft beinah täglich mit bürokratischer Ad-hoc-Politik und einer Flut von Gesetzen wegen jeder Regelabweichung einschränkt, hat das Zeug zum ängstlichen Tugendwächter, aber nicht zum Citoyen.

Nur in einer starken Gemeinschaft der Freien ist individuelle Freiheit möglich

Von der ursprünglichen sozialen Weltwahrnehmung aus entsteht erst die Möglichkeit zur Individualität: Nicht im Rang als Wert, wohl aber in der zeitlichen Entwicklungsfolge – und zwar ontogenetisch wie phylogenetisch – kommt zuerst die Gemeinschaft und dann das Individuum. Das Individuum ist das Ergebnis eines kulturellen Gemeinschaftszusammenhangs. Wird er zerstört, brechen Idee und Möglichkeit freier Individualität über kurz oder lang zusammen. Ohne eine Sprachgemeinschaft, gleichgültig wie wir an ihr teilnehmen (sprechend, hörend, lesend, tastend, fühlend), wären wir unfähig, überhaupt übliche soziale Handlungsziele, die über bloße Nachahmung hinausgingen, zu denken und sinnhaft zu artikulieren. Ohne organisierte Bewegungen der arbeitsteiligen Wirtschaft, ohne die Prägekraft des jeweiligen Weltbildes hätten wir nicht einmal die Möglichkeit, gegen dieses Weltbild zu protestieren oder uns von ihm abzuwenden: Im Nichts lässt sich kein Punkt des Andersseins finden.

Radikalindividualismus neigt dazu, gesellschaftliche Funktionszusammenhänge zu übersehen

Die Vorstellungen, eine Person mit Persönlichkeit zu sein, Individualität zu besitzen und sich als agierende Steuerzentrale einer autonomen Handlungseinheit zu sehen, sind gesellschaftliche Konstrukte, ebenso wie die Idee, diese Eigenschaften seien natürlich. Das Konzept individueller Freiheit ist unentrinnbar in eine bestehende Welt der Gemeinschaften gesetzt und bleibt von fortbestehenden Gemeinschaften und ihrem Willen zur Fortsetzung dieses Konzepts abhängig. Die Neuerfindung der Welt als Ensemble und Resultat von souveränen Einzelentscheidungen des Individuums ist und bleibt konstitutiv für die Kultur des Westens, aber sie kann immer weniger verbergen, dass sie, wenn ihre Forderungen gegen jede Gemeinschaftsbildung gerichtet tatsächlich verwirklicht würden, auf eine Selbstzerstörung des Individuums hinausliefe.

Der Westen muss sich diese einfachen Zusammenhänge wieder bewusster machen. Er sollte seine Freiheitsidee nicht neu erfinden, aber doch neu tarieren, und dies geht nicht ohne Rückgriff auf eine vollständigere und ursprünglichere Idee von Freiheit. Frei sein heißt, über seine Bindung selbst zu bestimmen, Gemeinschaften zu suchen, zu gründen und zu verteidigen. Das moderne Zeitalter hat die alten Gemeinschaften zerstört, weil und sofern sie nur auf Tradition oder Zwang gegründet waren: Jede Gemeinschaft musste sich nunmehr als vereinbar mit dem Freiheitsparadigma erweisen. Die Eheleute entscheiden selbst über das Eingehen der Ehe, noch bis vor hundert Jahren auch in Europa keine Selbstverständlichkeit. Wirtschaftliche Beziehungen, Arbeit und Kauf finden nach freier Vereinbarung auf Grund eines Vertragsschlusses statt: als Rechtsinstitution ist die Vertragsfreiheit keine Erfindung des bürgerlichen Zeitalters, aber seine zur Vollendung getriebene Errungenschaft. Auch und nicht zuletzt politische Gemeinschaften – vor allem Staaten und Nationen – gründen in der modernen Staatstheorie auf freiwilligen Zusammenschluss, Willensbekundung im Unabhängigkeitskampf, Rütlischwüre und Urverträge der Bürger.

4. Individuelle Freiheit in einer funktional schematisierten sozialen Welt

Freiheit und Gesellschaftsentwurf

Jede Freiheitsidee lebt von einem Bild der Gesellschaft, einer ideal beschaffenen und einer begriffenen Gesellschaft. Seit Jahrhunderten versucht die Neuzeit, sich reflexiv auf den Begriff zu bringen und streng rational sich selbst zu begründen; alle Urvertragstheorien von *Hobbes* über *Locke* bis *Rawls*, alle cartesianische Erkenntnis sind sich in diesem Ziel einig.

Der rationale Gesellschaftsentwurf und seine Grenzen

Wir wissen aber heute, dass dies in der geforderten Strenge nicht möglich ist, ohne auf unauflösbare Paradoxien zu stoßen. Schließlich beobachtet jede Gesellschaftswissenschaft einen Gegenstand, dem sie selbst angehört und den sie nolens volens mit ihrer Beobachtung verändert, manche würden noch weiter gehen und sagen: Die Beobachtung bringt den Gegenstand erst als solchen hervor, weil sie ihm Namen und Anschauung verleiht. Die Systemtheorie *Luhmanns* hat diese Zusammenhänge in den Mittelpunkt ihrer Überlegungen gestellt und erklärt die Gesellschaft als einen Zusammenhang eigenlogisch nebeneinander operierender Funktionssysteme (Wirtschaft, Kunst, Religion, Politik, Recht, Wissenschaft), die in ihrer Selbstbezüglichkeit und Komplexität einander als spezifische Umwelten benötigen, zum Teil miteinander sinnhaft und fest gekoppelt sind, aber ohne durch eine hierarchische Spitze gesteuert zu werden.

Sind Menschen und ihre Gesellschaft zwei voneinander getrennte Sphären?

Der Mensch erscheint hier als personales System seines jeweiligen Bewusstseins, das mit der spezifischen Umwelt gekoppelt ist, aber weder deren unterworfener Bestandteil noch ihr Beherrscher ist. Mit unseren Handlungen, Kommunikationen machen wir die Funktionssysteme erst lebendig, erfahren sie aber zugleich in ihren Möglichkeiten und Grenzen wie etwas Objektives, außer uns Liegendes, weder für den einen noch den anderen an der Kommunikation Beteiligten vollständig disponierbar.

Der ganze Mensch entsteht erst durch sein Handeln in parzellierten Sozialbeziehungen

Der moderne Mensch handelt nicht in seiner Ganzheit als voraussetzungsreiche Persönlichkeit, sondern er agiert in vielen begrenzten und standardisierten Sozialbeziehungen. Dies ist eine wichtige Voraussetzung, um die moderne Idee und Wirklichkeit der Freiheit zu verstehen und die Frage nach einer freiheitsgerechten Gesellschaftsordnung zu beantworten. Wenn sich zum Beispiel ein Ehepaar entschließt, ein Haus zu bauen und gemeinsam mit einem Architekten das Projekt bespricht, werden nach diesem Gesellschaftsmodell *Luhmanns* ständig die Rationalitätssphären gewechselt. Wird der Architekt nach Kosten gefragt, öffnet sich die Welt der Wirtschaft und wir werden sanft in deren Zweckrationalität gelenkt: Es wird kalkuliert, unter Knappheitsgesichtspunkten geplant, es wird der Preis für die Beschaffung des Baugeldes erwogen. Wird nach der Baugenehmigung und den darin festgelegten Nutzungsmöglichkeiten des Grundstücks gefragt, betritt man die Sphäre des Rechts, ebenso wenn man den Bauauftrag in einem Vertrag mit dem Architekten fixiert. Auch hier fängt man nicht von vorne an, sondern bedient sich Sinngehalten, wie dem Vertragsrecht, das in einem Spezialsystem von Juristen seit Generationen gepflegt wird und das als Rationalitätsreservoir jetzt für den ganz begrenzten Zweck abgerufen werden kann. Redet bei dem Gespräch der Ehemann zu bestimmend, kann es zu einer kurzen Verlagerung des Gesprächs in die Sphäre der Intimbeziehung mit seiner Frau kommen, hier prägen beispielsweise die Literatur, die Medien mit ihren geschlechtstypischen Rollenbildern das, was an Argumentation akzeptabel ist und verstanden wird. Schimpft der Architekt über Beschlüsse des Gemeinderates, wonach Stellen in der Bauverwaltung eingespart werden, weswegen mit Verzögerungen gerechnet werden müsse, befindet sich das kommunikative Geschehen plötzlich im System der Politik, kalkuliert mit deren Machtmechanismus (wer hat die Mehrheit, wer setzt sich durch, welchen Amtsträger kann man um einen Gefallen bitten?). Spricht man über die Struktur oder die Fassade des Gebäudes können mit einem Mal ästhetische Gesichtpunkte eine Rolle spielen, wir wechseln über in das Funktionssystem der Kunst (stimmen die Proportionen, wirken dorische Säulen im Eingangsbereich lächerlich, die postmodern verspielte Dachkonstruktionen kitschig?).

Die Ordnung der Freiheit

Eine solche Beschreibung, was bei einer sozialen Interaktion vor sich geht, ist keineswegs trivial, sondern eröffnet für das Thema Freiheit ganz neue Einsichten. Zuerst scheuen wir vor einem solchem Bild zurück, weil die Menschen wie Rädchen in einem autologischen Getriebe ihnen entfremdeter Funktionssphären wirken. Aber man kann es auch genau anders herum sehen: Was wäre der moderne Mensch mit seinem Anspruch, eine Persönlichkeit zu sein, die sich selbst entwirft, wenn diese Kulturleistung der Ausdifferenzierung von Handlungssphären nicht bestünde? Individualismus und Freiheit im Sinne unserer Grundrechte wären noch nicht einmal denkbar. Es wäre schon höchst fraglich, ob ein Ehepaar überhaupt den Willensentschluss aus sich heraus fassen könnte, ein Haus zu bauen, oder ob dies nicht wie bei traditionellen Gesellschaften von einer lebensbestimmenden Gemeinschaft standardisiert wäre. Aber selbst wenn diese erste Voraussetzung bestünde, fehlte es ohne die ausdifferenzierten Systeme der Wirtschaft, des Rechts, der Politik an allen praktischen Möglichkeiten nach einem individuell weitgehend bestimmten Plan ein Ziel zu verwirklichen. Man müsste vielmehr, wie in traditionalen Gesellschaften üblich, aufwendig Beziehungen zu Nachbarn und zu Mächtigen und handwerklich Versierten pflegen, sich in ein enges Netz sozialer Beziehungen begeben, um Ressourcen für sich mobilisieren zu können. Das Rationalitätskalkül wäre ein ganz anderes. Es ginge um Einfluss und Ansehen in einer viel enger gewebten, aber im Hinblick auf eigene Pläne diffuseren sozialen Welt, um mit Hilfe der Gemeinschaft Ziele zu verwirklichen. Individuelle Freiheit würde so kaum denkbar sein, weil nicht der Alltagserfahrung entsprechend.

Ohne lebensweltlich verankerte Institutionen keine Freiheit

Wenn wir die individuelle Freiheit zum Leitwert machen, müssen wir dafür sorgen, dass die damit korrespondierenden Institutionen geschmeidig und funktionsfähig bleiben. Freiheit hat also eine institutionelle Seite: Die Presse muss frei, aber auch lebensfähig und kompetent sein, damit Bürgerfreiheiten überhaupt im Forum der öffentlichen Meinung eine Voraussetzung finden. Die Wissenschaft muss nicht nur frei von staatlicher oder religiöser Gängelung, nicht nur frei von fremder Inhaltskontrolle sein, die Universitäten und Forschungseinrichtungen müssen auch vital, leistungsfähig sein, praktisch funktionieren. Für Wirtschaft oder Recht, aber selbst für die Politik gilt Entsprechendes.

Institutionen erlauben dem Einzelnen die Wahl zwischen rationalen Handlungssphären, die sittliches Handeln nahe legen, erleichtern, aber regelmäßig nicht erzwingen. Freiheit entfaltet sich in der Logik der Handlungssysteme, sie zielen im Kern auf Bindung und Verantwortungsübernahme. Es gilt deshalb, solche Institutionen und Systemzusammenhänge als typisierte Freiheitsangebote zu verstehen, als soziale Teilordnungen, auf die jede individuelle Freiheit angewiesen ist. Die neue politische Steuerungstechnik, Menschen mit einer Fülle von finanziellen Anreizen, positiver oder negativer Wirkungsrichtung, zu einem Verhalten zu bringen und Einrichtungen wie die Vertragsfreiheit, die Forschungs- und Lehrfreiheit, auch die Pressefreiheit und Meinungsfreiheit mit politisch definierten Sozialpflichten zu belasten, verringert Schritt für Schritt den Freiheitsraum, den solche Einrichtungen eröffnen.

5. Abwehrende und sich bindende Freiheit

Gewichtete Freiheit?

Wenn Freiheit, wenn das Recht zu tun und zu lassen, was
man will, wenn Meinungsfreiheit, wenn Glaubensfreiheit,
Unternehmerfreiheit oder die Versammlungsfreiheit das
Wertesystem einer Gemeinschaft bilden sollen, dann dürfen
all diese Freiheiten nicht so entfaltet und gehandhabt werden, dass am Schluss die durch sie konstituierte Gemeinschaft beschädigt oder gar zerstört wird. Damit ist nicht nur
eine letzte Grenze für denjenigen gezogen, der Freiheiten
dazu nutzt, die Ordnung der Freiheit zu beseitigen. Hier
kann unsere Rechtsordnung so weit gehen und Grundrechte
aberkennen, politische Parteien verbieten[88]. Aber nicht um
diese ultima ratio, sondern um den Alltag unseres Freiheitsverständnisses geht es. Es geht um die Frage, ob Freiheiten,
ob ihre Ausübung nicht danach gewichtet werden müssten,
welchen Beitrag sie zur Erhaltung einer Gemeinschaft leisten. Damit ist kein Kollektivvorbehalt der Grundrechte gemeint, sondern eine Differenzierung für Fragen der Folgen-
zurechnung, der Lastenverteilung und der Umverteilung in
einer Gesellschaft, also Fragen, die regelmäßig unter der Rubrik Gleichheit abgehandelt werden. Eine Gesellschaft, die
den Wert ihres kulturellen Fundaments erkennt und pflegt
und Freiheit als Teil dieser Kultur zum hohen, aber nicht al-
leinigen Wert erhebt, kommt nicht umhin, den Freiheitsgebrauch der Bürger bei aller Selbstherrschaft des Subjekts
auch normativ zu bewerten.

*Welche Ausübung von Freiheit verdient den größeren
Schutz der Gemeinschaft?*

Ein Beispiel: Wenn ein Bürger im freien Markt und nach den
Gesetzmäßigkeiten dieses Marktes sich eine extrem preis-
günstige Fluglinie auswählt und in die Ferien nach Asien
fliegt, wer hat für seinen Rückflug einzustehen, wenn die
Fluglinie während der Reise in Konkurs fällt? Wenn der Gebrauch der Freiheit die Verantwortung für die Risiken der

Freiheit umschließt, kann es nur der Reisende selbst sein bis zur Grenze der Gefahr für Leib, Leben oder Freiheit, an der ihn dann die Gemeinschaft notfalls auffängt. Aber es gibt Politiker, die der Auffassung sind, man könne einem Touristen, der eine Billigfluglinie gewählt hat, nicht zumuten, auf eigene Kosten wieder nach Hause zu fliegen. Wenn eine öffentliche Gewalt wie die Europäische Union dann die Risiken – wie durch die EG-Reiserichtlinie geschehen – kollektiviert, greift sie in einen grundlegenden Freiheitsmechanismus ein. Nicht nur, dass andere Bürger, die besonnener gewählt haben, nun die Kosten der Rückreise des allzu ,Klugen' begleichen müssen, es wird auch pädagogisch wie so häufig im modernen Sozialstaat der für eine Kultur der Freiheit verheerende Eindruck erweckt, man könne sich gegen die Klugheit der Alltagsvernunft und ohne die rationale Abwägung von Nutzen und Risiken in der Welt bewegen[89], weil ein fürsorgender Staat in Bereitschaft steht. Und so fahren Deutsche munter mit ihren Freizeitmobilen in unsicherste Weltgegenden, die Gemeinschaft kann mit den Steuergeldern der daheim Gebliebenen schließlich Lösegelder bezahlen und sie mit großem logistischen, diplomatischen und finanziellen Aufwand wieder nach Hause holen.

Ein anderes Beispiel: Wenn Mann und Frau sich in freier Entscheidung zur Ehe verbinden, diese Gemeinschaft mit Kindern erweitert wird, wie reagiert die staatliche Ordnung auf eine mögliche Zerrüttung und das Ende der familiären Gemeinschaft? Gilt auch hier uneingeschränkt das Prinzip, wer Freiheit wählt, muss mit den Folgen leben? Man würde hier vorsichtiger optieren, denn eine Freiheitsbetätigung, die zu einer für die kulturellen Grundlagen konstitutiven Gemeinschaftsbildung führt, ist anders zu behandeln als vergleichsweise sinnloses Reisen über den Globus. Der Freizeitreisende wird durch die Solidargemeinschaft abgesichert, wenn aber derselbe Bürger heiratet und seine Ehe scheitert, steht ihm – solange er im Mindestmaß leistungsfähig ist – keine Solidargemeinschaft bei. Der Betrag, der dem Unterhaltspflichtigen zum eigenen Leben verbleibt, wirkt für manch einen hart Arbeitenden der unteren oder auch mittleren Einkommensklassen wie ein Hohn.

Die sich positiv bindende Freiheit verdient Achtung und Schonung im Falle des Scheiterns

Die sich positiv bindende Freiheit ist wertvoller. Der Staat steht lediglich vor der schwierigen Frage, ob er die Folgen der Auflösung der Bindung spürbar hart belässt, schon damit die Bindung nicht leichtfertig aufgelöst wird, oder ob er die Härten der Auflösung so abmildert, dass Restbestände der familiären Gemeinschaft mit Kindern erhalten bleiben und auch damit die Risiken der Bindung nicht schon gleichsam generalpräventiv von einer Entscheidung zur Bindung abhalten. Das Unterhalts-, Steuer- und Familienrecht hat in Deutschland einigermaßen ausgewogen diese Folgenregelung getroffen: steuerrechtliche Privilegierung nur der bestehenden und nicht der gescheiterten Ehe, vergleichsweise harte Unterhaltslasten im Fall der Trennung, aber auch eine Ausgestaltung des Sorge- und Umgangsrechts, die auf das gedeihliche Zusammenwirken der getrennten oder geschiedenen Eheleute hinwirkt. Hier würde man nicht ohne weiteres von ungerechtfertigter Freiheitsbegrenzung sprechen, weil es um zentrale Gemeinschaftsanliegen, um das Wohl von Kindern und um eine unverzichtbare Institution für jede größere Gemeinschaftsbildung geht. Was aber fehlt, ist eine stärkere Prämiierung der Bindung und der maßvolle Beistand im Fall des Scheiterns.

Keine Kultur der Freiheit, keine Solidarität ohne Leistungsgerechtigkeit

Eine Kultur der Freiheit setzt voraus, dass systematisch Unterschiede gemacht werden, die in der Leistung für die Gemeinschaft ihre starke Rechtfertigung finden. Das schließt nicht aus, sondern ist eine Voraussetzung dafür, dass die Gesellschaft ihre Brüderlichkeit denjenigen erweist, die zur Leistung vorübergehend oder dauerhaft nicht fähig und deshalb bedürftig sind. Damit dieser einfache Mechanismus der

Gegenseitigkeit funktionieren kann, muss aber die Gesellschaft besondere Leistungen für ihren Bestand – in praktischer, kultureller oder ökonomischer Hinsicht – besonders fördern. Derjenige Gebrauch der Freiheit, der sich selbst in einer die Gemeinschaft fördernden Weise bindet, soll mit Achtung oder mit Gegenleistungen honoriert werden. Jeder Bürger, der sich dem Wohl der Gemeinschaft besonders verpflichtet, verdient Respekt durch die Gemeinschaft. Wer Kinder zur Welt bringt, gut erzieht in Familie, Kindergärten oder Schulen, verdient kein herablassendes Lächeln, erst recht keine dümmliche Verhöhnung, sondern Achtung. Wer Arbeitsplätze in Deutschland schafft, verdient keine ihn behindernde Bürokratie, sondern eine Rechtsordnung und eine Bürgerverwaltung, die ihm Türen öffnet, ihn unterstützt und nicht bremst.

Neuer Respekt für Fleiß und Erfolg

Wer fleißig, kreativ und zuverlässig einen Beruf ausübt, wer seinen Lebensunterhalt mit seiner Hände Arbeit verdient, sollte wieder mehr geachtet und vielleicht der Müßiggang auch wieder stärker missbilligt werden. Es gefährdet die Grundlagen der Freiheit, wenn der wirtschaftliche und persönliche Erfolg von Frauen und Männern nicht Respekt und Achtung erzeugt, sondern eine Quelle des Neides und der Missgunst wird. Die pauschale und in einem Ambiente des Sozialneides populäre Herabwürdigung ganzer Berufsgruppen, die Denunzierung von Unternehmern, Abgeordneten oder Lehrern als gierig, unfähig und faul, zerstört das Engagement des Einzelnen. Ein System, das es verbietet, negative Arbeitszeugnisse auszustellen, das eine gerechte Bewertung und eine Unterscheidung nach Leistung für hartherzig hält, legt das pauschalierende Denken in Gruppenverantwortlichkeiten nahe und gefährdet genau damit eine Rechtsordnung, die den Einzelnen mit seinem Lebensentwurf und seinen Leistungen in den Mittelpunkt stellt.

Achtung verdienen – gegen alle Einschätzungen des Zeitgeistes – auch Beamte, die der ursprünglichen Idee des Beam-

tenverhältnisses trotz einer fortschreitenden institutionellen
Demontage weiterhin entsprechen: die fachlich kompetent
und mit Engagement Pflichten für die Gemeinschaft erfüllen.
Respekt verdient auch derjenige, der in Ehrenämtern nach
seinem freien Entschluss sich bindet. Dies gilt nicht nur,
wenn es um Nächstenliebe geht, sondern auch, wenn Menschen sich in politischen Parteien betätigen und binden. Die
Unterstellung, hier seien nur kleinkarierte Profilneurotiker
oder Profiteure am Werk, so berechtigt sie in Einzelfällen
sein mag, zerstört auf Dauer die Einsicht, dass die Arbeit in
politischen Parteien und der Respekt vor dieser ganz überwiegend ehrenamtlichen Tätigkeit einen guten Teil des politischen Fundaments einer Gemeinschaft bilden.

Leistungsgerechte Ausgestaltung der Rechtsordnung

Eine solche Wertschätzung für denjenigen Gebrauch der
Freiheit, der sich bindet und mit seinem Erfolg dem Zusammenhalt, der Zukunft einer Gemeinschaft nutzt, ist nicht allein Thema von erbaulichen Reden am Sonntag. Die Ausgestaltung der Rechtsordnung als gerechte Ordnung hängt von
solchen fundamentalen Einsichten ab. Gerecht ist, was das
Freiheitsprinzip mit Gemeinschaftsbelangen am besten zum
Ausgleich bringt. Ungerecht ist alles, was geeignet ist, eines
der Prinzipien zu zerstören.

Rekonstruktion der Alltagsvernunft

Viele Staaten des Westens haben das individuelle Freiheitsprinzip so verkürzt, den Inhalt der Freiheitsidee derart verformt und gegen die verfestigten Formen sich bindender
Freiheit in Stellung gebracht, dass der sich Bindende als
dumm oder naiv dasteht. Die Zusammenhänge zwischen der
Ausübung der Freiheit und der Alltagsvernunft sind häufig
durchtrennt. Sie müssen neu formuliert, sie müssen *rekon-
struiert* werden. Der wichtigen – sogar zu stärkenden – ab-
wehrenden (negatorischen) Freiheit, von politischer Herrschaft in Ruhe gelassen zu werden, muss auch ein positiver
Freiheitsbegriff an die Seite gestellt werden, der die Entschei-

dung zu positiver Bindung prämiiert. Damit würde zugleich sichtbar, wie eng unser Freiheitsverständnis mit Gerechtigkeits- und Gleichheitsvorstellungen verwoben ist.

V. Gleichheit und Gegenseitigkeit

1. Die zweite universelle Setzung der Moderne: Gleichheit der Menschen

Freiheit, Gleichheit, Kultur

Individuelle Freiheit ist das wesentliche und unverzichtbare Merkmal für die Identität des westlichen Kulturkreises. Aber Freiheit – so prägend und so grundlegend sie unsere Ordnung durchwirkt – steht als Wert nicht allein. Eine Monokultur der Freiheit, ein ununterbrochenes Steigern von Freiheitsansprüchen und das Denken von Freiheit ohne kulturelle Einbettung gefährdet die Freiheit selbst. Für die Politik, für die öffentliche Debatte und das Recht, aber auch für das Alltagshandeln der Bürger hat die angemahnte Rekonstruktion des Zusammenhangs von Freiheit und Kultur große Bedeutung. Aber Kultur scheint auf den ersten Blick eben eine zu unhandliche Großformel, sie steht außerdem in dem nicht einmal unbegründeten Verdacht, auch Irrationales, dem logischen Verstand und der intersubjektiven Prüfung nicht offen Stehendes zu enthalten. Das auf Rationalität, auf inhaltliche Begründung und die Logik der Ableitung setzende Entfaltungsprogramm der westlichen Moderne hat deshalb nicht die Kultur zum komplementären und austarierenden Zwillingsbegriff der Freiheit erhoben, sondern die Gleichheit. Man kann aus diesem Grund nicht unvermittelt individuelle Freiheit und den Fundus der Kultur in Beziehung setzen, ohne den Weg über die Gleichheit zuvor gegangen zu sein.

Die Gesellschaft der Freien ist ein Zusammenschluss der Gleichen

Die humanistisch-moderne Weltinterpretation hat den Menschen gleichsam neu erfunden und jeden Einzelnen zum Fixstern eines abstrakten Universums gemacht. Das Individuum wird in eine Kunstwelt gesetzt, in der es nach universalistischen Prinzipien zugeht. Jedes ‚Ich‘ ist dabei ungeachtet einer anderen sozialen Wirklichkeit als grundlegend frei gesetzt, wird als souverän verstanden und als moralisch kompetent vorausgesetzt. Die universalistischen Prinzipien sind moralischer oder rechtlicher Natur. Die Probleme der starken, der emphatischen Setzung ‚Freiheit‘ liegen allerdings in der Banalität, dass es in der Praxis keinen autarken, von jeder sozialen Bindung freien Menschen gibt und auch nicht geben kann. Ist der gesellschaftslose *Kaspar Hauser* freier Mensch, bevor er auf Menschen trifft? Denkt man die Bindung mit und will – entsprechend der Logik westlicher Rationalisierungsideen – die Wirklichkeit der historisch gewachsenen Kultur nicht einbrechen lassen, braucht man jedenfalls ein abstraktes, ebenfalls universalistisch auftretendes Prinzip, das die Gesellschaft der Freien als Gesellschaft überhaupt erst möglich macht: die Gleichheit.

Die christlichen Quellen der Gleichheit

Der in politische und vor allem kulturelle Aufklärung sich verengende Humanismus, auf dem die westliche Kulturleistung der Freiheit ideengeschichtlich gewissermaßen aufliegt, verweltlicht den christlichen Gedanken der Gleichheit aller Kinder Gottes. Die Gleichheit aller Menschen als Sünder und als von Christus Erlöste ist ein nicht weg zu interpretierendes Grundthema zumindest des Neuen Testaments. Hier konnten deshalb antike Vorstellungen einer Gleichheit aller im Status Freien umstandslos anknüpfen. Diese in der Tiefe des abendländischen Denkens und Fühlens verankerte Idee von der Gleichheit der Menschen vor Gott kann zum Ausgangspunkt einer gleichheitsorientierten Supermoral gemacht werden: „Mit diesem unüberbietbar revolutionären Ansatz werden alle geschichtlichen Rechts- und Machtverteilungen, die empirische und gesellschaftliche Unterschiede in den Rang von Distributionskriterien für immaterielle und materielle Güter erheben, delegitimiert. Der menschenrechtliche Egalitarismus macht jeder Apartheitsregelung, jeder wie immer motivierten Diskriminierung ein Ende. Es gibt keine empirische Differenz, die eine Ungleichverteilung von individuellen und politischen Grundrechten begründen könnte. Alle kontingenten Traditionslinien werden außer Kraft gesetzt."[90]

Universeller Anspruch auch des Gleichheitsaxioms

Und wie schon beim Freiheitsaxiom so tritt auch das Gleichheitsdenken mit universellem Anspruch auf, für alle Zeit und für jeden Ort geltend. Auch dies war schon im christlichen Universalismus angelegt und wurde durch die staatsphilosophische Übertragung in der Neuzeit zu einem jeder herkömmlichen Herrschaft gefährlichen Legitimationsargument. „Mit der Erhebung des Menschen *qua talis* zum legitimationstheoretischen Protagonisten und des allgemeinen Menschenrechts zum normativen Führungsprinzip der Rechtfertigungstheorie wird die Globalisierung des Ordnungsmodells des menschenrechtlichen Egalitarismus, die Globalisierung von Markt und Demokratie, logisch unvermeidlich."[91]

Die humanistische Quelle für das Bild der freien und gleichen Menschen

Der moderne Ursprung dieser radikalen Idee liegt auf der Hand. Der Humanismus, repräsentativ verewigt durch die kleine Schrift *Pico della Mirandolas* über die Würde des Menschen[92], beginnt die Konstruktion seines Ideengebäudes mit einer im Grunde nur notdürftig kaschierten Gotteslästerung. Die biblische Offenbarung, wonach jeder einzelne Mensch ein Ebenbild Gottes sei, wird von seinen transzendenten theologischen Wurzeln und den praktischen Demuts-

ermahnungen getrennt. Die jeweils einzelne Gottesebenbildlichkeit wird zur Identität des Menschseins schlechthin
gemacht, wenn jeder Mensch auf Erden in den Rang eines
gottgleichen Schöpfers erhoben wird: ungebunden, souverän
und jeder als Schöpfer seines Schicksals, im Range gleich.
Diese humanistische Setzung zerstört die religiöse Einheit
des Mittelalters. Sie ist zugleich der Ausgangspunkt, der
Quellcode unseres gesamten modernen Weltbildes, von
dieser unangreifbaren Setzung aus leiten wir das westliche
Wertesystem und unsere gesellschaftlichen Leitvorstellun-
gen ab.

Die Paradoxien der Gleichheit

Aber ebenso deutlich wie beim Freiheitsaxiom fallen die un-
vermeidlichen Paradoxien einer solch radikalen Setzung ins
Auge. Es beginnt bereits beim Ursprung. Das religiöse Prinzip ist transzendent, es ist auf eine letztlich unerkennbare
jenseitige Wirklichkeit gerichtet. Es lebt deshalb konstitutiv
von der Ungleichheit zwischen Gott und Mensch. Durch in-
tensiven Glauben kann der Mensch Gott näher kommen und
damit auch eine Differenz zwischen Menschen begründen:
zwischen Gläubigen und Ungläubigen. Wenn jedoch mit der
Botschaft des Renaissance-Humanismus alle Menschen nach
Gottes Willen auf Erden Gott gleichstehen und als Baumeis-
ter ihres Lebens nichts anderes tun, als ihre Welt zu erschaffen, entfällt für das Diesseits die Differenz zu Gott und auch
die Unterscheidung zwischen Gläubigen und Ungläubigen,
die das religiöse Gemeinschaftsmerkmal ist.

Die Verweltlichung der Gottesidee im Humanismus

All die mitunter beklagte Hybris des Westens, alle Selbst-
überheblichkeit, alle Überschätzung menschlichen Wissens
und Könnens, der Glaube an die technische Machbarkeit der
Welt haben ihren Ursprung in der humanistischen Idee des
sich selbst schaffenden Menschen und treffen hier auf einen
Widerspruch. Denn die Idee des transzendenten Gottes kann
nicht derart radikal verweltlicht werden, ohne die religiöse

Qualität auch für das Jenseits einzubüßen. So hat sich denn
auch der sich auf Gottes Willen berufende radikale Humanismus – was früh erkannt worden ist – als ein Programm zur
religiösen Entwurzelung des Westens erwiesen. Und so ist
auch die Idee der Gleichheit aus einer Ungleichheit geboren
worden: Die Menschen waren nur in einem asymmetrischen
Verhältnis zu Gott, als seine Geschöpfe gleich.

Muss, wer Freiheit will, Ungleichheit ertragen?

Aber auch im Prozess gesellschaftlicher Wirklichkeit folgt
aus der Idee einer mit der Freiheit untrennbar verbundenen
Gleichheit im Ergebnis Ungleichheit. Denn wenn jeder
Mensch sich seine Welt schafft, müssen die Welten voneinander verschieden sein. Wären die Ergebnisse alle gleich oder
würden sie gewaltsam gleich gemacht, so würde das ganze
humanistische Modell seine Glaubwürdigkeit, seine innere
Plausibilität verlieren. Akzeptiert man aber die Ungleichheit
von menschlichen Fähigkeiten und vor allem des menschlichen Willens und deshalb auch die Ungleichheit der Ergebnisse individuellen Strebens, so formt sich eine soziale Welt,
die jeden Tag die Prämisse der Gleichheit praktisch zu dementieren scheint und für die Menschen eine Umwelt hervorbringt, die auch als freiheits- und gleichheitsbedrohend
erlebt werden kann.

Gleichheit ist nicht dasselbe wie Brüderlichkeit

Wer Freiheit und Gleichheit konzeptionell harmonisch denken will, darf deshalb unter Gleichheit nie die Gleichheit im
Ergebnis verstehen. „Gleichheit heißt, dass jeder gleich viel
zählen soll, nicht, dass jeder gleich viel bekommen soll."[93]
Wäre dies anders, geriete das Modell einer gleichberechtigen-
den Freiheit auf eine abschüssige Bahn. Ergebnisgleichheit ist
schon nach der ersten logischen Prämisse von Freiheit und
Gleichheit eine Bedrohung für die vorrangig gesetzte Freiheit. Praktische Politik kann gewiss aus guten Gründen gesellschaftliche Ungleichheiten nivellieren, aber in der Kon-
zeption ist dies nicht etwa angelegt, sondern als Ausnahme

rechtfertigungsbedürftig. Allerdings hat die französische Revolutionstrias nicht nur der Freiheit die Gleichheit folgen lassen, sondern mit der Brüderlichkeit ergänzt. Wen es schmerzt, dass die Ungleichheit zu krass wird, wen Mitleid packt, wenn er den Gescheiterten, den Hilflosen sieht, der handelt nicht, um Gleichheit herzustellen, sondern aus Brüderlichkeit. Die Nächstenliebe ist systematisch etwas anderes als Gleichheit. Sie ist die Freiheit, im Anderen den gleichen Menschen zu erkennen und seine Würde wie die eigene nicht in einem unerträglichen Abstand zwischen Arm und Reich missachtet zu sehen.

Die Kulturabhängigkeit des rechtlichen Gleichheitsgebots

Schließlich ist bei einem Blick auf die Grundannahmen der Gleichheitsidee eine letzte Einsicht unausweichlich: Logisch überzeugende Argumente, die sich auf Gleichheitsgebote stützen, hängen mehr noch als die Grenzen der Freiheit vom kulturellen Vorverständnis ab. Der große Satz des *Aristoteles*, wonach Gleiches gleich und Ungleiches ungleich zu behandeln sei, ist ohne kulturelle Anschauung nicht zu handhaben, es bedarf der alltagsweltlich begründeten Fähigkeit, mit Hilfe einer nicht formalen Wertung eine Vergleichsposition, ein tertium comparationis zu gewinnen. Alle Unterscheidungen und Unterscheidungsverbote sind kulturell vermittelt, sie werden von einfachen, oft moralisch unterfütterten Leitunterscheidungen gespeist: im Mittelalter zwischen „Christen und Heiden", im 19. Jahrhundert zwischen „Arm und Reich", seit dem 20. Jahrhundert unter anderem zwischen „Mann und Frau", heute weiterentwickelt zu einem paradoxen Unterscheidungsverbot mit Begünstigungsgeboten in Gleichstellungsaufträgen.

Der Gleichheitsgrundsatz kann sich ohne die alltägliche Anschauung, was Aufmerksamkeit verdient, was vernünftig und gerecht ist, aus seinen lebenspraktischen Verankerungen losreißen und zu einem sozialtechnischen Herrschaftsinstrument werden, mit dem politische Eliten ihre jeweiligen Modethemen zu fundamentalen Gerechtigkeitsanliegen hochstilisieren. Wenn die lebensweltliche Kultur erlahmt, wenn traditionsbewahrendes Gedächtnis, Vitalität und Eigensinn der Bürgergesellschaft schwinden, entsteht ein leerer Raum, der nur scheinbar von abstrakten Grundwerten unserer Gesellschaft wie Freiheit und Gleichheit gefüllt werden kann. Freiheit und Gleichheit beginnen zu vagabundieren und gestaltlos zu werden, wenn ihr lebenspraktischer Horizont nicht mehr sichtbar wird, sie drohen zu beliebig formbaren Blankettbegriffen eines neuen überstaatlichen Herrschaftsverbundes zu werden. Damit würde auch die Axt an ein rationales Gleichheitsdenken gelegt.

Kulturindifferente Gleichheit gefährdet sich selbst

Es kommt uns heute kaum glaubhaft vor, dass die alten Griechen so wunderbare Einsichten über den Menschen, seine Freiheit und seine Gleichheit gewonnen haben und keine Probleme damit hatten, dass außerhalb der Polis Barbaren hausten und Sklaven als Sachen, als Waren zum Kauf und Verkauf angeboten wurden. Ebenso scheint uns unfassbar, dass die großartige amerikanische Verfassung zunächst mit der Sklavenhaltergesellschaft der Südstaaten verbunden war, dass alle freiheitlichen Verfassungen des Westens praktisch bis gegen Ende des Ersten Weltkrieges Frauen nicht als wahlberechtigte Bürger verstanden, schon weil sie familien- und zivilrechtlich keine selbstbestimmten Rechtssubjekte, keine Freien waren. Es war die jeweils herrschende Kultur, die solche Unterscheidungen nicht nur erlaubte, sondern aus einem bestimmten Blickwinkel, dem kulturellen Zusammenhang, sogar zwingend erforderte. Mit dem kulturellen Deutungssystem wurden die Bedürfnisse nach ökonomischer, politischer, soziologischer und ideeller Bestandserhaltung und Identitätsbehauptung der Gemeinschaft gebündelt und zusammengehalten; deshalb können Argumente grundsätzlich nur innerhalb dieses Horizonts ausgetauscht werden, ansonsten drohten sie den Bestand zu gefährden: eine in lebenskräftigen Gemeinschaften selbstverständliche Prämisse aller Argumentation.

Gerade aber die historische Anschauung lädt unter dem Einfluss eines unendlich fortgesetzten Fortschrittsdenkens und der Tendenz zur Radikalisierung abstrakter Setzungen zu einem Missverständnis geradezu ein. Wenn alle Menschen gleich sind, müssen dann nicht alle Menschen Bürger eines Weltstaates sein? Darf es dann noch politische Gemeinschaften geben, die zwischen Staatsangehörigen und Fremden unterscheiden? Das heute propagierte und zum Teil bereits in Geltung gesetzte nachmoderne Recht und auch die Idee der Menschenrechte werden zum Teil kräftig in diese Richtung interpretiert[94]. Aber damit werden nicht nur außerwestliche Kulturräume dem westlichen Wertesystem unterworfen, sondern auch der Eigensinn und die Eigenwilligkeit nationalstaatlicher Kulturräume des Westens um ihren Ordnungszusammenhang gebracht. Denn jede Gemeinschaft muss eine Grenze zur sozialen Umwelt setzen, sonst kann sie keine kraftspendende Identität gewinnen. Die Logik der freien Gemeinschaft, die Logik des Verfassungsstaates liegt darin, die Abgrenzung nicht aggressiv und feindlich, sondern zivil und human zu ziehen, dafür stehen die Menschenrechte.

2. Gleichheit unter der Prämisse der Freiheit

Die technokratische Halbierung der Gesellschaft

Die Besonderheit moderner westlicher Gesellschaften liegt aber genau darin, das retardierende Element der kulturellen Tradition immer stärker zurückzudrängen und als maßgeblichen Faktor auszuschalten. Stattdessen wird der Bestand der Gesellschaft allein über formale Funktionsprinzipien wie individuelle Freiheit und Gleichheit zu garantieren versucht, wobei man nichts dabei findet, dass ihre Inhalte nicht in einem freien praktischen Diskurs, sondern mit den Instrumenten politischer Herrschaft bestimmt und durchgesetzt werden. Damit aber wird die Welt nach einem sozialtechnologischen Bauplan konstruiert, der allenfalls die Hälfte der sozialen Wirklichkeit sein kann.

Die kulturignorante Moderne zerstört durch Radikalisierung ihre eigenen Unterscheidungen

Die Integration der Weltgesellschaft findet heute weitgehend über den Markt statt, einer Institution also, die perfekt den Prämissen der Willens- und Vertragsfreiheit sowie der Rechtsgleichheit aller Marktteilnehmer gehorcht, jedenfalls solange er sich nicht beispielsweise durch Machtkonzentrationen selbst gefährdet oder von außen etwa durch politische Kräfte deformiert wird. Dabei fällt auf, dass Gleichheit bereits ursprünglich zwar radikal, aber radikal *formal* als Rechtsgleichheit gedacht war, während Freiheit zunächst zwar materiell, aber in Ordnungen eingebunden verstanden wurde. Freiheit ist inzwischen radikalisiert worden zu der individuellen Entscheidung zu tun und zu lassen, was man will, während die Gleichheit sich von der Rechtsgleichheit aus materialisiert hat zu einer zunehmend diffuser werdenden Welt der Diskriminierungsverbote, der Gleichstellungsbemühungen und der sozialpolitischen Egalisierung, letztlich sogar zu Diskriminierungsgeboten wie der affirmative action in den USA[95].

Aber hinter dem tatsächlichen Entwicklungsverlauf, der deutlich – wenngleich unter Berufung auf die Idee der Moderne – kräftig aus der modernen Epoche herausdrängt und ihre Unterscheidungen zerstört, steht eine gleichsam reine Idee von Freiheit und Rechtsgleichheit, die aber nur im kulturellen Kosmos einer bürgerlichen Welt verstanden und akzeptiert wird[96]. Weitestgehende individuelle Freiheit und die Gleichheit der Rechtssubjekte kann gewährt werden, wenn bürgerliche Gesittung und gebildete Vernunft die Fähigkeit vermitteln, Selbstbeschränkung als höhere Form des Freiseins zu begreifen. Rechtsgleichheit setzt beispielsweise voraus, dass soziale Ungleichheit nicht wirklich zum Problem wird, weil die Menschen von ihrem Freisein einen wirtschaftlich vernünftigen strebsamen Gebrauch machen und es als eine Frage der Ehre betrachten, anderen – mit Ausnahme des familiären Gemeinschaftsverbandes – möglichst anderen nicht zur Last zu fallen.

Das bürgerliche Fundament von Freiheit und Gleichheit

Evolutionär war die Umstellung auf Freiheit und Gleichheit riskant, aber bislang nicht zuletzt wegen des bürgerlichen Kulturfundaments sehr erfolgreich, weil die bürgerliche Kultur zu keinem Zeitpunkt das Grundprinzip der alltagsweltlichen Gegenseitigkeit vergessen hat. Auf der Einsicht in die alltagsweltliche Gegenseitigkeit des „do ut des" ruht auch die Möglichkeit des Leitwertes der Gleichheit. Die bürgerliche Alltagskultur wurde immer durch handliche Formeln gesichert, die die rigorose Selbstverantwortung, aber auch die Potenz des Einzelnen, Herr seines Schicksals zu sein, ebenso betont wie die Gegenseitigkeit der Sozialbeziehungen. Die Härte der Wahlsprüche „Freie Bahn dem Tüchtigen", „Jeder ist seines Glückes Schmied", „Wo ein Wille ist, ist auch ein Weg", „Ohne Fleiß kein Preis", „Wer nicht arbeitet soll auch nicht essen" wurde allerdings durch die Gegengewichte christlicher Weltsicht konstruktiv gemildert und damit als Leitprinzipien erst plausibel und akzeptabel gemacht.

Erosion der freiheitsgerechten Gegenseitigkeit

Heute indes sind mit den Gegengewichten auch die harten Werte der Durchsetzungskraft und Gegenseitigkeit schwach geworden. Im Grunde hat eine Entdifferenzierung eingesetzt, Wirtschaft und Staat werden für Nächstenliebe in Anspruch genommen, die christlichen Kirchen werden nach wirtschaftlicher oder politischer Funktionalität befragt, Leistung wird den Kollektiven und weniger den Menschen abverlangt. Das immense Kraftfeld zwischen bürgerlicher Selbstdisziplin, Selbstanspornung, Bildungsideal und christlicher Caritas fällt in sich zusammen und hinterlässt eine verzagte Gesellschaft, die sich auch dort für schwach hält, wo die Logik der Wirtschaft und die Einsicht tatkräftiger Menschen immer noch vitale Inseln entstehen lassen.

Desavouierung der Kultur in der Fortschrittsideologie

Wegen der Grundrichtung der Aufklärung – mit ihrer Verengung auf die Rationalisierung und Absolutsetzung eines begrenzten Wertesystems – hat im modernen Westen die Berufung auf Kultur gegen die universellen Leitprinzipien Freiheit und Gleichheit einen außerordentlich schlechten Ruf. Stehen hier nicht der Fortschritt und das Gute gegen das Überkommene und Schlechte, Licht gegen Finsternis? Und ist nicht ganz zu Recht alles Hergebrachte verdächtig, weil es eben nicht nach den Prinzipien der Freiheit und Gleichheit wirklich durchdacht und das heißt vernünftig ist?

Die neuzeitliche Moderne findet ihren Epochenbegriff nicht ohne Grund in einer Temporalisierung und nicht in einer sachlichen Beschreibung eines Zustandes. Sie will – allein auf subjektive, aber intersubjektiv überprüfbare Logik gestützt – eine Dynamik ununterbrochener Modernisierung freisetzen, nach und nach alles Gesellschaftliche auf den Prüfstand von Freiheit und Gleichheit stellen. Die Dramaturgie steht seit Jahrhunderten fest und hat uns fest im Griff: Derjenige, der aufklärt, der entzaubert und rationalisiert, der Kritik übt am Bestehenden, aber eben nicht logisch förmlich Deduzierbaren, ist der Held. Derjenige hingegen, der Bestehendes, der Traditionen, der ursprüngliche Lebensgefühle der Menschen oder gar biologische Unterschiede ohne Rücksicht auf rationale Dignität verteidigt, ist der Schurke. Deshalb wollen und müssen auch Konservative sich zumindest in intellektuellen Debatten progressiv geben, weil danach die Dramaturgie nach Gut und Böse erfolgt. Wenn man allerdings mit einem solchen Orientierungsrahmen und einer solchen Dramaturgie beginnt, die Welt in gute und schlechte Kulturen zu unterteilen, entstehen Gefahren. Eine Gefahr ist immer die Selbstgefährdung, die aus der Blindheit gegenüber den einfachen Praktikabilitätserfordernissen jeder Gemeinschaftsbildung folgt, eine andere Gefahr liegt in der Verschärfung der Konflikte zwischen den Kulturen, wenn es an kritischer Selbstbeobachtung fehlt.

3. Problemverschiebung zwischen dem Freiheits- und dem Gleichheitsaxiom

Das Hin- und Herpendeln zwischen Freiheit und Gleichheit

Sieht man die beiden zentralen Axiome des westlichen Rationalismus, die Freiheit und die Gleichheit, nebeneinander, so drängt sich der Verdacht auf, man könnte die Widersprüche der Konzepte besser in den Griff bekommen, wenn man ein Prinzip jeweils zu Gunsten des anderen ausdehnt, ohne es aufzugeben. Dabei pendelt die Diskussion aber nur auf einem viel zu engen Raum und kann kein angemessenes Niveau erreichen. Versteht man Gleichheit als stärkeren Leitwert, kann man damit die Freiheit gut begründet einschränken und so konstruktive Probleme der Freiheitsidee mildern. Das Beispiel eines immer weiter getriebenen Ausbaus des Sozialstaates hat allerdings auch gezeigt: Wer sich auf die Gleichheitslogik der Umverteilung einlässt, redet kaum noch über die Freiheitsverluste, die damit verbunden sind. Wer – ein anderes Beispiel – mit einer empfindlichen Sonde die Welt untersucht, wo alte oder neue Diskriminierungen lauern, vergisst allzu gerne, dass jeder Kampf gegen gesellschaftlich entstandene Unterschiede auch in Freiheiten eingreift und dass jede Gruppenbildung eine gesellschaftliche Entscheidung ist: Wir sehen diejenigen Unterschiede, die wir sehen können, weil wir sie sehen wollen.

Perfekte Regelungsgleichheit schafft hyperkomplexes Recht

Die Widersprüche der Gleichheit treten umgekehrt entschieden in den Hintergrund, wenn man den Wert der Freiheit betont und deshalb Ungleichheiten in ein günstigeres Licht oder – besser gesagt – in wenig Licht getaucht sind. Aber allein der Versuch, Gleichheit bei staatlichen Belastungen und Begünstigungen zu gewährleisten, endet nicht selten in überkomplexen Detailregelungen. Macht man sich erst einmal klar, wie reglementiert das moderne Leben in Gewerbe und Wirtschaft, in Verwaltung und Wissenschaft, bis in den Alltag der Familien hinein inzwischen ist, kann der Ruf nach

Deregulierung sich zum Donnerhall steigern[97]. Das Verlangen nach einem einfachen Steuerrecht wird dann so laut und so nachhaltig[98], dass jedem, der auf sachlich gebotenen Differenzierungen besteht, nur noch das – vermutlich zutreffende – Argument entgegen gehalten wird, eine undurchschaubare Hyperdifferenzierung schaffe mehr Ungleichheit als Gleichheit; die eigentliche Stoßkraft aber kommt aus dem Freiheitsargument.

Bürgergleichheit im Rechtsstatus und Unterschied im Lebensentwurf

Der Bürger in den Fesseln einer das letzte Quäntchen Gleichheit herstellenden Bürokratie ist allzu weit vom Leitbild des ,Citoyen' entfernt, das ausdrücklich von der Statusgleichheit der Bürger ausgeht. Schon ein Großmeister des modernen Freiheitsdenkens wie *John Stuart Mill* hat im 19. Jahrhundert beklagt, wie sehr die praktische – nicht die statusrechtliche – Angleichung der Menschen und ihrer Meinungen die Wurzeln vitaler Freiheit gefährdet. Bemerkenswert an den Darlegungen *Mills* ist vor allem, dass er auch insofern nicht allein den Staat als Gefahr für die individuelle Freiheit betrachtet, sondern gerade auch die öffentliche Meinung, jenen unentbehrlichen Prozess der Kommunikation, der das ganze Gemeinwesen reflektiert und es damit eigentlich erst hervorbringt. Eines der wichtigsten Ergebnisse der Gleichheitsidee ist die Demokratie mit gleicher Machtteilhabe aller Bürger. Sie aber macht in den großen Territorialstaaten die Bürger auch zum Publikum, so wie die modernen Produktionsbedingungen sie erst zu Arbeitsmassen und dann immer mehr zu Konsumenten machen. Solche Egalisierungen verlangen nach funktionsgerechten Formungen, nach Standards. Es klingt jedenfalls sehr aktuell, wenn *Mill* von den Politikern seiner Zeit fordert, dem Willen der öffentlichen Meinung auch einmal zu widerstehen. Aber noch viel weiter reicht seine warnende Zukunftsprognose der formierten Gesellschaft:

„Die Forderung, dass alle Menschen uns gleichen sollen, wächst durch die Nahrung, die sie erhält. Wenn der Widerstand wartet, bis das Leben nahezu auf einen gleichförmigen Typus gebracht ist, dann wird man alle Abweichungen von diesem Typ als gottlos, unmoralisch, ja sogar monströs und widernatürlich ansehen. Der Mensch gerät rasch außerstande, Verschiedenartigkeit zu begreifen, wenn er einige Zeit ihren Anblick nicht mehr gewohnt ist."[99]

Formierte Wirklichkeit ist der Feind von Freiheit und Gleichheit

Auch hier gilt das Gleiche wie für die Freiheit: Der Wert der Gleichheit darf nicht durch kritisches Offenbaren seiner Grenzen und Paradoxien in Zweifel gezogen werden, sondern er verlangt nach Stärkung durch eine Kultur, die Freiheit auch als gleichheitsgerecht im Sinne *John Stuart Mills* konzipiert.

Das verlangt allerdings, den Gleichheitsgedanken ähnlich wie das Freiheitskonzept aus seiner monokulturellen, seiner isolierten Radikalität zu befreien und seine Anwendung freiheits- und kulturgerecht zu entfalten. Vor allem: Gleichheit ist kein Steigerungsprozess, der uns immer ähnlichere Lebensbedingungen verspricht, ein solches Fehlverständnis von Gleichheit macht aus dem Kampfgefährten der Freiheit einen Gegner. Gleichheit kann nur gedacht werden mit der angeborenen Würde und Freiheit der Menschen, aus ihrer modernen Stellung als Privatrechtssubjekt und als Bürger im staatsrechtlichen Sinne. In diesem systematisch so eingebetteten Prinzip steckt weit weniger, aber auch weit mehr als die Apologeten staatlicher Umverteilung oder die wachsende Zahl der Anti-Diskriminierungsbeauftragten erwarten lassen.

Gleichheit der Freien ist Rechtsgleichheit und nicht Verteilungs- oder Ergebnisgerechtigkeit

Wenn die Idee der Gleichheit nicht das Leitprinzip der Freiheit beschädigen soll, muss Gleichheit im Wesentlichen auf Rechtsgleichheit, die Gleichheit vor dem Gesetz (Artikel 3 Absatz 1 des Grundgesetzes) beschränkt und das heißt heute

wieder zurückgeführt werden. Die großartige Sozialstaats-
idee steht dem nicht entgegen, denn sie hat ihre Ursprünge
nicht in der Gleichheit, sondern in der christlichen Nächstenliebe, in dem Gedanken der Brüderlichkeit, modern gesprochen der Solidarität. Damit ist das Prinzip der Umverteilung in einer Kultur der Freiheit allerdings nur so weit
gerechtfertigt, als es für eine Gemeinschaft notwendig ist, um
die Mindeststandards menschenwürdiger Existenz und den
friedlichen und freiheitlichen Zusammenhalt der Bürger zu
gewährleisten.

Gleichheit und Brüderlichkeit freiheitsgerecht verstehen

Auch hinter der Brüderlichkeit steht – nicht anders als bei
der Freiheitsidee – die Vorstellung gleichberechtigter Bürger
und gleichberechtigter Menschen. Und doch handelt es sich
nicht um ein Gleichheitsleistungsrecht, nicht um einen
Gleichheitsanspruch, mit dem man Leistungen oder Korrekturen der Ergebnisse freien Handelns einfordern könnte.
Denn mit der politischen Gleichheitsidee der Aufklärung ist
lediglich – und umstürzend genug – die Überzeugung verbunden, dass jeder Mensch frei geboren ist und über keine
rechtlich privilegierte Stellung verfügt. Es gibt somit kein
Bündel von verschiedenen Rechten, in das der Bürger hin-
eingeboren ist, sei es nach den Kriterien der Herkunft, des
Geschlechts, des Vermögens oder der Rasse. Jeder ist eine
prinzipiell gleiche Rechtspersönlichkeit, gebunden an die
Gesetze, in gleicher Weise fähig, sich zu binden: Rechtsgleichheit ist Gleichheit vor dem Gesetz und Teilhabe an den
Chancen der freien Gesellschaft. Die Gleichheit und die Brüderlichkeit behalten ihren Sinn nur dann, wenn sie unter den
Vorrang der Freiheit gestellt werden; die Freiheit bleibt nur
dann lebendig, wenn sie auf der Rechtsgleichheit ruht und
durch den brüderlichen Zusammenhalt einer Gemeinschaft
und die Prägekraft ihrer Kultur Grenze und Identität findet.

4. Freiheit und Gleichheit in einer Gesellschaft, die nach Funktionskreisen geordnet ist

Freiheit – Gleichheit – Brüderlichkeit: Einheit und Hierarchie

Die vorangehenden Überlegungen zur Gleichheit verlangen einen wertsetzenden Vorrang der Freiheit. Ungleichheit, die eine unausweichliche Konsequenz der Freiheit[100] ist, muss der hinnehmen, dem die Freiheit das Wichtigste ist. Dies war im Zeitalter der bürgerlichen Demokratie- und Freiheitsbewegung selbstverständlich, heute ist es begründungsbedürftig.

Die moderne staatliche Verfassung orientiert sich nicht allein an abstrakten Leitwerten, sondern ist von der Idee der gerechten Gesellschaft beherrscht. Das Grundgesetz knüpft wie genau hundert Jahre zuvor die vordergründig gescheiterte Paulskirchenverfassung an die Erfahrungen und Konzepte der modernen amerikanischen und französischen Nationalgeschichte an. Hier wurden aus dem Blickwinkel nationaler Selbstbestimmung, also aus einem kulturellen Gemeinschaftshorizont heraus individuelle Freiheit, Gleichheit, Brüderlichkeit als Leitideen gesetzt. In dem bekannten bürgerlich-revolutionären Dreiklang und seinem richtigen Verständnis liegt das Geheimnis des normativen Gesellschaftsbegriffs westlicher Staatsverfassungen.

Was eigentlich hat mehr Gewicht, was hat Vorrang in dieser Trinität der großen politischen und rechtlichen Leitwerte? Ist Freiheit wichtiger als Gleichheit oder umgekehrt? Steckt in der Brüderlichkeit alles Positive der Gemeinschaft, der auch die Freiheit und die Gleichheit zu dienen haben? Wo in diesem Dreiklang fühlt sich die Gerechtigkeit eigentlich am besten aufgehoben? Stellt sich Gerechtigkeit dort ein, wo die Menschen frei gelassen werden oder dort, wo die Gemeinschaft für Gleichheit der Lebensbedingungen sorgt? Die heute in der Sozialphilosophie vorherrschende Antwort, sei es auf dem Campus von Harvard oder dem von Oxford, sei es in Frankfurt oder in Berlin, heißt „Gleichheit". Dies hat enorme Konsequenzen für das Umfeld, nicht nur für die Verfassungsauslegung, sondern für die gesellschaftliche und politische Leitvorstellung, was sozial gerecht, was Gerechtigkeit überhaupt ist.

Gleichheitsfixierte Gesellschaftstheorien

In einem jüngst erschienenen sozialphilosophischen Beitrag mit dem bezeichnenden Titel „Gleiche Gerechtigkeit" wird von *Stefan Gosepath* im Gefolge von *John Rawls* und *Ronald Dworkin* noch einmal die inzwischen gefestigte Position des intellektuellen Mainstreams zusammengefasst. „Gesucht wird ein Verteilungssystem, das jede Person als Gleiche achtet und dies mit den Mitteln der präsumtiven Gleichverteilung an Ressourcen umsetzt."[101] Wenn in dieser Sicht die staatliche Gemeinschaft dem Verhungernden oder Erfrierenden Schutz und Hilfe gewährt, tut sie dies nicht aus christlicher Nächstenliebe oder humanistischer Brüderlichkeit, sondern weil moralische Ansprüche des Hilfebedürftigen auf gesellschaftliche Ressourcen bestehen. Danach wird derjenige, dem Ressourcen verweigert werden, als diskriminiert betrachtet[102] und jeder erworbene Wohlstand als rechtfertigungsbedürftig behandelt.

Die Interpreten der Verfassung wehren sich gewöhnlich gegen derartige quasi naturrechtliche Deformationen der positiv bestehenden Freiheits- und Eigentumsordnung, indem sie mit fester Stimme sagen, die Gleichheit der Verfassung meine Rechtsgleichheit und nicht Ergebnisgleichheit. Jeder ist als Rechtssubjekt gleich und kann in den Wettstreit um den Erwerb von Rechten eintreten. Mit den Worten *Johann Gottlieb Fichtes*: „Dies allein ist das eigentliche Menschenrecht, das dem Menschen zukommt; die Möglichkeit sich Rechte zu erwerben."[103]

Gleichheit in der Freiheit zum Selbstentwurf

Der Gleichheitsidee ihre materiellen und naturrechtlich behaupteten Inhalte zu nehmen und sie als Ordnungsprinzip und Voraussetzung der Freiheit zu unterstellen, ist richtig, erschöpft aber nicht das Thema. Diejenigen, die Gleichheit zum Leitwert der gerechten Gesellschaft erklären, zielen dezidiert gar nicht darauf, dass jedem der Anspruch zustehe, den exakt gleichen Anteil an Gütern zu erhalten, also auf freiheitsvernichtende totale Ergebnisgleichheit. Der Argumentationsansatz ist anders. Führende Sozialphilosophen denken von einem naturrechtlich kollektivierten gesellschaftlichen Ressourcen- und Güterbegriff her, den es moralisch begründet mit Rechtstiteln zu verteilen gilt, wobei individuelle Leistung und rechtmäßig erworbenes Eigentum nur als Rechtfertigung für Ungleichverteilungen auftreten. Dieser in der Grundkonstruktion eines normativen Gesellschaftsmodells angelegte *Egalitarismus* ist nicht freiheitsvernichtend, aber freiheitsschwächend. Gestützt auf die seit *Thomas Hobbes* so beliebten konstruktivistischen Naturrechtsannahmen, konstruieren sie eine Gesellschaft nach Prämissen, die logisch nicht zwingend begründbar sind, also Setzungen, die auch anders getroffen werden könnten. Theorien über den Gesellschaftsvertrag waren nur deshalb plausibel, weil die bürgerliche Gesellschaft die Privatautonomie als überragenden Wert gesetzt hat, einem echten Adligen hätte dies nie recht eingeleuchtet, er hätte Treue, Ehre oder Tradition bevorzugt.

Die Irrwege der Naturrechtsannahmen

Völlig unplausibel und unbegründbar – und zwar auch bei einem rein konstruktiven Vorgehen – ist die Vorstellung, es könnte auch nur theoretisch einen Urzustand geben, der den Menschen rational erwägend ohne gesellschaftliche Bindungen vorstellt. Das ist etwa so, als wenn man sich ein Wassermolekül einmal ohne Wasserstoff vorstellt. Denn alle individuelle Vernunft existiert a priori nur im intersubjektiven gesellschaftlichen Raum, ohne den Horizont der bürgerlichen Gesellschaft mit ihrer Privatautonomie und mit einem rationalen und vom Bürger beherrschbaren Staat ist eine Persönlichkeit unmöglich, ja im streng logischen Sinne undenkbar, deren freie Entfaltung Artikel 2 Absatz 1 des Grundgesetzes an den Anfang der Grundrechtsverbürgungen stellt.

Die Urvertragstheorien von *Hobbes* bis *Rawls* entfalten
demnach zeitgemäß Paradoxien im Gewand logischer Ableitungen[104] und es lohnt sich einzig nach ihrer ursprünglichsten Prämisse zu fragen und dann zu erkennen, dass sie
außerhalb eines zwingenden Argumentationskontextes gesetzt ist.

Freiheit: die starke Setzung der Moderne

Doch an diesem nicht logisch zwingenden Anfang steht in
unserer Kulturgeschichte und im systematischen Entfal-
tungszusammenhang nicht die Gleichheit, sondern als starke
und dominante Setzung die Freiheit. Dies wird deutlich,
wenn man die Würde des Menschen in seinem kulturellen,
ideengeschichtlichen und auch verfassungsrechtlichen Kontext sieht. Die westliche Auffassung von Freiheit und
Gleichheit mag eine willkürliche Setzung sein, die einer Offenbarung weit ähnlicher ist als strenger deduktiver Logik.
Aber zugleich haben die modernen Gesellschaften sich um
ihre Leitwerte hin aufgebaut und wir können nicht beliebig
an einem anderen Punkt ansetzen, weil unsere Identität sonst
zur Disposition stünde. Genau dies sichert eine Verfassung
mit den Mitteln des Rechts. Die entscheidende Setzung der
modernen Welt ist die Gottesebenbildlichkeit des Menschen,
und zwar jedes Menschen für sich selbst: Dies und nichts anderes bedeutet die Würde des Menschen, in diesem Fixpunkt
liefen das christliche und das antike Erbe im oberitalienischen Renaissance-Humanismus ineinander und entfalten
sich seitdem als logische Ableitungsketten.

Ein sich selbst schöpfender Mensch muss frei sein, und
zwar in einem grundlegenden Sinne, damit er sich entwerfen,
sein Schicksal bestimmen kann[105]. Freiheit, personale Verantwortung und individuelle Schuld stehen deshalb am Anfang, sie prägen das Zivilrecht und das Strafrecht bis in die
letzten Verästelungen hinein, geben dem öffentlichen Recht
seinen Bürgerbegriff, nicht den des Untertanen.

Rechtsgleichheit als personaler Achtungsanspruch des Anderen

Gleich ist der selbstverantwortliche Mensch nur insoweit, als dass er mit anderen Selbstentwürfen rechnen muss und auf sie rechnen darf und dass er und die gesellschaftliche Ordnung den grundlegenden personalen Achtungsanspruch eines jeden Menschen achten müssen. Damit das Konzept aufgeht, muss man prinzipiell jeden anderen Menschen in seinem Handeln, in seinem Selbstentwurf beobachten und in den Fällen ernst nehmen, in denen solches vom Rechtssubjekt gewollt ist: Dies gewährleistet die bürgerliche Rechtsordnung, die Willenserklärungen und ihre Folgen in den Mittelpunkt ihrer Bedeutungssuche stellt und mit der Privatautonomie[106] eine Zweitcodierung des Prinzips der Selbstverantwortung und der zu Grunde liegenden Selbstschöpfungsidee vornimmt.

Das öffentliche Recht kopiert das bürgerliche Gesellschaftsmodell nach langen Widerständen ebenfalls im Konzept nicht nur des rechtsstaatlichen Verfahrens, sondern auch dem der Demokratie mit exakt gleicher Teilhabe an den Quellen staatlicher Macht. Vertragsfreiheit, rechtsstaatliches schuldangemessenes Strafen und freies und gleiches Wahlrecht gehören untrennbar zusammen, weil sie demselben Quellcode gehorchen. Deshalb sprechen Juristen aus dieser Perspektive der gesetzten individuellen Freiheit von der Rechtsgleichheit oder der Gleichheit vor dem Gesetz, deshalb schirmen die Grundrechte den Raum persönlicher Freiheit vor den unberechtigten Eingriffen des Staates ab und erlauben keine grundsätzliche Rechtspartikularisierung der Gesellschaft nach staatlich bestimmten Gruppen.

Gerecht heißt freiheitsgerecht: Der Sinn von Rechtsinstituten

Gerecht ist eine solche Gesellschaft der Freien, wenn das Konstruktionsprinzip der Freiheit die gesamte Gesellschaft durchdringt und beherrscht, somit jedem die Chance gibt, möglichst viel von seiner Biographie, seinem Leben durch ei-

gene Entscheidungen und seine Planung bestimmen zu können. Damit dies geschehen kann, müssen die großen Institutionen des Rechts in ihrer Autonomie und generellen Wirkkraft
geachtet werden. Auch die Rechtsprechung darf nicht derselben Verführung erliegen wie der Gesetzgeber. Aus der moralischen Evidenz des Einzelfalls heraus Entscheidungen zu
treffen oder Gesetze zu erlassen, gefährdet die Grundlagen
der Freiheit, wenn Institutionen wie die Privatautonomie,
das rechtsstaatlich freiheitliche Strafrecht oder die gleiche
Teilhabe an der öffentlichen Gewalt und das rechtsstaatliche
Verwaltungsverfahren dabei nach und nach deformiert werden.

Die freiheitliche Verfassung bedarf dieser Institutionen, sie
kann deren Funktionsweise nicht selbst ersetzen oder mit eigenen Mitteln gewährleisten. Wenn das Verfassungsgericht
findet, dass es ein Missstand ist, wenn junge Erwachsene in
ausweglose Überschuldung geraten, weil sie für hohe Bank-
kredite ihrer Partner oder Eltern bürgen[107], dann muss richtig zwischen dem sichtbaren Einzelfall und den unsichtbaren
Folgewirkungen einer Schwächung des Instituts der Bürgschaft gewichtet werden. Denn heute mag es ungerecht erscheinen, wenn ein junger Mensch von seinem Vater bestimmt wird, für ihn zu bürgen, obwohl die finanzielle Lage
des Vaters prekär ist. Aber entsteht durch die richterliche
Korrektur nicht morgen eine neue Ungerechtigkeit, wenn
ein Handwerksmeister seinem an sich lebensfähigen Betrieb
die dringend nötige Liquidität nur durch eine Bürgschaft seiner Tochter sichern kann, die Bank aber unter Hinweis auf
die drohende Inhaltskontrolle nach der Bürgschaftsentschei-
dung des Bundesverfassungsgerichts Bürgschaft und Kredit
verweigert? Haben wir nicht auch im Miet- und Arbeitsrecht
einen Zustand geschaffen, der lähmend auf jene Freiheitsausübung wirkt, die in die Übernahme von Verantwortung
mündet? Wer das Eigentum immer stärker durch das Gesetz
sozial bindet, lähmt an irgendeinem Punkt die Bereitschaft,
mit der Eigentumsbildung seine Freiheit so auszuüben, dass
sie in Verantwortung erwächst.

Der Verzicht auf einen positiven Freiheitsbegriff stärkt
die Egalitaristen

Wenn nicht die Gleichheit, sondern die Freiheit an erster
Stelle steht, die Reihung des Grundgesetzes mit seinen Arti-
keln 2 und 3 – erst die Freiheit dann die Gleichheit vor dem
Gesetz – deshalb keineswegs Zufall ist, so kommt es darauf
an zu fragen, welche Art und welche Idee von Freiheit eine
gerechte Gesellschaft hervorbringt und ob individuelle Freiheit überhaupt etwas mit diesem Ziel unmittelbar zu tun haben kann. Diese Frage ist so schwierig, wie die Diskussion
über Freiheit alt ist. Individuelle Freiheit, von der wir ausgehen, kann als bloße Willkür des Einzelnen verstanden werden, zu tun und zu lassen was er will, mit allen Konsequenzen. Je mehr Ungebundenheit, desto weniger soziale oder
natürliche Determiniertheit. Dieses negative Freiheitskonzept versteht sich als ein Prozess hin zu immer mehr Individualität, es hat sich verbündet mit Steigerungsformeln der
politischen Aufklärung und hat feine Sonden für Fremdbe-
stimmungen, die im Ruch des Überlieferten, Traditionellen,
des Institutionellen oder auch des Bürgerlichen stehen.

Ein solch banales Freiheitsverständnis ist ungeeignet, zugleich die Integration der Gesellschaft als gerechte zu plausi-
bilisieren, selbst wenn man der unsichtbaren Hand von
Adam Smith viel Kraft zutraut. In Wirklichkeit stärkt das negative Freiheitskonzept die Egalitaristen, die zuerst als Korrektiv hereingebeten werden und schnell die Vormacht behaupten. Es stärkt aber auch die Etatisten und Kollektivisten,
weil es ja evident ist, dass derlei ungebundene Freiheit der sozialen Korrektur und Grenzziehung bedarf; auf der Evidenz
dieser Unterscheidung von Freiheit und Gemeinwohl ruht
unser grundrechtliches Prüfungsschema.

Vollständiger Begriff der Freiheit

Ein solcher Freiheitsbegriff ist nicht falsch, aber er ist in ek-
latanter Weise unvollständig. Einmal verfehlt er das an-
spruchsvollere Freiheitskonzept des deutschen Idealismus,

das den Menschen mehr zutraut, als einfach an allen Grenzen
zu rütteln, sondern darauf baut, dass sie nach dem Fall des
äußeren Zwangs durch reflektierte Einsicht und Selbstdisziplin sittlich gebundene Freiheit leben – also sich selbst Grenzen setzen. Wenn wir die Einheit der Verfassung einblenden,
kommen wir nicht umhin, Freiheiten zu bewerten und zu
unterscheiden. Eine solche beispielhaft wichtige systemati-
sche Unterscheidung war und ist die Erkenntnis, dass der
Prozess der Meinungsfreiheit schlechthin konstitutiv für die
freiheitlich-demokratische Ordnung ist, mit Folgen für das
Gewicht des Grundrechts. Wir erkennen aber auch, dass das
Grundgesetz Gemeinschaften wie Ehe und Familie besonders schützt und anderen sozialen Institutionen wie der
freien Presse, der Forschungs- und Lehrfreiheit der Universitäten, den Schulen, den Religionsgemeinschaften oder politischen Parteien im System der Grundrechte einen wichtigen
Platz zuweist. Die Erkenntnis, dass die Grundrechte nicht
nur Individuen berechtigen, sondern auch Personenvereini-
gungen und Institutionen schützen, ist nicht neu, bedarf aber
der Neuakzentuierung, wenn man aus dem verfassungsrechtlichen Grundprinzip der Freiheit auf den damit voraus-
liegenden Logos der gerechten Gesellschaft schließen will.

*Keine anarchische, keine bevormundete sondern
kulturgestützte, sittliche Freiheit*

Einige Zeit haben wir geglaubt, dass die Verfassung nicht nur
für die Einheit des Rechts, sondern auch für die Einheit der
Gesellschaft steht, dass Integration also über Verfassung,
über die Bejahung ihrer Werte, über die Einhaltung ihrer
Spielregeln, stattfinde. Das ist ebenso richtig wie es sich zugleich um einen folgenreichen Irrtum handelt. Alle modernen Staatsverfassungen seit dem 18. Jahrhundert treten dezidiert als integrative Selbstentwürfe einer Gesellschaft auf,
aber sie verfassen gerade keine integrierte, sondern eine in
Funktionssphären   differenzierte   Gesellschaft[108],   sonst
bräuchte man gar keine Verfassung in unserem Sinne. Das,
was der freiheitliche Verfassungsstaat westlicher Prägung

will, ist nicht allein und womöglich nicht einmal vorrangig die eine, frei schwebende, bindungs- und richtungslose Freiheit der Menschen. Die Verfassung geht davon aus, dass Freiheit nicht anarchisch, sondern sittlich ist. Der sich entwerfende Mensch bedarf der institutionellen und kulturellen Formung, der sozialen Ordnung, der auf Verständigung gerichteten Kommunikation, nicht nur als Teil seiner Erziehung und Bildung, sondern in jedem Augenblick. Aber hier lauert ein Missverständnis: Er bedarf nicht der Bevormundung durch politische Herrschaft, durch Richter oder Berufsmoralisten, wenn die allgemeinen lebensweltlichen Kulturvoraussetzungen schwinden und man deshalb nach schlechtem Ersatz sucht.

Weder Superliberalismus noch egalitärer Kollektivismus

Mit solchen Hinweisen ist nicht eine klandestine Vergemeinschaftung ,natürlicher' Freiheit gemeint, sondern die schlichte Tatsache, dass wir uns aus den kulturellen Schätzen der Gesellschaft bedienen müssen, wenn wir wirkliche Freiheit im Sinne eines sich selbst bildenden und sich selbst entwerfenden Menschen erstreben. Den Menschen als natürlichen Wilden gibt es nicht, den Urzustand auch nur zu konstruieren, führt in die Irre eines Superliberalismus oder egalitären Kollektivismus.

Die freie Wahl zwischen geprägten Formen der Rationalität

Unsere Gesellschaft ist deshalb eine freie, weil die Menschen zwischen unterschiedlichen Rationalitätssphären wechseln können. Es steht ihnen offen, auf die in den Institutionen gespeicherten Verhaltensmuster zuzugreifen, die sie sittlich entlasten, die sie aber auch mit ihrem Handeln ihrerseits bekräftigen und in die Zukunft hinein verändern. Wer ein Haus für seine Familie baut, begibt sich in die Welt der Wirtschaft mit ihrem Kalkül des Preises und der Rendite, in die Welt des Rechts mit Verträgen, die Erwartungssicherheit und Kalkulierbarkeit erst verstetigen, in die Welt der Ästhetik der Bauausführung, der Technik, ihrer Zwänge und ihrer Mög-

lichkeiten. Ohne diese jeweils ausdifferenzierten Handlungssphären, die wir nicht schaffen, sondern nur bestätigen, modi-
fizieren oder schwächen können, wäre eine freie Entfaltung
von Persönlichkeit im Sinne des Artikel 2 Absatz 1 des
Grundgesetzes noch nicht einmal denkbar. Wir können kom-
plexe Vorhaben nicht planen und entwerfen, ohne solche kulturellen Vorleistungen. Jede Familienerfahrung, jeder Kirch-
oder Schulbesuch, die Welt der Bildung, der Arbeit und der
Politik, all das ist nur in vorgeprägtem, begrenztem und gerade deshalb für die Handlungsfreiheit so reichem Umfang
möglich. An diesem Paradox, dass individuelle Freiheit nur
bewahrt werden kann, wenn eine überindividuelle freiheitsgerechte kulturelle Ordnung gepflegt wird, bekommen wir
den Geist der modernen Verfassung zu spüren, hier beginnt
das eigentliche Programm der Entfaltung.

5. Gegenseitigkeit als integrative Gleichheitsidee: Brückenprinzip zur Kultur

Gleichheit als materielle Gerechtigkeitsidee ist
Gegenseitigkeit im Sinne eines Äquivalenzprinzips

Die beiden herrschenden Prinzipien des westlichen Systems
lassen sich kulturfreundlich akzentuieren, womit sich ihre
Selbstgefährdung mindert. Freiheit darf nicht *allein* als in-
haltlich ungewichtetes Abwehrrecht, sondern muss *zugleich*
als individuelle Freiheit zur nützlichen sozialen Bindung
verstanden werden. Ähnlich integrativ, d. h. sozial verbin-
dend und wertend kann Gleichheit auch als Gerechtigkeits-
prinzip der Gegenseitigkeit verstanden werden. Denn: Auf
welcher *allgemeinen* Grundlage funktionieren eigentlich soziale Gemeinschaften? Was hält die Welt der Gesellschaft,
diejenige der Wirtschaft, der Politik oder die des Rechts im
Innersten zusammen? Was macht eine Religionsgemeinschaft oder eine Nation aus? Die Antwort ist seit *Aristoteles*[109] ein intellektueller Gemeinplatz: Soziale Beziehungen
beruhen auf dem Gedanken des Tausches, des Gebens und

des Nehmens, des Äquivalents, des Ausgleichs, eines „do ut des". Greift man tiefer, stößt man auf das soziale Urprinzip des wechselseitigen Beistands, auf die Idee der Schicksalsgemeinschaft und wiederum abstrakter – die anderen Formen umfassend – auf das Prinzip der *Gegenseitigkeit*. Aus dem kulturell tief verankerten Logos der Gegenseitigkeit speist sich die Rationalität unserer wichtigsten Werte und Institutionen, aber auch unsere unmittelbare, emotional rückgebundene Anschauung von Gerechtigkeit.

Das Äquivalenzprinzip der Wirtschaft: der Tausch

Die Wirtschaft wird ersichtlich von der einfachsten Form der Gegenseitigkeit beherrscht und gesteuert: der des Tausches. Moderne ökonomische Systeme haben diese Form perfekt formalisiert, rationalisiert und damit kalkulierbar, scheinbar beliebig ausbaufähig werden lassen. Wer eine Ware gegen eine andere tauscht, wer seine Arbeitskraft oder seine Dienste anbietet und Geld als allgemeines Güteräquivalent erhält, ist mit seinem Handeln Teil eines speziell formalisierten Tauschsystems: dem der Wirtschaft. Die Vorteile dieser besonderen Form der Gegenseitigkeit liegen auf der Hand, bilden den Kern jeder liberalen Überzeugung: Weltweit, schnell und frei von der Schwerfälligkeit üblicher sozialer Kommunikation kann der Güter- und Dienstleistungsaustausch organisiert, in Devisenströmen, Aktienmärkten, Markt- oder Währungsstrategien abstrahiert werden, in seiner Komplexität wie eine gewaltige Kathedrale in den Himmel wachsen, dabei Reichtum und unendlichen Nutzen erzeugen.

Der Tauschgedanke hat archaische Wurzeln – ist er sogar universell?

Das moderne Tauschprinzip der Wirtschaft ist als Kulturtechnik nicht vom Himmel gefallen und nicht erst in der Neuzeit erfunden worden. Den mit Verstand begabten Menschen hat es immer eingeleuchtet, dass man zwar bei entsprechender Gelegenheit einen Fremden gewiss bestehlen und erschlagen, aber auf solche rohen Einseitigkeiten keine dau-

erhafte, keine der allgemeinen Anerkennung fähige Ordnung
errichten kann. Hitlers Nationalsozialismus war schon deshalb in seinem außenpolitischen und militärischen Programm ein bemerkenswert atavistischer Versuch, die Welt
nach dem Prinzip des Raubes, des animalischen Beuteschla-
gens zu gestalten und damit im Grunde den gesamten Zivilisationsprozess zu dementieren. Ein solches Raubprinzip war
jedoch zu jeder Zeit nach dem Entstehen von Hochkulturen
und seitdem sogar unter günstigsten Umständen zum Scheitern verurteilt, weil damit zwangsläufig Gegenkräfte hervorgerufen werden, die sich nicht kalkulieren, nicht dauerhaft
beherrschen lassen. Diese Gegenmächte entstehen unweigerlich, wenn das Prinzip der Gegenseitigkeit ernsthaft bekämpft oder gar zerstört wird: Denn nur dieses Prinzip
leuchtet Menschen ein, trifft sich mit der Urform des Ge-
rechtigkeitsempfindens.

Die Marktwirtschaft ist nur ein Spezialfall von gesellschaftlichen Tauschsystemen

Doch Gegenseitigkeit ist nicht identisch mit formalisierten
Tauschbeziehungen. Diese sind nur ein Sonderfall, eine Teilmenge der Gegenseitigkeit, so wie Gewalt ein Sonderfall der
Macht ist[110]. Dies zu betonen ist wichtig in einer Zeit, die
dazu neigt, das System der Wirtschaft mit ihren rechenhaft
monetarisierten und unmittelbaren Tauschbeziehungen zum
prägenden Modell der gesamten Sozialordnung zu erklären.
Aus der Logik der wirtschaftlichen Tauschbeziehung heraus
können aber die nicht-ökonomischen Bereiche der Gesellschaft nicht ihren Logos entwickeln, dies gelingt nur unter
Rückgriff auf den nicht spezialisierten kulturellen Horizont
einer Gemeinschaft. Die Wirtschaft kann bei all ihrer Bedeutung nicht der Quellcode der Gesellschaft sein. Man kann
nicht aus einem für spezielle Bedürfnisse codierten Fall der
Gegenseitigkeit andere soziale Beziehungen gestalten, dies
würde die Gesetzmäßigkeit der funktionalen Differenzierung der Gesellschaft ignorieren und andere Lebenszusammenhänge lediglich ökonomisieren. Wer beispielsweise

meint, er könne eine öffentliche Verwaltung oder eine Universität im Kern nach ökonomischen Prinzipien führen, wird sich täuschen. Wenn sich Beamte oder Professoren der Logik des Tausches von Wirtschaftsgütern allzu stark beugen, wird das zu Lasten der andersartigen Grundorientierung – entweder auf einen bürgerfreundlichen Gesetzesvollzug oder auf den Erwerb wissenschaftlicher Reputation – gehen.

Beistand und Loyalität als Band der Gegenseitigkeit

Vormoderne Gesellschaftstypen haben viel voraussetzungsreichere, aber eben deshalb auch kompliziertere Formen der Gegenseitigkeit entwickelt. Im Bereich politischer und sozialer Herrschaft wurden häufig Schutz und Fürsorge gegen Gefolgschaft und Gehorsam ‚getauscht', im altrömischen Klientelsystem nicht anders als im Lehenssystem des Mittelalters. Das mediävale Zeitalter war zudem von der Dualität von Kaiser und Papst geprägt, zu Grunde lag auch hier das ursprüngliche spätrömische Bündnis, mit dem der Kaiser der Kirche Machtteilhabe und stabile Ordnung versprach, während dem Kaiser kulturelle Ressourcen und religiös gespendete Legitimität eröffnet wurden. Auch die Familie war und ist eine ursprüngliche Beistandsgemeinschaft zu gegenseitigem Nutzen: Eltern sorgten für die Kinder in der Erwartung, dass die Kinder, einmal groß geworden, den Eltern Respekt, Achtung und Fürsorge schulden. Herr und Knecht sind, wie *Hegel* mit dialektischer Meisterschaft auf den Begriff brachte[111], voneinander abhängig und durch das Band gegenseitiger Loyalität viel enger verbunden, als es in unserer Welt des Arbeitsrechts und der Tarifverträge vorstellbar ist.

Rechtseinrichtungen der Gegenseitigkeit

Auch alle großen Einrichtungen des Rechts atmen den Geist der Gegenseitigkeit. Der Vertrag zweier gleicher Rechtssubjekte ist die Ikone des Zivilrechts, konstruktives Modell auch der Staatsphilosophie, Ursprung der Verfassungsidee. Das klassische Völkerrecht wird vom Vertragsgedanken, von einem wechselseitigen Regime der Pflichten und Rechte, der auch ausdrücklich so bezeichneten Gegenseitigkeit (Reziprozität) beherrscht. Auch andere Institutionen wie die der Bundestreue meinen die gegenseitige Rücksichtnahme der verschiedenen Teile – Bund und Länder – auf den jeweils anderen Teil, damit das Ganze gelinge, weil die Differenz aus dem Ganzen stammt. Das Berufsbeamtentum rankt sich um die Grundidee, dass die Fürsorge des Dienstherren der Pflicht zur vollen Hingabe des Beamten an den Dienstherren korrespondiert. Das Gebührenrecht wird vom Grundsatz der *Äquivalenz* geprägt, die Gebühr darf grundsätzlich nicht den Wert der Verwaltungsleistung übersteigen[112].

Gegenseitigkeitsargumente überzeugen, wenn sie mit anschaulichen Rechtsinstituten der Tauschgerechtigkeit übereinstimmen

Das Prinzip der Gegenseitigkeit wirkt aber nur in Sozial- und Rechtsbeziehungen, die der Alltagserfahrung noch zugänglich sind. Kunstprodukte wie die Einführung einer Ökosteuer, um die Rentenbeiträge auf hohem Niveau zu konsolidieren, leuchten nur noch schwer oder gar nicht ein und sind angesichts der Zweckungebundenheit der Steuereinnahmen des Staates ohnehin auf einen vordergründigen Werbeeffekt angelegt. Ganz allgemein ist es schwer zu vermitteln, wenn Gegenseitigkeit als neuer Belastungsgrund in komplexen, politisch geformten Sozialbeziehungen angeführt wird, ohne sich auf unmittelbare Alltagserfahrung oder anerkannte Rechtsinstitute stützen zu können. Das bereits lange etablierte Institut der Gebühr zum Beispiel stößt nicht auf solche Einwände, weil zum klassischen bürgerlichen Verständnis der Gegenseitigkeit gehört, dass man für eine Leistung bezahlt. Warum soll das nicht auch für besondere Leistungen des Staates gelten, zumal dann, wenn die Wirtschaft diese Leistung ansonsten zu Marktpreisen erbringen müsste?

*Gegenseitigkeit besteht zwischen Bürgern untereinander
und zum Staat, nicht aber zwischen gesellschaftlichen
Gruppen oder Klassen*

Insofern könnte man die Einführung einer Studiengebühr
für öffentliche Universitäten und Hochschulen leicht rechtfertigen. Viel weniger plausibel ist aber der gerne angeführte
und an einen latenten Erfolgsneid appellierende Grund, die
Nichtakademiker müssten ohne Studiengebühren ja sonst
über die Steuern und unter Verletzung des Gegenseitigkeits-
prinzips die Bildung der Akademiker bezahlen. Es existiert
im modernen Staat, anders als im Mittelalter, kein Prinzip,
wonach die Menschen als Gruppen oder Klassen in einem
Verhältnis der Gegenseitigkeit stehen. Der auf den Menschen
als Rechtspersönlichkeit bezogene Gleichheitssatz lässt bestehende Gruppenbildungen nur als Voraussetzung des
Gleichbehandlungsanspruchs zu, erlaubt aber nicht, Gruppen in Tauschverantwortung zueinander zu setzen, es sei
denn, dies wäre bereits durch allgemeine Rechtsinstitute –
wie die Beziehung von Leistung und Gegenleistung – oder
Alltagsüberzeugungen der Tauschgerechtigkeit so vorgese-
hen. Im Fall der Studiengebühren könnte man ebenso gut –
und ebenso anfechtbar – in jedem westlichen hoch entwi-
ckelten arbeitsteiligen Land darauf hinweisen, dass ohne eine
ausreichende Zahl möglichst hoch qualifizierter und leis-
tungsbereiter Akademiker die Nichtakademiker überhaupt
keine Chance hätten, Steuern zu bezahlen, weil es kaum etwas zu verdienen gäbe.

*Gerechtigkeitsdenken in Gruppen gefährdet die Idee
der Freiheit*

Künstlich hergestellte Gruppenverantwortungen – und das
heißt jenseits des soliden Bodens einer kulturellen Alltagserfahrung wie der, dass man für besondere Leistungen auch
zahlen muss – verfangen sich in der Komplexität der Sozialbeziehungen und damit in der Beliebigkeit. Schlimmer noch:
Wer als staatlicher Gesetzgeber sich immer mehr vom einzel-

nen und allgemein gedachten Bürger entfernt und die Gesellschaft als Ensemble von Gruppen und Interessenverbänden begreift, zerstört über kurz oder lang die Voraussetzungen des modernen Menschenbildes. Wer durch die Gesetzgebung beginnt, die Privatrechtssubjekte unter den Generalverdacht des Rassismus und der Fremdenfeindlichkeit zu stellen und mit Anti-Diskriminierungsgesetzen die Augen zu schärfen für ansonsten womöglich gar nicht wahrgenommene Unterschiede zwischen Rassen, Geschlechtern oder Altersklassen, der mag an moralische oder sozialtechnologische Erfolge glauben. In Wirklichkeit verengt er den Raum gesellschaftlicher Freiheit, rückt ab von der selbstverständlichen Rechtsgleichheit, teilt Rechte nach Gruppen zu, verstaatlicht private Lebensverhältnisse, politisiert den Alltag. Die Einteilung der Gesellschaft in Gruppen – Alte und Junge, Reiche und Arme, Frauen und Männer, Akademiker und Nichtakademiker – öffnet womöglich die Tore zu einem neuen Mittelalter, in dem nicht der Mensch als Individuum, sondern die harmonische Ordnung der Gruppen untereinander das Leitbild ist. Für diese nur auf den ersten Blick übertriebene Befürchtung mehren sich inzwischen die Belege.

Lastenverteilung auch nach den Vitalitätsinteressen der freien Gesellschaft

Das heißt aber nicht, dass es dem Gesetzgeber gar nicht erlaubt wäre, Solidargemeinschaften zu bilden und Lasten nach gruppenspezifischen Merkmalen zu verteilen, aber er muss sparsam davon Gebrauch machen und er benötigt gute Gründe. Im Kontext einer freien Gesellschaft verfangen und überzeugen Argumente der Gegenseitigkeit vor allem dann, wenn sie entweder nahe an der Alltagserfahrung oder anerkannten Rechtsüberzeugungen sind oder sich unmittelbar auf Leistungen zum Erhalt einer vitalen Gesellschaft und ihrer bevorzugten Werteordnung beziehen. Die Lebensbedingungen der westlichen Gesellschaften hängen maßgeblich von mehreren Faktoren ab:

- Die freie Gesellschaft benötigt zu jeder Zeit Menschen, die von dem Wert der Freiheit überzeugt sind und mit ihrer moralischen und kognitiven Kompetenz sich so verhalten wollen und können, dass der Gesellschaftsentwurf gelingt. Diejenigen, die dafür sorgen, dass die Leitwerte sittlich verantwortlicher Freiheit auch morgen ein Fundament besitzen, verdienen Vorrang: Eltern, die ihre Kinder verantwortlich erziehen, Erziehungs-, Schul- und Bildungseinrichtungen.
- Die Herstellung und Bewahrung einer eigenen kulturellen Identität ist in freien und weltoffenen Gemeinschaften eine wesentliche Daueraufgabe, gerade um die Voraussetzungen der Offenheit zu erhalten. Wer etwa die staatlichen Mittel zur Förderung der eigenen Sprache kürzt, handelt gegen dieses Gebot.
- Politische Herrschaft verliert ihr Fundament, wenn es ihr nicht gelingt, ihre jeweiligen Bürger mit einem auf den Leistungswillen jedes Einzelnen setzenden Konzept der gerechten Gesellschaft zu mobilisieren oder jedenfalls ihren Respekt und ihre Billigung zu erwerben.

Gerechtigkeitsempfinden hat etwas mit den Bestandsinteressen einer Gesellschaft und ihrem Wertesystem zu tun

Wer entlang dieser Funktionserfordernisse die Denkform der Gegenseitigkeit als Teil einer tief verankerten bürgerlichen Alltagswelt ernst nimmt, gewinnt ein sensibles Unterscheidungsvermögen und wahrt doch auch immer grundlegende Zusammenhänge, verbindet deshalb Differenz mit Einheit[113]. Vergangenen Generationen hätte man diesen Grundgedanken nicht weiter erklären müssen, weil die Menschen in ihrer Alltagserfahrung, vielleicht sogar in ihrem anthropologischen Gedächtnis die einfache Logik der Gegenseitigkeit gespeichert hatten: „Ohne Fleiß kein Preis"; „Was Du nicht willst, dass man Dir tu, das füg auch keinem andern zu"; „Gib, so wird Dir gegeben werden"; „Gutes gebiert Gutes, Böses gebiert Böses".

Das Schwinden der Alltagsvernunft

Heute wirken solche alten und einfachen Einsichten entweder in einer lästig banalen Weise verquer oder geradezu provozierend. Ihre Evidenz folgte und folgt aus der Alltagserfahrung. Doch die vergangenen Jahrzehnte haben in der westlichen Welt ein uraltes kulturelles Substrat angegriffen, zum Teil zerstört: die überlieferte Alltagsvernunft mit ihrem übergenerativen Erfahrungsbestand, ihren kulturellen Funktionsgeheimnissen, ihrer individuell zugänglichen Logik ebenso wie ihren emotionalen Grundierungen, mit einem überschaubaren Wertesystem, das sich nie allzu weit vom Dekalog des Alten Testaments entfernt hatte. Das, was nützlich ist, für den Einzelnen und für die Gemeinschaft[114], wird von nachvollziehbaren Alltagserfahrungen durchtrennt und darf nur noch hinter der vorgehaltenen Hand sozialtechnologischer Chiffrierungen gesagt werden. Ideelle Ursache dafür ist die Isolierung von Einzelwerten aus ihrem kulturellen Zusammenhang und mehr noch der durch Tabus geschützte Glaube, dass das rationale Begreifen der Welt die ganze und nicht nur die halbe Welt ausmacht[115].

Die Ambivalenz des Sozialstaats

Eine praktische Ursache für fehlende oder verformte Alltagserfahrungen liegt in der Entwicklung des modernen Wohlfahrtsstaates. Er wurde einerseits notwendig, als soziale Mechanismen der Gegenseitigkeit erodierten, doch er half andererseits auch mit seinem Ausbau genau diese traditionellen Beziehungen weiter aufzulösen. Der Sozialstaat verdeckte durch sein intermediäres Dazwischentreten im Alltag die Formen der Gegenseitigkeit und machte auch seine eigene Einbettung in das Gegenseitigkeitsprinzip fast unsichtbar.

Sind die ‚Reichen‘ besondere Profiteure der staatlichen Infrastruktur?

Das System staatlicher Umverteilung und der Sozialstaat werden zwar mit dem Prinzip der Gegenseitigkeit begründet, sie entbehren jedoch der alltagsweltlichen Anschaulichkeit. Neuere amerikanische Gesellschaftstheoretiker wie *Rawls* oder auch *Taylor* stimmen darin überein, dass progressiv verlaufende Steuer und Abgaben, die Wohlhabende stärker belasten, nicht etwa aus dem christlichen Gebot der Nächstenliebe entspringen oder um des sozialen Friedens willen geboten sind, sondern dass es sich um eine ausgleichende Gerechtigkeit, also um eine Tauschbeziehung handelt. Denn es sei ja schließlich die Gesellschaft, die es dem Begabten ermöglicht, reich zu werden. Man kann auf Grundlage der bisherigen Einsichten sogar hinzufügen: Die Gesellschaft ermöglicht bereits Freiheit, auch die Freiheit wohlhabend zu werden. Fähigkeiten wirtschaftlich zu nutzen, sei in einer intensiv arbeitsteiligen Gesellschaft aber eben extrem voraussetzungsreich. Wer viel Geld verdiene, mache sich eine unüberschaubare soziale, technische und kulturelle Infrastruktur zu Nutze, für die er einen Ausgleich zu leisten habe[116]. Ein solcher Argumentationsansatz ist schwierig, weil niemand politisch oder theoretisch bemessen kann, was exakt der gesellschaftliche Wert eines Bäckers, eines Fußballspielers, eines Chirurgen, eines Forschers oder Kinderbuchautors ist. Der theoretisch ansetzende normative, letztlich moralische Umverteilungsansatz enthält indes auch eine bemerkenswerte und – jedenfalls isoliert betrachtet – eine bereits bedenkliche Vergemeinschaftung der Freiheit. Nicht der freie Wirtschaftsprozess, sondern das politische Herrschaftssystem bestimmt den Wert von Leistungen, wenn beklagt wird, dass Fernsehstars oder Unternehmensvorstände zu viel Geld verdienen und der Staat deshalb Maßnahmen wie die Offenlegung der Einkommen von Privatpersonen verlangt.

Konstruktive Beliebigkeit, wenn die alltagsweltliche Anschaulichkeit schwindet

Unter der Komplexität einer in Funktionskreise gegliederten Gesellschaft hat die unmittelbare Anschaulichkeit des Prinzips der Gegenseitigkeit gelitten. In ursprünglicheren Gemeinschaften waren Leistungen und Gegenleistungen klar

definiert und ihr Austausch ritualisiert. Gegen die umfassende und lebenslange Unterhaltspflicht des Ehemannes standen die Aussteuer der Ehefrau und die Pflicht ihrer Eltern
nicht nur die Hochzeit auszurichten, sondern auch eine Mit-
gift zu zahlen. Alte Väter und alte Mütter wurden in ihren
Familien versorgt, eben weil sie für diese Familien gesorgt
hatten. Und immerhin galt auch in der *Bismarck*schen Rentenversicherung: Ausreichende Rente bekommt nur derjenige, der entsprechend in die Rentenversicherung eingezahlt
hat. Heute wird mitunter beklagt, dass derjenige, der aus Steu-
ermitteln Hilfeleistungen beziehen will, komplizierte For-
mulare ausfüllen und seine Vermögensverhältnisse offenbaren muss. Wieso kann das als ‚ungerecht' skandalisiert
werden, wenn ein derartiger Aufwand doch ersichtlich noch
weit unterhalb einer Gegenleistung bleibt?

Der Sinn für Gegenseitigkeit verblasst in einer kinderarmen Gesellschaft

Ein ausdifferenzierter und mehr und mehr eigenlogischer Sozialstaat hat zugleich mit dem Triumphzug einer isolierten individuellen Freiheitsidee den Sinn für Gegenseitigkeit rapide
schwinden lassen. Immer wieder muss eine zur ungebundenen Selbstverwirklichung neigende kulturelle Grundströ-
mung daran erinnert werden, dass nicht nur die ökonomische
Tauschbeziehung, sondern auch die so genannten generativen
Lasten Voraussetzung des Wohlstandes und der Erhaltung einer Gemeinschaft sind. Wer keine Kinder bekommt, aufzieht
und erzieht, ist sicherlich um viel Lebensfreude gebracht, aber
er entkommt auch jahrzehntelangen Lasten. In einer kultur-
verarmten Wirtschaftsgesellschaft, die darauf verzichtet, Kinder als Lebensglück und Zukunftsgeschenk zu begreifen,
sollte man nicht den Eltern entgegenhalten, ihre empfangene
Gegenleistung für den Arbeits- und Finanzaufwand sei ja die
Freude an ihren Kindern. Dieser mitunter durchaus zynisch
gemeinte Vorhalt ist individuell durchaus berechtigt: Wer den
Kinderwunsch nicht nur auf den Lippen führt, sondern Kinder aus tiefem emotionalen Antrieb oder Einsicht in den wah-

ren Sinn vollen Lebensgenusses will, lässt sich allenfalls durch schiere Existenzangst davon abhalten. Aber das ist nicht der Punkt, an dem mit dem Gegenseitigkeitsprinzip sinnvoll zu argumentieren wäre.

Das soziale Band einer Kultur zerreißt, wenn es dauerhaft an Nachwuchs fehlt

Die Gesellschaften des Westens können auf Dauer mit der Nachwuchsrate der Gegenwart nicht existieren, jedenfalls nicht auf dem heute bekannten Niveau von Freiheit, Gleichheit, Solidarität, Frieden, kultureller Konsistenz und Wohlstand. Die Kultur der Freiheit – auch das wusste ein moderner Klassiker wie *John Stuart Mill* – braucht als schlechthin unverzichtbare Voraussetzung Menschen, die die Freiheit lieben, den Fleißigen, den Rechtschaffenen achten und ihre Kultur mit dem eigenen Lebensentwurf in die Zukunft hineintragen. Solche Menschen, die Citoyens freier Gemeinschaften, können nur von denjenigen, die heute diese Freiheit und diese Gesellschaft leben, erzogen werden; sie brauchen die moralische und kognitive Kompetenz, die sie zuerst und letztlich unersetzbar in ihren Elternhäusern erwerben.

Wenn heute in Deutschland wie in vielen anderen Staaten des Westens ein immer größer werdender Teil des akademisch gebildeten Mittelstandes kinderlos bleibt, geht die Erziehungskompetenz fast einer halben Generation Akademiker verloren mit absehbaren Folgen für die gesellschaftliche Verfassung in den nächsten Jahrzehnten. Ausgedünnt und geschwächt wird damit die gesellschaftliche Schicht, die bestens in der Lage wäre, moralische Regeln, praktische Einsichten in die Welt, auch das neuere Verständnis von Gewaltlosigkeit, von den Rechten der Frauen oder vom richtigen Umgang mit Minderheiten in die Zukunft weiterzugeben.

Die überalternde Gesellschaft verliert Integrationskraft und Orientierung

Diese mächtige Dezimierung einer gut ausgebildeten, unsere Sprache sprechenden kommenden Generation senkt – das ist

keineswegs paradox – die Integrationsfähigkeit westlicher
Gesellschaften für die Zuwanderung aus anderen Kulturräumen, die gleichzeitig notwendiger wird, wenn die tragenden
Wirtschaftsstrukturen einigermaßen erhalten bleiben sollen.
Eine zahlenmäßig abnehmende Gemeinschaft kann nicht
mehr in gewohntem Umfang kulturell prägen und ihre freiheitsgerechte Ordnung stiften. Die im Durchschnitt immer
älter werdende Gesellschaft kann erst recht nicht mit einem
Vorbild setzenden Elan andere mitreißen, wie dies bislang immer wieder der US-amerikanischen, in eingeschränktem Umfang auch der französischen Nationalkultur gelang und gelingt. Eine kinderarme, überalternde Gesellschaft erzeugt fast
zwangsläufig mehr Unentschiedenheit, mehr Pessimismus
und mehr Versorgungserwartung als sie zupackende Ent-
schluss- und Lebensfreude hervorbringt. Eine sich wieder
verjüngende Gesellschaft gibt dem Optimismus größere
Chancen und allein das vergrößert das Wirtschaftswachstum.
Es entsteht andernfalls aber die Gefahr, dass die schwächelnde
Kultur, die heute noch so gleichgültig tolerant scheint, schon
morgen in eine womöglich auch aggressive Agonie verfällt,
wenn sie merkt, wie ihre vertraute Welt nach und nach unter-
geht.

Alte und neue soziale Fragen

Wenn die Kinderarmut gerade auch der gesellschaftlichen
Leistungsträger – und das sind alle, die engagiert arbeiten –
das große Grundproblem unserer Zeit sein sollte, dann gibt
es eine ganz neue soziale Frage. Das alte – und nicht ver-
schwundene – Thema sozialer Gerechtigkeit war die Kluft,
die entstand, wenn Menschen lange und hart arbeiteten und
dann bei Unfall, Krankheit oder Alter ihr Leben im Elend
fristen mussten. Es war – gemessen an der bürgerlichen und
christlichen Auffassung – einfach ungerecht, wenn derjenige,
der hart arbeitet, keine Früchte erntet. Heute ist diese Kluft
weitgehend geschlossen, teilweise sogar mehr als das. Dennoch stoßen wir in der Furcht vor Arbeitslosigkeit und ih-

rem Erleben auf einen beträchtlichen und noch ungelösten Rest dieser alten sozialen Frage.

Generative Ungerechtigkeit: die neue soziale Frage?

Die neue soziale Frage geht dahin, warum der Fleiß und das Engagement der Mütter und Väter nicht als erstrangige und unentbehrliche gesellschaftliche Leistungen anerkannt werden. Warum ist es möglich, dass Kinderlose weit besser ihre beruflichen Chancen in der Erwerbsarbeit nutzen und besser Eigentum als Zukunftsvorsorge bilden können, ohne ernsthaften Versuch von Staat und Gesellschaft hier auszugleichen? Wieso bleiben Sozialversicherungssysteme, die auf Umlagefinanzierung und beitragsabhängige Anwartschaften zugleich angelegt sind, ohne ausgleichende generative Gerechtigkeit, wie sie das Bundesverfassungsgericht in einer von der Politik als unangenehm empfundenen Entscheidung für die Pflegeversicherung verlangt hat?[117]

„So kann es denn nicht wunder nehmen, dass eine Gesellschaft, die sich Wissenschaft leistet, besondere Schwierigkeiten hat, die Bedingungen zu verstehen, unter denen sie als Gesellschaft möglich ist und in Zukunft möglich sein wird." (*Niklas Luhmann*)[118]

VI. Die Neubestimmung von Gemeinschaften

Gemeinschaften neu denken

Wer vorsichtige Öffnungen und Übergänge und eine pragmatische Rekonstruktion des westlichen Kulturbestandes will, kommt nicht umhin, bereits bestehende Gemeinschaften mit einem erprobten Integrationspotential zu stärken und dem Trend zu ihrer unaufhörlichen, intellektuell argumentierenden Dekonstruktion entgegenzutreten. Vor allem müssen wir uns von dem eingeschliffenen anti-institutionellen und anti-bürgerlichen Affekt befreien, der dem herrschenden Kulturbetrieb bis in die letzten Verzweigungen hinein anhaftet. Legt man kulturideologische Sehhilfen einmal zur Seite, dürfte schnell zu bilanzieren sein, dass die Idee des bürgerlichen Individuums und des ihm korrespondierenden Nationalstaates im Prinzip ein gewaltiger Erfolg für die Möglichkeit und die sichere Existenz von Freiheit war und ist. Das traditionelle Staatsverständnis, das besonders seit der Französischen Revolution und der Amerikanischen Unabhängigkeit zu einem Weltparadigma wurde, hat seine ideellen und praktischen Ressourcen nicht erschöpft. Natürlich muss der moderne Staat nach seinen Fehlentwicklungen als erdrückender und gefährlicher Machtstaat im Innern freiheitlich und rechtsgebunden und nach außen hin kooperations- und integrationsoffen sein, aber er muss auch – und in Zukunft sogar vermehrt – seine Identität behaupten und auf selbstbewusste Bürger sich gründen können, die genau dies wollen.

Die Familie als ursprünglicher Kulturraum

Man dürfte aber auch erkennen, dass die ursprünglichste soziale Kulturgemeinschaft mit ernsthaft universellem Anspruch die Familie ist, jene auf Dauer angelegte Lebensgemeinschaft von Frau und Mann, die durch Kinder ihr Glück vollendet. Eine Erosion der familiären Lebensform kann durch den Staat nicht vollständig kompensiert werden, und jede staatliche Ersatzleistung kostet ein kleines Stück gesellschaftlicher Freiheit. Die kulturellen Voraussetzungen freiheitlicher Ordnungen werden weit mehr in den Familien geschaffen, als in den Welten der Politik, des Rechts und der Verwaltung.

Stabile Staaten sind gewiss Kulturgemeinschaften, sie ranken sich entlang an Sprache, großer Erzählung, geschichtlichem Schicksal. Der Kulturraum der Sprache ist zudem essentiell, die Staatsidee kann nur begrenzt in einem Ausgleich und der Koexistenz verschiedener Sprachen gefunden werden, wenn andere Kräfte des Zusammenhalts groß genug sind. Aber Sprache allein reicht nicht, Risiken des Verfalls und der Fragmentierung einmal außer Acht gelassen. Der westliche Individualismus ist als gesellschaftliche, politische und kulturelle Struktur auf Dauer nur möglich, wenn Kinder und Jugendliche in einer einigermaßen intakten sozialen Nähebeziehung aufwachsen, die soziale und intellektuelle Kompetenzen so vermittelt, dass ein tiefes emotionales Erleben möglich, die Erfahrung von Geliebtwerden um seiner selbst willen gemacht wird.

Bürgerliche Familie: Sozialromantischer Affekt oder unverzichtbare Substanz einer freien Gesellschaft?

Die neuzeitliche Idee der Familie ist eine bürgerliche, durch und durch. Das Bürgertum, jene unvergleichliche Schicht, die für eine zupackende und rationale Hinwendung zur Welt, Zweckrationalität, Selbstdisziplin und Humanität steht, hat die Familie als privates Refugium entworfen, in dem der bürgerlich tätige Mensch aufwachsen, leben und lie-

ben kann. *Thomas Nipperdey* schreibt in seiner Deutschen
Geschichte: „Das Leben in der Familie, die Arbeit für sie
wird Teil des Lebenssinns, die das eigene Leben transzendie-
renden Hoffnungen richten sich auf die Kinder, sie und die
Fortexistenz im Andenken der Familie werden ein wesentli-
ches Element bürgerlicher Unsterblichkeit, je mehr sich die
christliche Eschatologie abschwächt.“[119]

Die Prägekraft des bürgerlichen Zeitalters

Die Epochenbindung der neuzeitlichen Familienidee an das
bürgerliche Zeitalter wurde als Kritik häufig genug vorge-
bracht, aber ebenso gut kann und muss man die moderne parlamentarische Demokratie, Grundrechte, den Rechtsstaat,
den freien Welthandel und die Suche nach friedlicher Kooperation in der Staatenwelt als *bürgerlich* bezeichnen. War nicht
Immanuel Kant durch und durch bürgerlich, Weltbürger? All
die großen Institutionen und für universell gehaltenen Ideen
des Westens haben ihre entscheidende Form und Prägung im
bürgerlichen Zeitalter gefunden: „Bürgerlich“ ist das Synonym für den geistigen Zusammenhang zwischen dem modernen Wertesystem und einer historischen Trägerschicht, die
sich längst innerhalb westlicher Kulturgemeinschaften auf
alle Schichten ausgedehnt, insofern universalisiert hat. Wer
von der Familie herablassend als bürgerliche, als überholte
Lebensform spricht, wird wegen dieser Prämisse bereits dazu
neigen, dasselbe auch vom Staat, vom Recht, von Anstand und
von jener nicht von politischer Herrschaft verordneten Moral
zu halten.

Antibürgerliche Kritik als Element des herrschenden Weltbildes

All das war im Westen nach 1945 eigentlich schon überwun-
den. Die antibürgerliche Klassenkritik von links und die Vorliebe für den heroischen Kampfesmenschen mit dem Willen
zum Triumph auf der ganz rechten Seite des kulturpolitischen
Spektrums, sie alle lagen doch schon auf dem Schutthaufen
der Geschichte. Gesiegt hatte der vom politischen Juristen

Carl Schmitt verachtete „Liberalismus", diese „westlich-bürgerlichen Institutionen", auf denen alle neuzeitlichen Unterscheidungen und Mediatisierungen aufliegen[120]. Doch die vom versunkenen *Carl Schmitt* gehegte Vorliebe für die undifferenzierten, direkten Impulse und seine Verachtung für bürgerliche Intellektuelle mit ihrem zivilisatorischen Korsett bürgerlichen Anstandes tauchte wieder auf und erklärt zum Teil die Renaissance seiner Schriften seit den sechziger Jahren.

Hier liegt einer der Kernpunkte für insbesondere europäische Verirrungen nicht nur des 20. Jahrhunderts, sondern auch der heutigen Gesellschaften. Entbürgerlichung heißt Entleerung derjenigen Institutionen, die Sinn und Richtung durch die bürgerliche Demokratie- und Freiheitsgeschichte gewonnen haben. Jenseits des bürgerlichen Geisteszusammenhangs sind keine vertrauenswürdigen neuen Institutionen gewachsen, die Humanität, Rationalität, Freiheit, konstruktiven Lebenssinn und Generationenverantwortung auch nur halbwegs verlässlich hervorbringen und dauerhaft sichern könnten. Die aktuellen Leitbilder der hedonistischen, konsum- und freizeitorientierten Lebensführung, die anti-institutionellen Gefühlslagen sind allesamt unreflektierte und deshalb auf aufklärerischem Niveau retardierende Ausschnitte und Vereinseitigungen des bürgerlichen Individualismus. Es ist längst überfällig, dies offen auszusprechen und – warum eigentlich nicht? – für ein neues bürgerliches Zeitalter zu werben, eines der neuen Offenheit, das die eigenen Wurzeln pflegt und sich von dort aus selbstgewiss zu neuen Erfahrungen bewegt.

Die Wiedergeburt der bürgerlichen Idee der Freiheit

Die Erneuerung des bürgerlichen Ideenschatzes ist in einer kulturell nivellierten Gesellschaft nicht mehr klassenspezifisch, sie erfasst alle „Bürger". Bürgerlich im emphatischen Sinne zu sein, heißt: In persönlicher Leistung, in Arbeit und Eigentum wichtige Werte zu sehen, die Bindung in der Familie zu wollen und das Lebensglück in den eigenen Kindern zu suchen, hier ursprünglichsten privaten Lebenssinn zu erkennen.

Niemand kann heute die Friktionen persönlicher Lebensentwürfe, das Scheitern von Ehen und Beziehungen leugnen, niemand sollte Aversionen gegen die neue Vielfalt von Sozialbeziehungen hegen. Wer gleichwohl den besonderen Wert lebenslanger Bindung und den von Elternverantwortung betont, wer die Priorität im Kampf um den Erhalt einer Beziehung und nicht in der heroisch verklärten Abwendung vom Partner sieht, diskriminiert niemanden, der dies anders und ungebundener sieht. Aber er bezieht Position. Bürgerlich zu sein heißt insofern, für Freiheit, Verantwortung und Bindung zu streiten, in der öffentlichen Sphäre Politik kritisch zu beobachten oder mitzugestalten. Bürgerlich zu sein heißt heute, Last und Lust, Liebe und Streit, Entbehrung und Wohlstand miteinander zu verbinden, Freiheit vor allem auch als die Freiheit zur Bindung und den Erfolg als Ergebnis eigener Leistung zu begreifen, dabei maßvoll zu genießen, ohne die Bindung und die Leistung absolut zu setzen. Bürgerlich zu sein heißt bei aller individuellen Ausrichtung auch immer, die Gemeinschaft, die Angelegenheiten aller und die der Schwachen und Hilfsbedürftigen im Blick zu halten, neben Freiheit und Gleichheit also auch Brüderlichkeit zu pflegen. Nichts ist falsch geworden am großen Programm der bürgerlichen Französischen und Amerikanischen Revolution.

Kulturtragende Primärgemeinschaften

Familie und Staat verdienen besondere Aufmerksamkeit als kulturtragende Primärgemeinschaften. Sie sind als wichtigstes Resultat des bürgerlichen Zeitalters die ausschlaggebenden Gemeinschaften für die Entfaltung moderner Freiheit. Ihr Zusammenwirken innerhalb des bürgerlichen Wertesystems war derart erfolgreich, dass heute viele andere Lebensformen und Gemeinschaften sich nur als Ergänzung oder Alternative entwickeln konnten, schon weil sie ansonsten die Stabilität der gesellschaftlichen Organisation gefährdet hätten. Der Staat verantwortet den Makrobereich gesellschaftlicher Lebensform, und die Familie schafft im Mikrobereich die Voraussetzungen für die Kultur der Freiheit. Denn die setzt voraus, dass zur Freiheit und zum Glück fähige Menschen in einer moralisch und emotional stimmigen Gemeinschaft aufwachsen und ihre Schritte ins Leben tun.

VII. Die Familie

1. Lust am Unterschied, Lust zum Kind

Sozialer Raum der Nähe, ursprünglicher Ort der Freiheit

Die Familie ist eine von der Verfassung gewollte, bejahte Gemeinschaft. Sie steht unter dem besonderen Schutz der staatlichen Ordnung[121]. Die förmlich geschlossene Ehe zwischen Mann und Frau, die gelebte Gemeinschaft von Mutter und Kind, von Vater und Kind sind ursprünglicher Raum privater Freiheit, der für ungerechtfertigte staatliche Eingriffe verschlossen ist. Zugleich ist die Familie aber mehr: Sie ist eine Lebensform des Menschen, ein sozialer Raum der Nähe, von dem aus der Zivilisationsprozess immer wieder erneut seinen Ausgangspunkt nimmt. Hier wird Verantwortung gelebt, das Einstehen füreinander geprobt, hier zuvörderst wächst die moralische Kompetenz jeder künftigen Generation. Mit einem Wort: Ehe und Familie sind hohe Werte unserer freiheitlichen Ordnung, sie sind – auch wenn sie durch weniger formelle Formen des Zusammenlebens ergänzt werden – eine unentbehrliche Voraussetzung der Freiheit.

Der Anspruch von Ehe und Familie, nicht durch planmäßige politische Grenzüberschreitungen um ihre Identität gebracht zu werden

Zum Anspruch von Ehe und Familie auf Achtung gehört auch der Respekt vor ihrer Identität als gesellschaftliche Einrichtung. Wenn der Staat beginnt, andere soziale Gemeinschaften, wie etwa tiefe Freundschaften oder gleichgeschlechtliche Beziehungen, den Institutionen Ehe und Familie immer weiter anzunähern bis sie deckungsgleich sind, missachtet er den Anspruch auf Abgrenzung, die notwendig ist, um die eigene

Identität zu erhalten. Wenn die öffentliche Gewalt im Staat oder in den Organisationen überstaatlicher Herrschaft wie der Europäischen Union dagegen auf Gleichstellung drängt und den Wunsch nach Abstand und Abgrenzung etwa zwischen traditioneller Ehe und anderen Lebensgemeinschaften als unerlaubte Diskriminierung brandmarkt, wird ein grundlegendes Missverständnis die Freiheit betreffend sichtbar. Freiheit im modernen Sinne bedarf der kulturell verankerten Institutionen; diese in ihrer Eigenart zu schützen ist kein konservativer Abwehrreflex gegen Veränderungen, sondern Respekt vor den kulturell gewachsenen und erprobten Formen der Verbindung von Freiheit und Lebensglück. Es scheint mitunter, als ob diejenigen, die besonders laut von „Zivilgesellschaft" reden, und damit im Grunde eine tautologische Verdopplung in Umlauf setzen, in Wirklichkeit die freie Gesellschaft mit politischen Programmen aus der Sphäre des Staates und seiner jeweiligen Organisationsausprägungen umformen wollen und dabei ihr Leitbild der technokratischen Überrationalisierung einer traditionslos gewollten Gesellschaft weiterverfolgen.

Familie im Wertesystem individueller Leistung

Die zivilrechtliche Ausgestaltung von Ehe und Familie ist wichtig für diese ursprünglichen Gemeinschaften, in denen Freiheit gelebt wird und die mit den Kindern die Zukunft der freien Gesellschaft ermöglichen. Doch es geht auch um sozialpolitische Fragen. Wie soll die Familie wirtschaftlich geschützt werden in einer Welt, die auch deutliche Tendenzen zum bindungsunwilligen Individualismus kennt? Als Wert steht die Familie nicht allein, sie passt sich ein in die Marktwirtschaft, die Mobilitätserwartungen und die gestiegenen Ansprüche an Selbstverwirklichung. Die moderne Gesellschaft weist neben Ehe und Familie eben eine ganze Reihe von anderen Werten auf, deren Rangfolge ungeklärt ist, deren Kollision untereinander nicht a priori ausgeschlossen werden kann[122]. Wenn wir den Leitwert der individuellen Leistung hervorheben und in ihm das entscheidende Maß für den verdienten Respekt und die gesellschaftliche Anerkennung, den Ausgangspunkt für die Bestimmung sozialer Gerechtigkeit, für die Bemessung von staatlichen Gegenleistungen sehen, dann wirft das die Frage auf, wie eigentlich die Leistungen der Familienarbeit sozialpolitisch gewürdigt werden. Auch hier kommt es auf den Zusammenhang von Freiheit, Vitalitätsinteressen von Gemeinschaften und Kultur an.

Erosion traditioneller Leitbilder privater Lebensführung

Schon von *Max Weber* wurde beklagt, dass das Wirtschaftsleben der Industriegesellschaft bürokratisiere und die Felder staatlicher Verantwortungsübernahmen sich ausdehnten, während zugleich ursprüngliche Lebens- und Verantwortungsgemeinschaften erodierten, allen voran die Familie. Die traditionelle geschlechtsspezifische Rollenverteilung in der Familie ist inzwischen kein Normalmaß mehr. Im Gegenteil, sie bedarf – wo sie in durchaus beachtlicher Zahl noch gewählt wird[123] – geradezu der Rechtfertigung und der Verteidigung. Das einstmalige, in sich austarierte traditionelle Wertesystem ist verfallen, und damit eine Ordnung des Nahbereichs, in deren Mittelpunkt eine harmonische Familie, Kinder und beruflicher Erfolg, soziale Anerkennung und privates Glück standen. Die traditionelle Rollenverteilung sah den Mann als verlässlichen Familienvater, als fürsorglichen Garanten für Sicherheit und Auskommen, die Frau als ruhenden Mittelpunkt einer vitalen, emotional verbundenen und auf Dauer angelegten Familie. Dieses Leitbild wurde in der Nachkriegszeit in den USA, Deutschland und Japan – den in dieser Zeit führenden Wirtschaftsmächten der Welt – kulturell vorherrschend. Es prägte das Selbstverständnis der Menschen über Jahrzehnte hinweg, mehr als alles andere.

Gegenseitigkeit der Arbeitsverteilung in der traditionellen Ehe

Innerhalb dieses Wertesystems privater Lebensführung wurde die Leistung beider Geschlechterrollen ganz selbstverständlich anerkannt: Harte Arbeit wurde innerhalb der Familie durch die Frau und in der beruflichen äußeren Welt durch den Mann geleistet. Messbar und sichtbar war die Leistung in der Zahl wohlgeratener, gut ausgebildeter Kinder, im erworbenen Vermögen und in dem sozialen Status des Mannes. Damit waren die ökonomischen Anforderungen der Leistungsgesellschaft und die Lebensbedürfnisse der Menschen folgerichtig aufeinander bezogen, griffen geschmeidig ineinander.

Neue Leitbilder

Diese Welt ist vergangen[124]. Kein Politiker, kein Theologe, kein Richter könnte heute noch dieses – was die Proportionen der Lastenverteilung betrifft: gelungene – bürgerliche Wertesystem als Ganzes zurückbringen. Insbesondere Frauen haben die traditionelle Rollenverteilung selbstbewusst und entschieden in großer Zahl aufgekündigt. Sie erobern die äußere Berufswelt genauso wie Männer, haben dies in vielen Bereichen längst getan, in anderen europäischen Staaten wie Schweden oder Frankreich noch ausgeprägter als in Deutschland[125].

Aber das Grundgesetz stellt eben auch Ehe und Familie unter den besonderen Schutz der staatlichen Ordnung, ganz maßgeblich um der Kinder willen[126]. Es ist nicht zu übersehen, dass die Harmonie eines Wertesystems, das gemeinschaftliche Funktions- und private Lebensinteressen zur Übereinstimmung brachte, durch den Wertewandel empfindlich gestört worden ist. Mit dem neuen Frauenbild schien sich die herkömmliche Achtung der Familienarbeit nicht vereinbaren zu lassen, es sei denn – anthropologisch eher unwahrscheinlich und wohl auch dysfunktional zu wirtschaftlichen Erfordernissen –, eine erkleckliche Anzahl von Männern hätte sich für die Rolle des sich der Familienarbeit annehmenden Ehepartners entschieden.

Das neue Leitbild der partnerschaftlichen Berufstätigkeit ist inzwischen wirkmächtig, und es ist – auf kurze Sicht – auch kompatibel mit den Funktionserfordernissen einer dynamischen Wirtschaft. Mit gut ausgebildeten, leistungsbereiten Frauen erschließt sich eine gewaltige Arbeitskraftreserve, auf die die Interessenverbände der Wirtschaft immer unverhohlener blicken: Trotz einsetzenden demographischen Knicks und verkürzter Lebensarbeitszeit sind heute bedeutend mehr Menschen berufstätig als etwa 1960, Erwerbsquote und Arbeitsproduktivität sind seitdem aufs Ganze gesehen deutlich gestiegen.

Die halbierte Gesellschaft

Doch mehren sich die Anzeichen, dass der Gewinn nur ein vorübergehender ist, weil inzwischen die Zahl der Kinder alarmierend niedrig und womöglich auch die Qualität ihrer Erziehung und Bildung nicht mehr über jeden Zweifel an der Fortsetzung einer ansteigenden Bildungskurve erhaben ist. Der Umbruch im Wertesystem der persönlichen Lebensführung hat markante Spuren im generativen Verhalten hinterlassen. Die Zahl der Geburten für die alte Bundesrepublik hat sich von 1 065 000 im Jahr 1964 auf 576 000 im Jahr 1978 nahezu halbiert und ist die eigentliche Quelle für die inzwischen deutlich spürbaren Vitalitätsverluste der deutschen Gesellschaft[127].

Frauen und Männer: Die Lust am Unterschied

Die Gesellschaft hat noch keine neue Harmonie zwischen Lebensgefühl und Vitalitätsbedingungen gefunden; dies gilt vor allem für die Beziehung von Frauen und Männern; sie zeigt Züge der Labilität und der Orientierungslosigkeit. Der neue Lebensstil der betonten Geschlechtergleichheit schiebt sich vor alle Sozialmodelle, die die Differenz der Geschlechter hervorheben, obwohl die Differenz selbst im Kern vermutlich von keiner zivilisatorischen Prägung abhängt. Die Lust am Unterschied der Geschlechter, am Spiel mit Rollen und einer Intimität, die aus der Spannung des Andersseins wächst, wird unter Diskriminierungsverdacht gestellt. In der kulturpolitisch verengten Perspektive der Geschlechterstereotypen starren sich Männer und Frauen als Opponenten an, definieren sich allzu sehr über ihre jeweiligen Gleichheits- und

Selbstbehauptungsansprüche. An die Stelle der romantischen und auf Bindung gerichteten Beziehung der Geschlechter tritt eine sozialtechnische Welt der Eheverträge, des Misstrauens und der Vorbehalte, die eine Autarkie der Einsamkeit näher legt als den alltäglichen Kampf um die Gemeinsamkeit. Es ist erstaunlich, dass unter dieser sozialtechnischen Verengung überhaupt so etwas wie die Liebessemantik[128] noch zu überwintern vermag.

Kinderwunsch im Abseits

Wenn die Kinder aus dem Mittelpunkt der Lebensführung treten und die alles mitreißende Idee intimster Einheit im gemeinsamen Kind unter die Mühlsteine eines eindimensionalen Individualismus gerät, zerbricht die Harmonie der freien Gesellschaft, entkräften sich nicht nur die Institutionen Ehe und Familie. Eindimensional heißt, dass Kinder technisch betrachtet werden: Wirtschaftlichkeit, Wohlstandsverträglichkeit, Arbeitsbelastung. Durch die Brille sozialtechnischer Eindimensionalität betreiben wir Motivforschung und richten staatliche Lenkungspolitik daran aus. Nicht alles ist falsch, was dort zu Tage gefördert wird, aber einiges hat Wurzeln, die weit tiefer reichen als die Möglichkeiten kultureller Formung. Männer etwa scheuen vor der Verwirklichung des Kinderwunsches eher zurück als Frauen, wenn sie eine deutlich stärkere Belastung mit Alltagsarbeit befürchten müssen, wie ihnen dies das neue Rollenbild andient. Im Hinterkopf des Mannes schlummert das Selbstbild des kämpfenden weltzugewandten Menschen, der bei allzu starker Veralltäglichung dazu neigt, sich aus seinen Bindungen herauszureißen. Frauen wissen dies und fürchten ihrerseits, erst mit der zusätzlichen Familienarbeit und dann womöglich auch mit den Kindern allein gelassen zu werden. Es hat die bürgerliche und christliche Kulturprägung einiges an Zeit und Aufwand gekostet, aus dem insofern verantwortungslosen Mann den treu sorgenden Familienvater werden zu lassen. Mit einer solchen Einsicht ist nicht gesagt, dass man am besten zur alten bürgerlichen Rollenverteilung zurückkehre, aber jedes neue Leit-

bild im Verhältnis der Geschlechter muss eine Antwort darauf
finden, wie ein harmonisches Leben der Eltern mit ihren Kindern in einer entzauberten und nüchternen Erwerbsgesell-
schaft gelingen kann, die dazu neigt, Unterschiede zu tabuisieren, anstatt sie konstruktiv zu nutzen und sie intelligent
,aufzuheben', das heißt sie mehr spielerisch zu erhalten und in
einem neuen Lebensstil doch zu entschärfen.

Die Politisierung der Lebensentwürfe mit ihren Klischees
und wechselnden Moden jedenfalls hat nichts dazu beigetragen, Eigenwilligkeit, Lebensfreude und Vitalität zu fördern.
Im Gegenteil: Die Stereotypen der an politischen Leitbildern
der Spätaufklärung hängenden Medienschaffenden engen die
Vielfalt der Lebensentwürfe ein, erziehen manchmal regel-
recht zur Bindungs- und Kinderlosigkeit. Der Wiedergewinnung eines Leitbildes, das Glück und Selbstgewissheit im
Eros des Versprechens lebenslanger Bindung findet und das
Ausbleiben von Kindern und Enkelkindern als Leere und
Armut begreift, würde die Gesellschaft wieder bunter, ge-
räuschvoller und abenteuerlicher machen.

Die Gesellschaft lenkt sich in die Kinderarmut

Gesellschaften hatten regelmäßig bislang Vorkehrungen dafür getroffen, dass es auch wirtschaftlich günstig, oftmals
sogar existentiell notwendig war, Kinder zu haben. Heute jedoch haben sich die soziokulturellen, aber auch die ökonomischen Anreize nahezu umgekehrt: Es lohnt sich hiernach
nicht, Kinder zu bekommen – weder steigt das gesellschaftliche Ansehen noch die wirtschaftliche Zukunftssicherheit.
Die sozialen Sicherungssysteme berücksichtigen Kinder nur
eher am Rande, bieten gerade für die Leistungsträger der Gesellschaft keine ernsthafte Anreizwirkung. Auf die Herausforderung des Altwerdens von Menschen und die Auflösung
des Drei-Generationenverbundes in der Familie hat die Politik nicht kausal, sondern ausweichend reagiert.

Wir sind uns einig darüber, dass gebrechliche und pflegebe-
dürftige Menschen sachkundige Hilfe erhalten sollen, ja dass
der Umgang mit Hilfebedürftigen ganz allgemein der Beleg

für eine humane Gesellschaft ist. Bund und Länder haben Anstrengungen unternommen, die verlangten Leistungen mit der Pflegeversicherung zu finanzieren und etwa mit dem Altenpflegegesetz die Qualität der Betreuung zu verbessern. Die Pflegeversicherung wollte auch Konsequenzen daraus ziehen, dass die häusliche Betreuung der älteren Generation nicht wirtschaftlich geachtet und nicht mehr hinreichend in den Familien erbracht wird oder andernfalls Familien durch die Pflegelast unangemessen hart in Anspruch genommen werden. Aber wäre es nicht ebenso wichtig und ebenso dringlich, die Arbeit für künftige Generationen ökonomisch attraktiv zu machen, wenn die alte Rollenverteilung durch eine Ökonomisierung der privaten Lebensführung abgelöst worden ist?

Sozialpolitische Fehlsteuerungen

Vor ein oder zwei Jahrzehnten hätte man angesichts einer solch geschärften Einsicht womöglich einer neuen „Kindersozialversicherung" das Wort geredet. Heute ist dieser Weg bürokratischer Umverteilung auch für die sinnvollsten Zwecke praktisch verbaut, weil es nur noch um die Verschlankung der in der Abgabenlast drückenden Sozialversicherungssysteme geht. Doch die Frage ist reizvoll, was wohl gewesen wäre, wenn man vor drei Jahrzehnten einer damals noch dynamischen Wirtschaft und den gerade auch ohne die Last von Kindern besonders Leistungsfähigen die Beiträge einer „Kinderversicherung" hätte auferlegt und die Mittel für eine Infrastruktur der Betreuung, für Kindergärten und Schulen verwandt hätte. Hätte es nicht jedenfalls längst auch entschiedenere Maßnahmen geben müssen, einen Markt für die private Kinderbetreuung zu fördern, den Beruf der Haushaltshilfe wieder attraktiv zu machen, anstatt klassenkämpferische Akzente im Kampf gegen „Dienstmädchenprivilegien" zu setzen? Kommen nicht die Forderungen nach verstärkter Arbeitsleistung innerhalb des Sozialhilfesystems und eine Minijobregelung erstaunlich spät, um diesem Arbeitsmarkt auf die Beine zu helfen?

Die Logik der Gegenseitigkeit und ihre Missachtung

Heute sind bereits einige Pfade direkter Hilfen an Familien nicht mehr begehbar, weil wir andere soziale Sicherungen vorrangig ausgebaut und über Schulden und Zukunftsbelastungen finanziert haben. Deutschland hat zu viele Transferleistungen ohne ausreichende Gegenleistung und mit ungedeckten Schecks auf künftiges Wirtschaftswachstum verteilt[129] und in die Zukunft mit Kindern sträflich zu wenig investiert. Es fehlt eine auch nur einigermaßen hinreichende Infrastruktur der Kleinkinder- und der schulischen Betreuung, die ernsthaft eine Berufstätigkeit beider Eltern ermöglicht. Länder wie Schweden und Frankreich sind in dieser Hinsicht längst an uns vorbeigezogen.

Vereinbarkeit von Familie und Beruf

Doch es ist höchst zweifelhaft, ob die fehlende Infrastruktur wirklich der ausschlaggebende Grund für das Sinken der Geburtenrate ist: Schließlich hatte die alte DDR in dieser Hinsicht eine nahezu vorbildliche Versorgung, aber kaum eine bessere Geburtenrate als in Westdeutschland, auch wenn man spätere Wanderungsbewegungen berücksichtigt. Eine entsprechende Infrastruktur erleichtert aber dennoch die Entscheidung zum Kind. Doch auch hier müssen schnelle Sozialtechnokraten Umsicht bewahren. Es kann nicht darum gehen, schon Säuglinge massenweise in staatliche Einrichtungen zu geben und die Eltern zu einer solchen – von Experten durchaus zwiespältig beurteilten – verfrühten Trennung vom Kind besonders anzuspornen. Es bleibt Sache der Eltern, über Nähe und Distanz in der Familie zu entscheiden, Rollenbilder und die Intensität des Lebens mit Kindern nach eigenen Bedürfnissen und Vorstellungen zu wählen und zu variieren, ohne den allzu heftigen Druck von zeitgeistverliebten Kulturpropagandisten aushalten zu müssen. Aber jungen Frauen sollte auch durch breitere öffentliche Angebote die Angst vor dem Kind, vor der Wahl zwischen Beruf oder Familienarbeit genommen werden.

Freiheitsgerechte Angebote, aber keine ideologische Förderpolitik

Eine freiheitliche Ordnung kann die Förderung der Familie nur in freiheitsgerechter Form erlauben. Die Infrastruktur der Kinderbetreuung muss deshalb Angebot und nicht Zwang sein: Vorschulerziehung als flächendeckendes Angebot ist ein Fortschritt, aber Pflichtschule für alle Dreijährigen beschneidet intakten Familien ohne Grund Wahlfreiheiten, ist in der Tendenz illiberal. Vor allem sollte die Politik aufhören, monothematische kulturelle Leitbilder nach der Dramaturgie eines Geschlechterkampfs zu propagieren oder gar zu versuchen, sie mit dem staatlichen Gewaltmonopol durchzusetzen. Der von einigen geführte Kampf gegen die so genannte Hausfrauen-Ehe oder das „Ernährermodell" mutet mitunter missionarisch und ideologisch an. Dieser Kampf übt nachweisbar Druck auf diejenigen Frauen, und manchmal auch auf Männer aus, die in der Betreuung mehrerer Kleinkinder mit einer Rund-um-die-Uhr-Bereitschaft Arbeitsleistungen erbringen, mitunter mehr als doppelt so hoch wie die tariflich üblichen der Berufswelt.

Seit den siebziger Jahren gilt die ihre Kinder intensiv betreuende Mutter als *nicht arbeitend* und muss sich vermehrt fragen lassen, warum sie nicht „berufstätig" sei. Viele junge Frauen optieren in diesem kulturellen Ambiente im Zweifel für den Beruf und gegen das Kind: Sie entscheiden sich damit für mehr ungebundene Freiheit, Selbstverwirklichung und sogar für höheres soziales Ansehen. Auch an diesem Punkt wird die Fehlentwicklung unseres kulturellen Alltagssystems deutlich. Demgegenüber ist es zwar nicht ohne Bedeutung, aber doch nachrangig, dass auch die Wirtschaft den Eltern selten entgegenkommt. Wenn man sich allerdings schon auf die Logik eines Beauftragtenwesens einlässt, ist der Umweltbeauftragte mit Sitz im Vorstand sicherlich wichtig, aber wo findet sich ein Kinderbeauftragter, der verantwortlich wäre für Angebote an junge Eltern? Es gibt nicht nur ermutigende Beispiele für Betriebskindergärten, sondern auch für

einen vom Unternehmen organisierten kostengünstigen
Haushaltsservice, der von der Bestellung der Wäsche bis zu
gesunder Ernährung reicht.

Familienpolitik ist keine Arena für progressive
Menschenbeglückung, gefragt ist zupackender Pragmatismus
Statt handfest und pragmatisch zu fragen, was die Entscheidung für Kinder erleichtern kann, sind einige mit Übertreibungen und ideologischen Verkrampfungen lediglich dabei,
ein die Wahlfreiheit verengendes altes Rollenklischee durch
ein anderes, ebenso verengendes zu ersetzen: Das ist nicht
freiheitsgerecht. Die Arbeit im Haus und für das Kind ist zwar
nicht an den Einkommenskreislauf der Wirtschaft ange-
schlossen, aber eine entscheidende gesellschaftliche Grundlage für alle monetarisierten und formalisierten Wirtschafts-
beziehungen. Eine politische Reaktion auf diese Einsicht war
die Forderung nach einem förmlichen Arbeitseinkommen für
die Haus- und Kinderbetreuungsarbeit[130]. Dies wurde ideologisch bekämpft, weil es vor allem für Frauen den Haushalt
attraktiv zu machen drohte und damit das negativ dargestellte
Klischee der Hausfrau mit Leben erfüllte: Das neue Leitbild
der modernen berufstätigen Frau sollte nicht durch gegenläu-
fige Anreize gefährdet werden.

Heute machen die leeren öffentlichen Kassen diese Idee
ohnehin zunichte, aber neue Vorschläge lassen aufhorchen.
Wenn man die Familie mit Kindern, gerade die mit mehreren
Kindern, beispielsweise steuerrechtlich wie einen Gewerbe-
betrieb behandelte – das heißt Ehe- und Familiensplitting –
oder wenigstens echte, dem jeweiligen Einkommensniveau
oder einem großzügig bemessenen Bedarf entsprechende
Kinderfreibeträge gewährte, ließe sich einiges auf den Weg
bringen, um diejenigen, die im Beruf und zu Hause mit Kindern ihren Mann und ihre Frau stehen, finanziell zu stärken
und den beträchtlichen Wohlstandsabstand zu kinderlosen
Mitbürgern zu verringern. Dies wäre kein neues Anreizsys-
tem, sondern ein Schritt zur Korrektur einer ungerechten
Lastenverteilung.

Monetarisierung der Hausarbeit?

Der Versuch, eine gesellschaftlich wertvolle Tätigkeit in Geld berechenbar zu machen, sie also stärker zu monetarisieren, damit sie Anerkennung und Bejahung findet, zeigt zugleich an, wie unser Wertesystem inzwischen beschaffen ist. Wir haben unsere gesamtgesellschaftliche Orientierung in Richtung ökonomischer Leitwerte verschoben und damit den Leistungsbegriff, aber auch die Vorstellungen von einem erfüllten Leben und von nicht nur flüchtigem Genuss erkennbar eingeengt. Die Maxime heißt: Nur dort, wo Geld verdient werden kann, wird anerkennenswerte Leistung erbracht, nur dort, wo konsumiert wird, besteht Lebensqualität. Darunter leidet auch die politische Kultur, weil nicht mehr begreifbar zu machen ist, dass Menschen in die Politik nicht wegen des Geldverdienens, sondern in aufrichtiger Sorge um das Gemeinwohl gehen.

Die Maxime des perfekten Individualismus

Die Maxime eines perfektionierten Individualismus verlangt maximale Selbstverwirklichung innerhalb eines ökonomisch geprägten Koordinatensystems, alles andere gilt als vergleichsweise dumm oder wertlos. Damit scheint, oberflächlich betrachtet, zwar ein neues Ineinandergreifen privater Lebensgestaltung und ökonomischer Imperative gelungen, aber die Sicherung künftiger Generationen ist dabei schlicht ausgeblendet worden, ebenso wie die Erhaltung von Gemeinschaften – von Ehe und Familie bis hin zum Staat –, die eine unentbehrliche Voraussetzung individueller Freiheit bleiben. Was also ist zu tun, um die richtigen Proportionen wiederzugewinnen, von welchem ausgewogenen, nicht monothematisch verzerrten Wertesystem sollen wir uns leiten lassen?

2. Kulturelle Wende zur vitalen Gesellschaft

Revision des individuellen und politischen Wertesystems

Eine Ordnung wird dann als gerecht empfunden, wenn sie grundlegenden, gemeinsam geteilten Werten gehorcht und individuelles Glück in einer stabilen Gemeinschaft verspricht. Doch Grundwerte existieren in unterschiedlichen sozialen Bezügen, nicht gänzlich beziehungslos zueinander, aber verschieden. Es gibt die Rechtswerte der politischen Gemeinschaft: Freiheit, Rechtsgleichheit, Demokratie. Die Wirtschaft pflegt Werte der Rentabilität, der Effizienz, des Wachstums, die Kunst diejenigen der Ästhetik, der Originalität, der expressiven Signifikanz, während im privaten Nahbereich persönlicher Erfolg, soziale Nähe, Anerkennung zählen. Die freiheitliche Verfassung prononciert die politischen Werte, ist insofern Vergewisserung grundlegender politischer Wertentscheidungen in Rechtsform, sie überlässt anderes der freien gesellschaftlichen Entwicklung.

Die Hegemonie politischer Wertsetzungen über Alltagswerte

Es besteht somit keine homogene, sondern eine ausdifferenzierte, zum Teil fragmentierte Wertewelt, so dass nach verklammernden Grundwerten, nach Leitwerten gefragt wird. Durchgesetzt haben sich abstrakte, politisch und rechtlich interpretierte Freiheitswerte in einem humanistisch-ideellen Ableitungszusammenhang, die mit einer formalisierten und strikt individualisierten Wirtschaftsgesellschaft kompatibel sind. Doch mit der Durchsetzung eines exponiert individuellen Lebensstils, mit dem Schwinden der Macht von Kollektiven ist die Nachfrage nach einer ideellen, nicht freiheitsbedrohenden Gemeinwohlagentur gewachsen, in deren Bereich man schwierige und wirtschaftlich nicht leicht zu bearbeitende Grundsatzfragen abschieben kann.

Kann und soll der Staat Gemeinschaftsgrundlagen sichern?

Dem Staat ist so eine große Agenda der Fürsorge zugewachsen: Von ihm wird verlangt, die Gemeinschaftsgrundlagen zu sichern. Seine bürokratischen Mittel und die politischen Wertorientierungen sind denn auch inzwischen tief in die freie Gesellschaft eingedrungen, aber die Erwartung wurde gleichwohl enttäuscht: In der funktional differenzierten Gesellschaft können Gemeinschaftsgrundlagen nicht von einem Spezialsystem allein gewährleistet werden; dazu bedarf es vielmehr einer übergreifenden Neubestimmung der unterschiedlichen, aber zusammengehörigen Wertorientierungen. Die zur Zeit wegbrechende Gemeinschaftsgrundlage einer ausreichenden Zahl von Kindern und ihre angemessene Erziehung, Bildung und Ausbildung ist nichts, was dem Staat nach bewährtem Muster überantwortet werden kann, andernfalls er nur resignativ mit schwindenden Mitteln eine Gesellschaft im Abstieg verwalten wird.

Das sozialtechnische Selbstbild der Gesellschaft

Unser Bild der Gesellschaft ist zu technisch geworden, sozialtechnisch. Wir schauen auf Aktienkurse und Absatzzahlen, auf Gerichtsentscheidungen und Gesetze, auf Medikamente und Krankenkassen, auf Wissenschaft und Technik, aber lachen über die Demut religiöser Offenbarungen und die Weisheit von überlieferten Weltverständnissen, Sprichwörtern und die Alltagsmaximen von Eltern und Großeltern. Damit schneidet sich der sozialtechnologische Gesellschaftsentwurf der Nachaufklärung nicht nur von Wurzeln ab, sondern verschließt sich auch der Möglichkeit kritischer Distanz. Leben und Gesellschaft lassen sich eben nicht allein zweckrational fassen; Leben gewinnt seine Gestalt in der Symbiose aus Emotion und Kalkül, Lust und Last, Pflicht und Genuss. Tief in der menschlichen Natur liegt der Wunsch, sein Selbst und das unbekannte Andere im Kind mit einem geliebten Menschen wieder zu finden, aber wir pflegen stattdessen eine im Innern graue Kultur mit grellbunten Fassaden, die lehrt, den Kinderwunsch hintanzustellen anstatt das eigene Leben rund um diesen Wunsch zu entwerfen.

*Die Politik wird das demographische Problem allein nicht
lösen, aber womöglich neue Probleme hervorrufen*

Der Ruf nach politischer und sozialstaatlicher Intervention
zur Wiedergewinnung vernünftiger demographischer Proportionen verhallt womöglich auch deshalb, weil er mit der
kaum minder beunruhigenden Erkenntnis zusammentrifft,
dass man auf dem Weg in immer neue staatliche Stützungsin-
terventionen, Regulierungen und Umverteilungen dabei ist,
die Grundlagen des politischen Systems zu unterspülen. Eine
im historischen Vergleich verhältnismäßig milde wirtschaftliche Stagnation bringt heute die öffentlichen Haushalte, die
Sozialversicherungssysteme in eine ernsthafte Krise. Dies
könnte ein Beleg dafür sein, dass die Politik ihre sozialtechnischen Mittel ausgereizt und in einigen Feldern erkennbar
überreizt hat. Es wäre ganz falsch, diese Erkenntnis mit einer
banalen Politikerschelte zu verbinden oder Exponenten einer vergangenen Schönwetterpolitik wie frühere Arbeits-
und Sozialminister zu dämonisieren. Indes: Alle Bürger des
Landes, alle Parteien haben bequeme Wege gerne beschrit-
ten, bis hinauf zu Schaltzentralen von Großunternehmen
wurde verlangt, die Risiken der Freiheit zu sozialisieren. Was
dagegen Not tut, ist die Revision zuerst unseres individuellen und dann des politischen Wertesystems. Nicht der Revision, sondern der Bekräftigung allerdings bedürftig sind die
Grundwerte der Freiheit und der Demokratie, die durch
Fehldeutungen und über die Erosion von Gemeinschaftsgrundlagen gefährdet sind.

Neue bürgerliche Werte: Korrektur eines Irrtums

Unsere Gesellschaft ist dabei, einige Fehlverständnisse und
Übertreibungen der vergangenen drei Jahrzehnte zu korrigieren. Alte bürgerliche Werte kehren zwar nicht mehr in identi-
schem Ambiente, aber in neuer Form zurück. Sie passen mit
ihrem ideellen Kernanliegen durchaus zum gegenwärtigen
Freiheitsniveau und dem vorherrschenden Lebensgefühl. Es
war im Grunde nur eine Verirrung, das Werteparadigma des

Bürgertums anzugreifen, ausgerechnet nachdem die alte Klassengesellschaft ihre Schranken verloren und die Chancengleichheit seit Beginn der sechziger Jahre endlich auch für die Kinder so genannter Unterschichten und für den weiblichen Teil der Gesellschaft Wirklichkeit wurde. Die vitale Bonner Republik des Wirtschaftswunders war durch und durch bürgerlich, groß- und vor allem kleinbürgerlich.

Dies war ein ausgesprochener Segen für die Menschen und die Nachbarn des Landes. Endlich hatte sich Deutschland von seinen geschichtlich desaströsen antibürgerlichen Verwirrungen gelöst, atmete frei und friedlich, stellte sich mit Energie einem fairen internationalen Wettbewerb und in die internationale Zusammenarbeit. Einiges, was allzu bieder daherkam, war zu Recht im stürmischen Wertewandel seit 1968 in die Rumpelkammer gewandert, aber heute entdecken wir dort eben auch die großen Schätze einer vitalen Gesellschaft, einer Leistungsgesellschaft, die individuelles Glück und Lebenssinn regelmäßig nur mit Kindern, mit Familie, mit einer Lust an der Bindung denken mochte und Bindungslosigkeit, Alleinsein mit persönlicher Tragik oder den großen Katastrophen des Jahrhunderts in Zusammenhang brachte, aber beileibe nicht mit einem erstrebenswerten Lebensstil[131].

Die zwei tragenden Säulen gesellschaftlicher Leistungskraft: Berufswelt und Kinder

Nach aller Erfahrung und volkswirtschaftlicher Einsicht prosperiert eine Gesellschaft, wenn man ihre Märkte stärker frei lässt, wenn die Menschen und Institutionen sich aus eigenem Antrieb der Freiheitsidee und dem Leistungsprinzip verschreiben, ihre private Lebensführung so wählen, dass eine vitale Gesellschaft mit Zukunft entsteht. Die nicht ökonomischen Grundlagen der Gesellschaft sind gerade in der kulturellen Verhaltensdisposition der Menschen gespeichert: Ergänzend und bekräftigend müssen sie politisch mit freiheitsgerechten Mitteln und vernünftigem gemeinschaftlichen Aufwand gesichert werden. Die Politik ist deshalb gut beraten, den Markt und die Wirtschaftssubjekte – Arbeit-

nehmer und Unternehmen – im Hinblick auf neue Leis-
tungsanreize zu entlasten und die Sozialpolitik nach neuen
Parametern auszurichten. Die maßgebliche Frage heißt: Was
ist für die Prosperität einer Gemeinschaft notwendig, die individuelle Freiheit zu ihrem Leitwert erklärt?

Leistungsförderung und Leistungsanerkennung als Leitmotiv der Sozialpolitik

Stärker als bisher muss individuelle Leistung und Vorsorge
wieder anerkannt werden, im Steuerrecht nicht anders als in
den Sozialversicherungssystemen. Aber der politische Begriff der Leistung als Richtmaß der Steuer- und Sozialpolitik
ruht auf zwei Säulen: Anerkennung verdient sowohl die
Leistung der Menschen für sich selbst als auch diejenige für
andere und damit für die Gemeinschaft. Seit *Adam Smith*
wissen wir, dass die Arbeit für sich selbst regelmäßig auch
eine Arbeit für die Gesellschaft ist, aber das entbindet nicht
davon, unentbehrliche oder jedenfalls nützliche Arbeiten für
die Gesellschaft überhaupt zu erkennen und zu honorieren.

Generative Leistungsbemessung

Wir haben inzwischen über Jahrzehnte den immensen gesellschaftlichen Wert der Erziehungsarbeit intakter Familien
verkannt und übersehen, dass eine lebensweltlich schrump-
fende, immer mehr nur noch durch Marktmechanismen
zusammengehaltene Gesellschaft gezwungen ist, sehr grundsätzlich über ihr finanzielles Anreiz- und Honorierungssys-
tem nachzudenken. In aller Klarheit hat der Erste Senat des
Bundesverfassungsgerichts die beiden Säulen gesellschaftlich
unentbehrlicher Arbeit anlässlich der Überprüfung der Ver-
fassungsmäßigkeit der Pflegeversicherung benannt: Beiträge
für eine Pflichtversicherung sind finanzielle Leistungen, die
Kindererziehung dagegen ist ein *generativer Beitrag* zur
Funktionsfähigkeit eines umlagefinanzierten Sozialversiche-
rungssystems. Deshalb, so das Gericht, ist es mit dem
Gleichheitsgrundrecht und dem gebotenen Schutz der Familie nicht zu vereinbaren, dass Mitglieder der sozialen Pflege-

versicherung, die Kinder betreuen und erziehen und damit neben dem Geldbeitrag einen generativen Beitrag leisten, mit einem gleich hohen monetären Pflegeversicherungsbeitrag wie Mitglieder ohne Kinder belastet werden[132].

Dieser Gedanke und auch die in der Entscheidung sehr deutlich gemachte demographische Abwärtsspirale[133] geben allen Anlass, hier eine grundlegende Reform in Angriff zu nehmen. Es geht in der Zielsetzung nicht darum, Kinderlose zu bestrafen oder mit Differenzierungen im Sozialversicherungssystem moralisch zu ächten. Wohl aber geht es um einen mehr als symbolischen Lastenausgleich und mehr noch um größere Leistungsgerechtigkeit. In einer sich den ökonomischen Imperativen allzu deutlich zuwendenden Gesellschaft hilft es nicht, allein darauf zu vertrauen, dass die Menschen sich irgendwann von kinderfeindlichen Leitbildern lösen.

Der Mut zum Kind, die Entscheidung, sich in der Familie zu binden, braucht *auch* den Rückenwind einer klaren politischen und sozialökonomischen Wertentscheidung. Wer nur Beiträge in ein umlagefinanziertes System einzahlt, darf womöglich im Hinblick auf die Höhe späterer Leistung kein allzu großes Vertrauen bilden, wenn er darüber hinaus nichts zum Fortbestand des Systems beigetragen hat. Die Forderung, bei den Renten entweder hinsichtlich der Höhe der Beiträge oder der der Leistungen deutlich an die Zahl der Kinder zu koppeln, ist in Deutschland mit Ausnahme der Anerkennung von Erziehungszeiten noch neu, in Frankreich ist dieser Gedanke schon seit längerem virulent, vielleicht mit ein Grund für eine signifikant höhere Geburtenrate als in Spanien, Italien oder Deutschland.

Freiheits- und leistungsgerechte Familienförderung

Was kann man der Politik, die über eine programmatische Neubestimmung nachdenkt, aus diesen Einsichten heraus raten? Der Rückbau wirtschaftspolitischer Interventionen ist wichtig, Ehrlichkeit im Hinblick auf das staatliche Leistungsvermögen angebracht. Die Politik sollte den Mut haben, was zum Erhalt unserer politischen Gemeinschaft und damit auch der sozialstaatlichen Grundlagen unabdingbar ist, zu fördern und anderes zurückzufahren. Leistungsträger müssen motiviert bleiben können, damit die Wohlstandsbasis für die Hilfe an Bedürftige erhalten und verbreitet wird.

Die kulturelle Wende hin zum Eros der Bindung

Und wir müssen kollektivistische Illusionen betreffend einer individualisierten Gesellschaft begraben. Wenn die Gesellschaft so gestaltet wird, dass der Einzelne im Mittelpunkt steht, dann hängt das Gelingen einer solchen Sozietät auch genau davon ab, was und wie viel die Einzelnen in wirtschaftlichen, familiären und öffentlichen Zusammenhängen leisten wollen und leisten können, ob sie einen Lebensentwurf verfolgen, der ihnen Glück und zugleich einer freien Gesellschaft Vitalität und Kontinuität verspricht. Letztlich bedarf es gerade an diesem Punkt einer kulturellen Wende. Wir alle müssen wieder ein realitätsgerechteres Bild vom richtigen Leben gewinnen und offensiv vertreten. Der Mensch ist nicht nur frei, wenn er sein Leben selbst gestaltet, auf eigenes Risiko, sondern gerade auch wenn er das Risiko der Bindung eingeht, mit einer Familie, mit Kindern sich gemeinsam eine neue Welt schafft. Insofern wäre es gut, wenn neue freiheitsgerechte Leitbilder sich gerade für junge Menschen durchsetzen, damit sie ihre Lebensweichen bewusst stellen und nicht am Ende eines bindungslosen Lebens vergeblich versuchen, sich über die verblassten Erinnerungen an bunte Pauschalreisen ein erfülltes Leben vorzuspiegeln.

Die falsche Prämiierung dessen, der die Bindung leichtfertig löst

Die Realität des Scheiterns von Ehe und anderen intimen Beziehungen, das Auseinanderbrechen von Familienbanden lässt sich nicht leugnen. Freie Menschen und eine freie Gesellschaft können keine Garantien für Unverbrüchlichkeit geben. Wir sind deshalb dabei zu lernen, wie man im Auseinandergehen einen Mindeststandard an Respekt und Achtung wahrt, vor allem dann, wenn für Kinder ihre feste Ordnung zerbricht. Aber es macht einen großen Unterschied, ob das alltagsweltliche Präferenz- und Wertesystem denjenigen, der mutwillig oder leichtfertig die Bindung zerstört, gesellschaftlich gering achtet oder ob sie dies für seine Privatsache hält oder gar als Beweis seines unbeugsamen Freiheitsgeistes lobt. Es macht einen großen Unterschied, ob die heutigen Agenturen zur Standardisierung von Sozialverhalten, also das Fernsehen, Illustrierte, Film, Literatur, Zeitungen ein Bild von Glück zeichnen, das diesseits oder jenseits der gelungenen dauerhaften Bindung liegt.

Leitbild der Drei-Kinder-Familie

Ein wertegebundenes Leitbild orientiert die Lebensführung auch in einer Gesellschaft mit pluralisierten Lebensstilen. Ein Leitbild ist dann freiheitsgerecht, wenn es Abweichungen toleriert, nicht absolut vorgetragen wird oder herrisch gebietet, sondern werbend und verlockend ist. Das Leitbild für den erwachsenen Mann und die erwachsene Frau scheint in manchen Staaten bereits wieder die Drei-Kind-Familie, sie wird deshalb besonders gefördert – warum nicht auch in Deutschland? Eine Familie in dieser Größe ist nicht nur eine Antwort auf die demographische Abwärtsspirale, sie verspricht auch gute Bedingungen für Kinder, auch dann, wenn beide Elternteile berufstätig sind. Die soziale Bereitschaft zum Risiko, die in einer solchen Familiengründung liegt, sollte stärker honoriert und durch die Gemeinschaft gefördert werden. Denn in einer ökonomisierten Gesellschaft stößt eine Familiengründung mit drei und mehr Kindern zum Teil auf Unverständnis oder Ablehnung, weil damit aus dieser Sicht ein individueller Freiheits- und ein Wohlstandsverlust einhergeht. Eine solche Beurteilung resultiert indes aus einem inzwischen abgewirtschafteten Leitbild individuell ungebundener und hedonistischer Selbstverwirklichung. Am Ende dieses Leitbildes steht eine Gesellschaft ohne Zukunft.

Nur begrenzter Auftrag der Politik

Dies muss sich ändern. Die Werbung für kinderfreie Hotels sollte ähnlich moralischen Misskredit auslösen wie eine Werbung für behindertenfreien Urlaub[134], ohne dass man deshalb gleich freiheitseinschränkende Anti-Diskriminierungsgesetze bräuchte. Es ist allerdings auffällig, dass die so genannten Anti-Diskriminierungsgesetze zu ihrem schützenswerten Klientel nicht die Familie oder die Alleinstehenden mit Kindern zählen, obwohl diese nachweisbar Nachteile im Geschäftsverkehr erleiden, etwa bei der Anmietung von Wohnraum.

Die Möglichkeiten der Familienpolitik sollten realistisch eingeschätzt werden. Die Politik sollte mit einem klaren Bild gesellschaftlicher Vernunft steuern, aber sich grundsätzlich nicht überschätzen und sich nicht in Verantwortungen drängen lassen, die nur von den freien Bürgern selbst übernommen werden können. Gesetz und Verwaltung bewirken kulturell nur wenig, politische Herrschaft pflegt vielmehr die Kunst, richtige Einsichten und unterschiedliche Interessen so zu bündeln und zu artikulieren, dass mit Zustimmung der Mehrheit gerechnet werden darf. Wirtschaftlich und politisch richtige Entscheidungen müssen dabei so vorgetragen und umgesetzt werden, dass sich die Bürger auch emotional damit identifizieren können.

Falsche Leitbilder, falsche Versprechen: Immerwährende Steigerung von Freiheiten?

Politik und Leitartikler sollten jedenfalls die Menschen nicht mehr länger mit allzu sehr ideologisch emanzipativen Leitbildern behelligen, die immer weitere Befreiung aus allerlei tatsächlichen oder eingebildeten Abhängigkeiten und Bindungen versprechen. Es geht umgekehrt schon längst um die Wiedergewinnung der Fähigkeit zu einem vernünftigen Gebrauch der Freiheit, der aus der freiwilligen Bindung und der Übernahme von Verantwortung für andere Menschen Genuss und Lebensfreude erzielt.

Politik im freiheitlichen Staat sollte insofern die Menschen nicht mit der Illusion einer Vollversorgung und einer Rundum-Versicherungs-Mentalität beglücken, sondern mehr praktische Lebenshilfe und eine bessere Infrastruktur erstreben. Selbstbewusste Menschen entfalten sich dann am besten, wenn sie Rahmenbedingungen vorfinden, die berechenbar, freiheitsgerecht, die leistungsfördernd sind – und zwar in beiden Säulen gesellschaftlicher Arbeit: in Beruf und Familie. Wenn die Familienarbeit nicht gesellschaftlich ausreichend anerkannt wird, wenn die Familie nicht wieder stärker als Schicksals- und Erwerbsgemeinschaft geachtet wird, entsteht eine neue soziale Frage, eine drückende Ungerechtigkeit. Die Kinder- und Bindungslosen können mobil sein, können Kapital für die Zukunft bilden, während diejenigen mit Kindern steigende Erziehungs- und Bildungskosten und keine nennenswerte Aussicht auf eine angemessene Gegenleistung haben.

Grundlegende Zusammenhänge der Gesellschaft liegen in der Alltagsvernunft und nicht in den Systemen der sozialtechnischen Wissensproduktion

Wenn die freie Gesellschaft mit einer ausreichend starken Zahl von Menschen, die das Wertesystem der Freiheit und einer auf Leistungsfreude beruhenden Gemeinschaft teilt, in Zukunft noch möglich sein soll, bedarf es der bewussten Korrektur eines teilweise deutlich fehlgeleiteten kulturellen Systems. Der Prozess der Zweckrationalisierung und Isolierung von Werten hat inzwischen die grundlegenden gesellschaftlichen Zusammenhänge der Alltagsvernunft so in den Hintergrund gedrängt und demontiert, dass wir in einem leeren Spiel unsere formalen Begriffe von Freiheit und Gleichheit hin und her wenden, ohne einen festen Punkt zu finden, der uns eine konstruktive, nützliche Gewissheit verschaffen könnte. Wir tappen, was die Zukunft unserer westlichen Gesellschaften angeht, insofern völlig im Dunkeln. Auf der Tagesordnung steht deshalb das Programm reflexiver Wiederaneignung derjenigen Gemeinschaften, die die Grundlage individueller Freiheit sind. Während die intakte Familie der Ursprung individueller moralischer und sozialer Kompetenz ist und insofern als Primärgemeinschaft im sozialen Nahbereich zu gelten hat, ist der funktionsfähige freiheitliche Staat mit seiner gerechten Rechtsordnung und einer angemessenen Infrastruktur die notwendige Bedingung für ein Leben in Würde und Freiheit, also unentbehrliche Primärgemeinschaft im sozialen Fernbereich. Aber solche zweckrationalen Funktionseinsichten reichen allein noch nicht aus, um Gemeinschaften kulturell zu verankern oder ihnen gar neues Leben zu spenden. Gemeinschaften können sich als soziale Institutionen nur behaupten, wenn sie in der Gefühlswelt verankert sind, wenn die Menschen etwa überzeugt sind, dass ein gutes Leben in vollendeter und reifer Form eigentlich nur in einer mit Kindern gesegneten Familie gelebt werden kann oder dass die primäre Zugehörigkeit zu einer Nation, zu einer aus sprachlichen und historischen Quellen schöpfenden Hochkultur eine Voraussetzung für persönliche Bildung, individueller Selbstsicherheit und einer anspruchsvollen Ich-Identität ist, auch wenn die Staaten sich füreinander öffnen und Grenzübertritte einfacher werden.

Die kinderentwöhnte Gesellschaft verliert unweigerlich ihre Vitalität

Die kinderentwöhnte Gesellschaft dagegen verliert in jeder Hinsicht ihre Vitalität. Die herrschende kulturelle Fehldeutung von Freiheit als bindungs- und geschichtsloses Treibenlassen bestimmt dazu, sich im Zweifel gegen den Eros einer Bindung in Ehe und mit eigenen Kindern zu entscheiden. Damit wird aber nicht etwa nur der Gesellschaft Vitalität genommen, sondern auch ohne Not und mit viel Ignoranz eine ganze Dimension persönlichen Glücks verschlossen. Die permissiven und politisch wie rechtlich zugerichteten Leitwerte negatorischer Freiheit führen eine ganze Generation in eine kulturelle und alltagsweltliche Vergessenheit.

Perspektive oder Utopie?

Dies könnte jedoch, wenn das kulturelle System sich einmal langsam, aber unwiderstehlich in Bewegung setzt, auch rasch anders werden. Wenn die wahre Freiheit die ist, die etwas aus sich macht und die durch Selbstbegrenzung, durch vorübergehenden Verzicht, durch Lernen, Arbeiten und Kämpfen über die persönliche bloße Existenz hinausgreift, um etwas Bleibendes zu schaffen, dann könnten wir uns auch ganz anders orientieren. Das könnte heißen: eine entschiedene Hinwendung zu neuem menschlichen Leben, und zwar als Mittelpunkt des eigenen biographischen Plans, die Suche nach einer Intimität, die mehr ist als zeitlich begrenzte Nähe in einem nur dünn gesponnenen Netzwerk erlebnishungriger Selbstgenießer, die Wiedergewinnung einer geschichtsbewussten Bildungsidee und vor allem der Eros des Selbstentwurfs, des Wettstreits, des Kampfes um ein selbstbestimmtes und nicht verwaltetes Leben, das nicht endet, wenn die Zeit abläuft, sondern in den Augen, im Eigensinn und dem Erinnern der Kinder fortlebt, mit denen man gelebt und erlebt hat.

„Je mehr der Intellektualismus den Glauben an
die Magie zurückdrängt, und so die Vorgänge
der Welt ‚entzaubert' werden, ihren magischen
Sinngehalt verlieren, nur noch ‚sind' und nur
noch ‚geschehen', aber nichts mehr ‚bedeuten',
desto dringlicher erwächst die Forderung an die
Welt und die ‚Lebensführung' je als Ganzes,
dass sie bedeutungshaft und ‚sinnvoll' geordnet
seien." (*Max Weber*)[135]

VIII. Die religiösen Gemeinschaften

1. Eindimensionaler Rationalismus

Lebenssinn aus nicht rationalen Quellen

Religiöse Gemeinschaften sind Zusammenschlüsse von Menschen, die eine Glaubensgewissheit suchen oder gefunden
haben, die ihre Sicht von Lebens- und Weltsinn aus geoffen-
barter, transzendentaler Quelle schöpfen. Vormoderne Gesellschaften haben um eine insofern einheitliche, eine konsis-
tente Weltdeutung gerungen und häufig genau darin ihre
Identität gefunden. Jede ernsthafte Religion stammt aus einer
Einheitserfahrung, stiftet Einheit und zielt auf Einheit. Dies
erklärt, warum die transzendentale, über die praktische Alltagserfahrung hinausreichende, aber auch ihr Richtung ver-
leihende sakrale Deutung der Welt eine enorme Bedeutung
hatte, warum Tabubrüche geahndet und religiöse Unsicher-
heiten die soziale Welt buchstäblich zum Einsturz bringen
konnten.

Entzauberung der Welt

Max Weber hat das moderne Zeitalter als einen steten Prozess
der Entzauberung begriffen. Alles Heilige, alles Geheimnis-
volle und mit Tabus besonders Geschützte, alle traditionellen
Gewissheiten werden nach und nach vor den Gerichtshof der

Vernunft gebracht und dort danach gerichtet, was für oder gegen sie an einleuchtenden Gründen spricht. Mit dem neuzeitlichen Rationalismus ist eine Entwicklung eingetreten, die den Glauben aus dem Zentrum des Lebens gerückt und die enorme gesellschaftlich-politische Bedeutung der Religion nach und nach aus der Sphäre des Öffentlichen in die des Privaten verdrängt hat. Damit wird im Ergebnis auf einen Quellcode der kulturellen Selbstfundierung von Sozialverbänden verzichtet und von der Religion, die auf das ganze Leben und damit auf die kulturellen Grundlagen der Gemeinschaft zielt, etwas scheinbar Unerfüllbares verlangt: sich der Konkurrenz zu anderen Weltzugängen freundlich zu öffnen (Toleranzgebot), nicht mehr mit Absolutheitsanspruch und Missionsantrieb ihren Glauben zu verbreiten. Diese erzwungene Selbstbeschränkung hat in Europa über Jahrhunderte das Schicksal der Menschen bestimmt, es ist die Signatur des Westens und der Moderne. Aber Fragen bleiben offen: Was ist an die Stelle desjenigen Glaubens getreten, dass mit Glaubensgewissheit die Welt am besten zu begreifen und in ihr zu leben ist? Und welche Rolle bleibt den Religionsgemeinschaften in einer säkularisierten Gesellschaft? Können die kulturellen Grundlagen der modernen, nach besonderen Funktionszusammenhängen geordneten Gesellschaft ohne den transzendentalen Weltzugang überhaupt dauerhaft gesichert werden?

Unser Bekenntnis zur rationalen Welt

Rationaler Weltzugang bedeutet eine von gesetzten praktischen Zwecken geleitete Neukonstruktion der Welt nach einleuchtenden Begründungen und intersubjektiv – von jedermann – überprüfbaren Erfahrungen. In der Moderne wird dieser Weltzugang als exklusiv behauptet: Der einzelne Mensch, das Individuum wird in den Mittelpunkt auch als Subjekt der Erkenntnis gesetzt und als Handlungseinheit begriffen. Seine sozialen Ansprüche an andere muss er auf Begründungen stützen können, die der verstandesmäßigen Kontrolle, der öffentlichen Diskussion zugänglich sind. Das rationale Bekenntnis setzt eine Differenz in die Welt, es will sich scharf unterscheiden von den bis dahin herrschenden religiösen Systemen, von Offenbarungsreligionen, aber auch von harmonistisch-traditionellen Weltzugängen des Mittelalters.

Ist der Rationalismus das Glaubensfundament des modernen Zeitalters?

Die Paradoxie des neuzeitlichen Rationalismus liegt – wie zu erwarten – im Anfang: Warum eigentlich sollen wir daran glauben, dass eine Welt ohne Glauben, aber voller Begründungen eine gute, eine richtige, eine schöne Welt ist? Der rationale Weltzugang verbirgt selbstredend die Paradoxie, indem er alle anderen Glaubensauffassungen wegen ihrer Glaubensqualität in der Tendenz für irrational erklärt und damit ständig von der Frage ablenkt, welchen rational nicht begründbaren Anfang eigentlich der Rationalismus besitzt. Der Rationalismus immunisiert sich gegen solche Fragen auch dadurch, dass er seine konkreten geistesgeschichtlichen Voraussetzungen leugnet und sich als unmittelbar aus dem Verstand stammende logische Einsichten mit universalem Geltungsanspruch begreift, dem als Prinzip die Zukunft gehört, weil nur so die Welt friedlich, wohlhabend, frei und glücklich sein könne.

Zweckrationale Weltbegründung und religiöse Einheitserfahrung

Unser Menschen- und Weltbild ist womöglich voraussetzungsreicher und wohl auch weitaus kultur- und religionsabhängiger, als der inzwischen sozialtechnokratisch erstarrte und ritualisierte Rationalismus glauben machen will. Wir dürfen nicht die Kulturabhängigkeit aller formalisierten und technischen sozialen Umgangsformen vergessen und glauben, dass in Rechtswerten allein die Vernunft schlummert, die eine Gesellschaft zusammenhält. Im Umgang mit der Religion hat man bislang einen Ausdruck dieses Problems gefunden, denn die großen Religionen fügen sich nicht der zweckrationalen Parzellierung, sie bleiben kantiges Einheitsgeröll, das man vielleicht noch weiter aus dem Weg räumt, das sich aber womöglich auch in Bewegung setzen und die glänzenden Artefakte des Rationalen unter sich begraben könnte, wenn nicht die glänzenden Fassaden schon von selbst zerspringen. Eine Neuzeit, die Denk- und Handlungssphären nach Zwecken trennt, behandelt dieses Thema als das Verhältnis zwischen Religion und Staat. Die Beziehung zwischen religiösen Gemeinschaften scheint heute ein Punkt auf der Agenda zu sein, wie die Beziehung zwischen Staat und Gewerkschaften oder Verbraucherschutzgruppen. Aber Religionsgemeinschaften sind eine ständige Erinnerung an die Eindimensionalität des modernen Projekts. Die zweckrationale Neubegründung der Gesellschaft blendet eine ganze Wirklichkeitsdimension als irrational aus, die sich nicht ausblenden lässt: Glauben, archaische Muster der Vitalität, das Horchen in die Tiefen der Sprache, Legenden, Mythen, die Lehren der Alten, praktische Lebensweisheiten.

2. Das kulturelle Vakuum in Deutschland

Trennung von Staat und Kirche

Im modernen Verhältnis zwischen Staat und Religionsgemeinschaften wird ein Teil dieser Problematik – wie nicht anders zu erwarten – in rationalen Formen bearbeitet. Die Vorgabe kann nur lauten: „Trennung von Staat und Religion". Das ist allerdings zugleich die Leitmelodie der gesamten modernen Gesellschaftsorganisation, denn die Trennung von Politik und Recht, von Politik und Wirtschaft, von Recht und Wirtschaft, von Wissenschaft und Religion beschreibt all die selbstverständlichen Voraussetzungen für eine nach besonderen Funktionssystemen organisierte Gesellschaft. Aber die Religion stand den Autonomie- und den Einheitsansprüchen des politischen Systems besonders nachdrücklich entgegen, weswegen diese Beziehung besonders konfliktträchtig war und womöglich immer noch ist. Es ist insofern sehr lehrreich, zu sehen, wie beispielsweise die Konzepte des Laizismus und der kooperationsoffenen Neutralität miteinander konkurrieren und konvergieren.

Laizismus und Neutralitätspolitik

Laizismus steht für die strikte Trennung von Staat und Religion. Frankreich und die Türkei gelten als laizistische Staaten, andere wie Deutschland, Spanien oder Polen nicht. Hier gilt lediglich die Pflicht zur religiösen Neutralität[136], die es dem Staat aber gestattet, die kooperative Nähe zu religiösen Gemeinschaften zu suchen, in begrenztem Umfang die Verantwortung für die kulturellen Grundlagen mit den Eltern und Kirchen zu teilen. Der Vertrag über eine Verfassung für Europa wird als Bekenntnis zum Laizismus gelesen, für viele ist dies eben der kleinste gemeinsame Nenner in den fortbestehenden europäischen Traditionslinien. Wenn der Vertrag ein Verfassungsdokument Europas wird, dann wären in dieser Lesart die Würfel gefallen: Laizismus hätte sich als Prinzip gegen den Grundsatz der Neutralität mit Kooperationsoption durchgesetzt.

Die Unterschiede zwischen deutschem Neutralitätsgebot und heutiger französischer ‚Laïcité' scheinen marginal, man könnte sagen, in neutralitätsverpflichteten Ordnungen sind Kirche und Staat getrennt, während sie in laizistischen Ordnungen noch deutlicher getrennt sind. Eine solche nur graduelle Abweichung würde kaum die Befassung lohnen. In Wirklichkeit aber liegt hinter der Annäherung eine andere historische Erfahrung, die sichtbar gemacht werden muss, um den Unterschied in der Tiefe zu verstehen. Für Frankreich ist die beinah rigorose Trennung von Kirche und Staat das Ende der inneren Spaltung der Nation, die endgültige Überwindung monarchisch-klerikaler Restaurationstendenzen, sie steht für den rationalen Selbstentwurf einer freien Gemeinschaft. Im historischen Gedächtnis ist aber die ideologische und glaubensähnliche ‚Laïcité' („Laicisme") nicht verschwunden und kann als Kraft wie im Streit um religiöse Bekleidung von Schülern in der innenpolitischen Diskussion wieder auftauchen.

In der Türkei ist Laizismus immer noch eine gleichsam offensive Abwehrstrategie, mit dem die westlich orientierte Ober- und Mittelschicht islamische ganzheitliche Gesellschaftsvorstellungen aus den Schaltzentralen von Staat und Gesellschaft fernhält. In Deutschlands historischem Gedächtnis erinnert man sich dagegen daran, dass die radikale Trennung von Staat und Gesellschaft nicht nur von Liberalen, sondern weit mehr von kulturfernen Kräften und Gegnern der Demokratie gefordert wurde. Der Kulturkämpfer *Bismarck* war in diesem Erfahrungshorizont beinah harmlos im Vergleich zur Hitlerdiktatur und zum SED-Staat[137]. Man erinnert sich übrigens auch daran, dass das staatskirchenrechtliche System keineswegs nur eine Offerte zum Paktieren mit der menschenverachtenden Diktatur etwa im Reichskonkordat von 1933 war, sondern dem Gewaltherrscher zu seinem Bedauern spürbare Fesseln für die innere Radikalisierung der deutschen Gesellschaft anlegte.

Die Neuzeit als Bewegung hin zu Laizismus und religiöser Neutralität

Die Neuzeit kann insgesamt als eine Bewegung hin zu Laizismus und religiöser Neutralität verstanden werden. Mit dem Ende des Heiligen Römischen Reiches im Jahr 1806 endete ein Jahrtausend christlicher Staatsbildung in Europa, vollendete sich auch in Deutschland die mit dem Reichsdeputationshauptschluss vom 25. Februar 1803 ins Leben gerufene Säkularisierung von Staat und Gesellschaft[138].

Säkularisierung

„Säkularisierung" heißt ein Prozess, der die Menschen und ihre weltlichen Institutionen – wie den Staat – aus strengen religiösen Bindungen und Beschränkungen herausführt, der die kulturellen Grundlagen von Staat und Gesellschaft zur weltlichen, zur politischen Angelegenheit erklärt und die Religion zu einer Sphäre bürgerlicher Freiheit reduziert. Staat und Religion sind getrennt: Politische Herrschaft verzichtet auf religiöse Legitimation durch die sie stützenden Kirchen,

die Religionsgemeinschaften verzichten auf politische Herr-
schaftsansprüche und Privilegien[139], sie fügen sich ein in eine
allgemeine zivilrechtliche und bürgerschaftliche öffentliche
Ordnung. Die Säkularisierung zu Beginn des 19. Jahrhunderts ging vom revolutionären Frankreich aus, fand im
Rheinland und in Bayern schnell Nachahmer, verallgemei-
nerte sich dann. In Frankreich war die revolutionäre Tradition durchaus kirchen-, ja religionsfeindlich, aber die katholischen Kräfte der Gesellschaft blieben stark. Erst allmählich,
nach der Dreyfus-Affaire fand das Land zu seinem besonderen nationalen Kompromiss und trennte 1905 Staat und Religion sichtbar und streng, verlor aber nach und nach seine
religionsfeindlichen Inhalte. Während Frankreich und die
Türkei eine etatistische Variante des Laizismus ausprägten,
haben Nationen wie die USA oder die Niederlande eher ein
liberales Modell des Laizismus entfaltet, das auf die Kraft des
individuellen Bekenntnisses und der damit korrespondierenden Alltagsmoral baut.

*Säkularisierung und Kooperation mit einem
bekenntnisneutralen Staat*

In Deutschland verlief der Weg anders und komplizierter. In
Bayern hatte man unter dem Einfluss Frankreichs zur Zeit
von *Montgelas* zuerst schnell säkularisiert, aber schon unter
Ludwig I. wurde die Politik kirchenfreundlich und rückte die
Kirchen als Staatsanstalten wieder – wenngleich unter neuen
politisch diktierten Bedingungen – nah an den Staat heran.
Preußen mit seiner protestantischen Ausrichtung hatte ebenfalls eine Affinität zur staatsnahen Kirche und betrachtete
allerdings die katholischen Kräfte vor allem im Rheinland mit
Misstrauen, das in *Bismarcks* Kulturkampf kulminierte.
Nachdem der politische Katholizismus nicht niedergerungen
werden konnte, bewegte das deutsche Reich sich auf ein neutral kooperatives Verhältnis von Kirche und Staat zu, das in
den Staatskirchenartikeln der Weimarer Reichsverfassung
ihre letzte und bis heute gültige Antwort fand, ein Verfassungskompromiss[140].

*Laizismus und Neutralitätspolitik als Antworten auf
drohende Sinnverluste der Moderne*

Sucht man nach dem Unterschied des deutschen Religions-
verfassungsrechts mit dem französischen Laizitätsprinzip, so
dürfte er im politischen Verhältnis zu den kulturellen
Grundlagen einer immer noch national radizierten Gesellschaft zu suchen sein: In Frankreich ist allein der Staat für die
kulturellen Grundlagen der nationalen Gemeinschaft zu-
ständig, seine Sphäre wird deshalb konsequent von denjenigen Kräften freigehalten und abgeschirmt, die als Religions-
oder Weltanschauungsgemeinschaften werbend tätig sind.
Auch im *bismarckschen* Kulturkampf ging es um die Frage,
wer in Schule und Erziehung, in der Formulierung der Gebote alltäglicher Lebensführung das Sagen hat. Bezeichnend
für den deutschen Verfassungskompromiss ist heute Artikel 7 des Grundgesetzes, insbesondere sein Absatz 3[141]. Das
Zusammenwirken von Schulen und Kirchen in einem Religionsunterricht, der autonom von den Religionsgemeinschaften erteilt, aber vom Staat beaufsichtigt wird, macht die Verantwortung und die Freiheit der Religionsgemeinschaften,
ihre Beteiligung an der Pflege der kulturellen Grundlagen
der Gesellschaft sichtbar. Die christlichen Kirchen haben
hier lange positiv gewirkt, inzwischen jedoch hat ihre Kraft
abgenommen und laizistische Gegentendenzen haben auch
bei uns spürbar zugenommen.

*Deutschland hat durch Kraftverluste der
Religionsgemeinschaften ungünstige Voraussetzungen
für die Pflege der Kultur*

Damit könnte aber gerade in Deutschland ein Vakuum für
die Pflege der kulturellen Grundlagen der Gemeinschaft entstehen. Staaten mit korporatistischen Traditionen wie
Deutschland oder Spanien tun sich schwer, einen Weg in den
Laizismus zu finden, ihnen fehlt das Vertrauen sowohl in die
Gestaltungskraft des kulturfördernden Staates wie auch das
in die kulturgenerierende freie Gesellschaft der Bürger. Der

Staat sieht sich anders als in Frankreich nicht so sehr in der
Verantwortung, er hält trotz vergleichsweise hohen Finanz-
einsatzes sich nicht nur bei der Förderung der Familien,
sondern auch bei der Pflege der eigenen nationalen Kultur
zurück, die Deutschen schließen ihre Goethe-Institute im
Ausland, geben wenig Geld für ihre Universitäten aus, ihre
Eliten tun praktisch nichts dafür, ihre eigene Sprache im internationalen Verkehr zu pflegen. Die staatsfreie Gesellschaft
wiederum kann auch nicht wie in den USA oder den Niederlanden mit einer verlässlichen pietistisch-calvinistischen
Grundorientierung der Alltagsmoral rechnen, an die Politiker und öffentliche Diskurse einigermaßen umstandslos an-
schließen können. Da die Kirchen in Staaten wie Italien, Spanien oder Deutschland mit ihren eher korporatistischen
Traditionen aus verschiedenen Gründen heute nicht mehr in
der Lage sind, in ausreichendem Maße die offene Flanke feh-
lender kultureller Identität zu schließen, klafft eine Lücke
für die Regeneration von Alltagsmoral, die in diesen Nationen weder vom Staat noch von der Gesellschaft ausreichend
geschlossen werden kann. In dieser Lage müsste man entweder für eines der alternativen Modelle optieren oder aber
überlegen, wie die konstruktive Kraft der Religionsgemeinschaften wiedergewonnen und wieder genutzt werden kann.

3. Religionsgemeinschaften prägen die Kultur

Die sakralen Gehalte des Rationalismus

Es besteht ein Zusammenhang im Konflikt zwischen jü-
disch-christlicher Ideen- und Wirkgeschichte und einem
Vernunfthumanismus, der die rationalen Elemente antiken
Denkens wieder belebt. Deren Miteinander und Gegeneinander ist gar nicht anders begreifbar, als ein Bewegungspro-
zess innerhalb und hin zu einer Einheit. Der Renaissance-
Humanismus ist insofern nur auf dem Boden einer christlichen Kultur vorstellbar und findet in ihr das Leitbild und
später den erklärten Gegner. Weil das so war, hat der Huma-

nismus immer auch Charakterzüge seines erklärten oder heimlichen Gegners übernommen: Der Glaube an den Willen und die Macht des Individuums zum unbeschränkten Selbstentwurf ist eine weltliche Kopie der Gottesvorstellung, das Trommeln für immerwährenden Fortschritt, für Befreiung aus den Fesseln von Tradition, Religion, Rollenzuweisungen, der ewige Gestus der Entzauberung und Zweckrationalisierung hat etwas Rituelles, nicht Hinterfragbares, beinahe eine zivile Liturgie.

Staatliche Zurückhaltung in religiösen Angelegenheiten

Der moderne Verfassungsstaat ist von der Sphäre des Religionsbekenntnisses und der Religionsausübung prinzipiell wie von allen gesellschaftlichen Organisationen getrennt und insofern neutral. Er darf nicht Partei ergreifen im Konflikt zwischen Religionen, zwischen religiösem Glauben und Atheismus, im Streit der Weltanschauungen, darf sich nicht selbst einer Religion als Herrschaftsinstrument bemächtigen[142]. Der öffentlichen Gewalt ist es auch verwehrt, sich in religiöse oder weltanschauliche Wahrheitsfragen und Glaubensüberzeugungen mit einem verbindlichen Spruch einzuschalten. Das Neutralitätsgebot verbietet den staatlichen Übergriff in die transzendentale Deutung der Welt, das Streben nach Glück, Glaube und Wahrheit ist Privatsache und nicht der Gegenstand von Mehrheitsentscheidungen, die mit dem Gewaltmonopol durchgesetzt werden.

Neutralität heißt nicht Gleichgültigkeit

Neutralität bedeutet aber nicht, dass die Verfassung ihrerseits auf jede Wertebindung und jede Nähe zu einem System der Weltdeutung verzichtet. Neutralität ist nicht Gleichgültigkeit und kalte Indifferenz, erst recht nicht die politische Institutionalisierung des antireligiösen Affekts. Der westliche Kulturkreis glaubt an die Überlegenheit von individueller Freiheit und Gleichheit, an diejenige von Vernunft und Zweckrationalität. Man muss sich nicht gleich das Wort von *Carl Schmitt* zu Eigen machen, um in der westlichen Werteordnung, gerade auch ihrer laizistischen Prägung, eine „politische Theologie"[143] zu erkennen. Aber all die modernen Vorstellungen vom richtigen Leben und der richtigen Ordnung der sozialen Welt sind ihrerseits an Werte gekoppelt, sind eine Art der Weltanschauung und liegen einem weiterreichenden kulturellen Fundament auf, das seine religiösen Wurzeln nicht verleugnen kann.

Gegenseitigkeit in der offenen Kooperation zwischen Staat und Religionsgemeinschaften

Die mitunter hilflosen Debatten um Kopftuch tragende Bewerberinnen für das Lehramt oder die Frage, ob und wie Religionsunterricht zu geben ist, berühren einen Nerv, weil wir uns nicht entschließen können, den Weg der religionsfreundlichen Neutralität fortzusetzen, wenn wir nicht sicher sind, dass die Religionsgemeinschaften ihrerseits grundsätzlich in politischer Neutralität einen Beitrag zu den kulturellen Grundlagen der freiheitlichen Gesellschaft leisten. Nahe liegend wäre insofern, die Rolle der Kirchen und religiösen Gemeinschaften bei der Erhaltung der kulturellen Grundlagen einer humanen Gesellschaft zu überdenken. Wir brauchen eine Diskussion über die Kooperationsofferten und die Bedingungen für den Islam als große, vielfältige und für die Staaten Europas überwiegend neu kennen gelernte Religion. Die Leitlinie ist auch hier Neutralität, aber ebenso die Erwartung des Staates, dass die Religionsgemeinschaften ungeachtet ihrer Glaubensfreiheit und Autonomie einen Beitrag zur Pflege der kulturellen Grundlagen der freien Gesellschaft leisten. Wo das freiheitliche Wertesystem und das friedliche Zusammenleben der Menschen untereinander durch religiöse Intoleranz bekämpft werden, endet die Religionsfreiheit der westlichen Verfassungen. Staaten wie Deutschland stehen auch der Kooperation mit eigenwilligen, von der sozialen Norm abweichenden Religionsgemeinschaften offen, wenn sie sich nur selbst für eine integrierende Kooperation öffnen: Das Grundgesetz verlangt von Religionsgemeinschaften nicht vollständige Loyalität mit den weltlichen Mächten, aber eine

Mindestakzeptanz der öffentlichen Werteordnung, der fundamentalen Verfassungsprinzipien[144], die indes nichts mit einer Gefolgschaft für den jeweiligen Zeitgeist der Republik zu tun hat.

Auch hier also wirkt das Prinzip der Gegenseitigkeit. Es liegt nicht nur der ursprünglichen Alltagserfahrung zu Grunde, es ist in reicher Form kulturell veredelt worden und beherrscht deshalb nicht nur einfache Sozialbeziehungen zwischen Anwesenden, sondern auch die Architektur von Gemeinschaften und ihre Beziehungen untereinander bis hin zum Völkerrecht. Nicht nur das Handeln des Einzelnen, sondern auch das Verhalten von Gemeinschaften lassen sich nach dem Gegenseitigkeitsprinzip normativ bewerten. Wer als Einzelner oder als Gemeinschaft vom Staat eine privilegierte Rechtsstellung erstrebt, muss der staatlichen Gemeinschaft dafür etwas geben, muss sie wenigstens als Reflex seines legitimen Eigennutzes in ihrem Bestand fördern, ihr Nutzen bringen.

Religionsgemeinschaften sind prägender Kulturfaktor: manifest oder latent

Freie Gemeinschaften stützen sich in ihrem Binnenverhältnis auf Gegenseitigkeitsargumente und regeln auch ihre Beziehungen untereinander nach diesem Prinzip. So gesehen kann jeder beliebige Verein, jeder Zusammenschluss von natürlichen Personen als Gemeinschaft zu gegenseitigem Nutzen in Betracht kommen und in der Tat tariert das Zivilrecht die Belange von Vereinsmitgliedern mit den Erhaltungs- und Willensbelangen des Vereins in einer schonenden Weise aus. Ab einem bestimmten Niveau gesellschaftlicher Freizügigkeit können alle auf Dauer angelegten Beziehungen, die Menschen eingehen, als Gemeinschaft bezeichnet werden, die zwischen Vermieter und Mieter, zwischen Arbeitgeber und Arbeitnehmer, zwischen Mitgliedern eines Sportvereins oder einer Gewerkschaft. Solche freiwilligen Zusammenschlüsse setzen ein einigermaßen umstandsloses Austritts- und Kündigungsrecht voraus, so dass eine vernünftige Rechtsordnung gut beraten ist, die Hürden dafür nicht allzu hoch zu legen. Solche Zusammenschlüsse sind begrenzt zweckgebunden, sie sind keine das Leben universal umschließenden Vereinigungen, keine primären Kulturträger.

Anders verhält es sich mit Religionsgemeinschaften. Der transzendentale Zweck der Religion ist immer auch mit einer kohärenten Lebensphilosophie im Diesseits verbunden. Die Religion will den Menschen in seinem ganzen Verhalten prägen, will die Welt umfassend aus dem Glauben heraus begreifen und normativ deuten. Damit erweist sich die Religionsgemeinschaft als prägender Kulturfaktor, in der Geschichte war dies regelmäßig offenkundig, heute in der säkularisierten Welt bleibt dieses Faktum nur latent wirksam, kann aber jederzeit wieder in den Mittelpunkt treten.

Was ist Weltanschauungsfreiheit?

Neuzeit und Humanismus haben aber neben die religiöse Deutung der Welt ganz ausdrücklich eine weltliche, weltanschauliche Kulturgemeinschaft gesetzt, die als politische Gemeinschaft im Staat ihre Idealform gefunden hatte. Aus diesem Grund redet Artikel 4 Absatz 1 des Grundgesetzes von der Freiheit des religiösen *und des weltanschaulichen* Bekenntnisses, aus diesem Grund nimmt Artikel 7 des Grundgesetzes eine Abgrenzung zwischen staatlicher Erziehungsverantwortung und dem Recht der Religionsgemeinschaften zum Religionsunterricht vor, aus diesem Grund übernimmt Artikel 140 des Grundgesetzes ältere Bestimmungen des Staatskirchenrechts aus der Weimarer Reichsverfassung[145]. Der Staat sieht sich als national definierte Kulturgemeinschaft und anerkennt den kooperativ konkurrierenden kulturellen Anspruch der Religionsgemeinschaften, jedenfalls solange wie Kooperation durch komplementäre oder zumindest im Geist der Toleranz koexistierende Weltdeutungen möglich ist. Bei Lichte betrachtet handelt es sich um die friedliche Koexistenz mindestens zweier Bekenntnisse: des Glaubens an die Kraft des Glaubens (Religion) und des Glaubens an die Kraft der rationalen Begründung (Rationalismus).

Das westlich-rationale Gesellschaftsmodell bedingt gegenseitige Offenheit

Dies entspricht dem westlichen Gesellschaftsmodell. Der westliche Prozess der Modernisierung erlaubt eben der Einzelperson ebenso wie den Gemeinschaften Entwicklungsfreiheiten, fordert aber als Preis relative Offenheit. Anders könnte gesellschaftliche Integration durch miteinander wechselwirkende eigenwillige Funktionssysteme nicht gelingen.

Dabei ist nicht zu leugnen, dass beiden Seiten als Ergebnis von Konfessionskriegen und Kulturkämpfen erhebliche Konzessionen abverlangt wurden. Der Staat musste sich weltanschaulich stark zurücknehmen, durfte auch weder für eine bestimmte Religion noch entschieden gegen andere Religionen oder das religiöse Bekenntnis überhaupt optieren und hatte auch hinzunehmen, dass sich christliche Parteien in den politischen Machtprozess begaben. Die Religionen mussten ihre normativen Ansprüche an die menschliche Lebensführung, aber auch ihre Methoden der Gemeinschaftssicherung zurückschrauben und die grundsätzliche Suprematie der staatlichen Rechtsordnung und deren Leitwerte der individuellen Freiheit und Gleichheit anerkennen. Man sieht: Das innergemeinschaftliche Prinzip der Gegenseitigkeit hängt immer auch von einer äußeren kontraktuellen Basis ab, die Rückwirkungen auf die interne Gegenseitigkeit zwischen der Gemeinschaft und ihren Mitgliedern hat, z. B. durch staatskirchenrechtliche Verträge oder Konkordate. Der Prozess der Ko-Evolution des weltanschaulichen und religiösen Bekenntnisses im Prozess der Rationalisierung hat aber auch beide Seiten ein Stück weit in ihrer Wirksamkeit als kulturprägende Faktoren neutralisiert.

Öffnung ist kein Selbstzweck, sondern eine Rahmenbedingung für die eigene Identitätsfindung

Jeder solle nach seiner Façon selig werden, hatte schon der große Friedrich, König des aufgeklärten preußischen Staates, nüchtern festgestellt. Der Kulturkompromiss befördert Liberalität, ist aber zugleich auch die Ursache für wachsende Gleichgültigkeit und den Verlust von positiven Sinngehalten in Erziehung und Persönlichkeitsentwicklung, wenn Personen und Gemeinschaften nicht begreifen, dass die abverlangte Offenheit nur durch besondere Anstrengungen zur eigenen Identitätswahrung einen guten Ausgang nimmt. Es ist eine Normalität mit fast gesetzmäßigem Charakter: Wer sich für seine Umwelt weit öffnet, muss die Fähigkeit pflegen, sich von ihr nach eigenen Zwecken abzusetzen und abzugrenzen – dies gilt für die individuelle Persönlichkeit nicht anders als für Gemeinschaften.

4. Christentum und Islam – Integration in eine selbstbewusste Kultur

Neue Fragmentierung in offenen Gesellschaften?

Damit wird schlaglichtartig deutlich, warum westliche Staaten ein Problem mit islamischen Religionsgemeinschaften haben. Über Jahrhunderte hinweg hat sich zwischen den politisch beglaubigten Weltdeutungen im Staat und denjenigen der führenden christlichen Religionsgemeinschaften eine Art Burgfriede ergeben. Das sich durch Einwanderung, vergleichsweise hohe Geburtenraten und womöglich auch ideelle Attraktivität in wichtigen europäischen Staaten ausbreitende islamische Bekenntnis steht außerhalb dieses historischen kooperativen Prozesses der Koexistenz von politischen und religiösen Kulturgemeinschaften. In sozialtechnischer Sprache könnte man sagen, der kulturelle Anspruch des Islam ist noch nicht den Erfordernissen einer funktional differenzierten Gesellschaft angepasst. Aus dieser Sicht müsste man deshalb verlangen, den islamischen Religionsbekenntnissen vor allem deshalb entgegenzukommen, ihnen etwa die Möglichkeit zu eröffnen, Religionsunterricht in staatlichen Schulen zu erteilen, damit auch sie sich ihrerseits in den Prozess der Ko-Evolution und wechselseitigen Öffnung begeben.

Religiöser Fundamentalismus ist kooperationsfeindlich

Solche vernünftigen Einladungen zur Kooperation entsprechen der Tradition der Neutralitätspolitik und sie haben auch einige Aussicht auf Erfolg, wenn man sie mit klaren Bedingungen auf einer für beide Seiten berechenbaren Geschäftsgrundlage ausspricht. Aber was wäre, wenn eine oder beide Seiten nicht bereit wären den fälligen Tribut eines solchen Kompromisses zu entrichten? Um die Höhe des Preises wird längst gestritten, aber der an Kulturkämpfe nicht mehr recht gewöhnte Teil des Westens ist mitunter etwas einfältig, wenn er meint, hinter einer Fassade schöner Toleranzrhetorik sich um die Zahlung des Preises drücken zu können. Diejenigen Gemeinschaften, die sich religiös und politisch radikalisiert haben und als fundamentalistisch wahrgenommen werden, entziehen sich ihrerseits dem Zusammenhang der Gegenseitigkeit: Sie nutzen die Infrastruktur der Freiheit und des Wohlstandes, zugleich verachten und bekämpfen sie das Wertesystem, das diese Bedingungen schafft. Sie schließen sich ab in einer auf Offenheit gegründeten Gesellschaft. Auch wenn keineswegs die fundamentalistische Minderheit für die Mehrheit einer Glaubensrichtung steht, das Problem einer Fragmentierung der Gesellschaft wächst, wenn das Prinzip Freiheit gegen wechselseitige Offenheit ausgespielt und zugleich missachtet wird und solange die Mehrheitskräfte nicht deutlich genug mit Alternativen in Erscheinung treten.

Parallelwelten und Kulturbrüche in den westlichen Verfassungsstaaten?

Der liberale Westen kann es drehen und wenden wie er will: Es existieren auf dem Boden seiner Staaten bereits wieder ernsthafte kulturelle Diskrepanzen. Dies wird nicht allein, aber doch besonders sinnfällig bei den unterschiedlichen Antworten auf die Frage, ob zwischen Mann und Frau in ihrer gesellschaftlichen Rollenerwartung Unterschiede gemacht werden dürfen. Die westliche Kultur hat ihre logisch

inhärente Forderung nach Gleichberechtigung von Mann
und Frau inzwischen in einer Weise fortentwickelt, die aus
der Grundidee der Gleichheit vor dem Gesetz jedenfalls
nicht mehr zwingend abzuleiten ist. Forderungen nach Ergebnisgleichheit (Gleichstellung statt Gleichberechtigung)
und bis hin zu jeglichem Differenzierungsverbot zwischen
Geschlechtern (Antidiskriminierungsgesetzgebung), sogar
bei mittelbaren gar nicht intendierten Differenzierungen
mögen politisch und verfassungsrechtlich begründbar sein,
sie gehören jedoch nicht zum unveräußerlichen Kernbestand
des freiheitlichen Menschenbildes der westlichen Kultur.
Wir sollten deshalb die kulturelle Ablehnung solcher sehr
neuen Ansichten zum Verhältnis der Geschlechter und ihre
Umsetzung in geltendes Recht nicht umstandslos als Angriff
auf unsere freiheitliche Werteordnung betrachten. Wie auch
immer im Einzelnen gewichtet und erklärt wird: Die islamischen Religionsbekenntnisse pflegen – positiv gewendet –
eine deutlich traditionellere Betrachtung. Sie halten es nicht
nur für legitim, biologische und gesellschaftliche Unterschiede zwischen Frauen und Männern zu betonen oder jedenfalls zu akzeptieren, sie halten dies aus Gründen der religiös hergeleiteten sittlichen Ordnung auch für geboten.

Das verpasste Rendezvous zwischen islamischem und
christlichem Traditionalismus

Plötzlich treten wieder verschüttete Zusammenhänge in den
Blick. Dort, wo in Berlin islamischer Religionsunterricht erteilt wurde, häuften sich an Schulen die Weigerungen am ko-
edukativen Sportunterricht teilzunehmen. Dahinter steht die
Furcht, dass ab einem bestimmten Alter der Schüler die
leichtere, spärlichere oder engere Bekleidung beim Schwim-
men oder bei Leibesübungen Jungen oder auch Mädchen zu
unsittlichen Gedanken verführen könnte. Es ist noch nicht
lange her, erst wenige Jahrzehnte, da hätte eine solche Forderung, eine solche Denkweise bei einigen christlichen Konservativen Sympathie und Verständnis hervorgerufen; bis in die
Kirchenbänke hinein haben wir schließlich einmal mit ähnli-

chen Erwägungen die Geschlechter getrennt. Muslimische Mütter oder Väter verlangen heute, dass ihre Kinder nicht am Sexualkundeunterricht teilnehmen müssen; auch dies war in Deutschland noch in den siebziger Jahren ein heißes innenpolitisches Eisen, auch dies umstritten zwischen christlich orientierten Konservativen und Progressiven. Man könnte sagen, die islamische Einwanderung ist mit solchen Forderungen nur knapp zu spät gekommen, jetzt trifft sie auf eine gemeinsame Front der progressiven Sieger und der konservativen Verlierer unserer letzten kleineren Kulturscharmützel.

Offene Gemeinschaften zwischen Toleranzgebot und Identitätsbehauptung

Doch die Progressiven sind von Natur aus gegenüber Fremden tolerant und die Konservativen haben vielleicht verborgene Sympathien für die Betonung traditioneller Werte und Unterscheidungen, so dass man an sich optimistisch auf die Suche nach dem Kompromiss gehen könnte. Ihn findet man am leichtesten mit pragmatischem Selbstbewusstsein, man sollte aber keinen Illusionen anhängen. Es könnte schließlich sein, dass eine Religions- und Kulturgemeinschaft zu der Auffassung gelangt, sie wolle ihre Identität auch und gerade in einem anderen kulturellen Umfeld bewahren, weil sie das westliche Wertesystem im Grunde nicht teilt. Es könnte gerade sein, dass sie den kooperativen Weg der christlichen Kirchen und jüdischen Gemeinden im Westen nicht beschreiten will, schon weil er im Ergebnis, wie die Auszehrung und Ermattung des christlichen Bekenntnisses zeigt, kein allzu leuchtendes Vorbild bietet. Vielleicht wäre insofern die beste Integrationsofferte das Wiedererstarken der christlichen Gemeinden und des christlichen Lebensentwurfs, auch das Wiederaufleben von kulturpolitischen Debatten innerhalb des allzu hermetisch geschlossenen westlichen Kulturkreises könnte nützlich sein. Um die Integrationsfähigkeit gegenüber Einwanderern mit tief empfundenen religiösen Überzeugungen ist es vermutlich nicht gut bestellt, wenn niemand EU-

Kommissar werden kann, der seine gesellschaftlichen Grund-
überzeugungen an diejenigen der katholischen Kirche an-
lehnt.

*Die zwei falschen Antworten: multikulturelles Wegschauen
und trompetender Kulturkampf*

Die durch Kopftuch und Verhüllung der Frau symbolisch
herausgeforderte westliche Kulturgemeinschaft bewegt sich
zwischen zwei Polen, die nicht per se falsch sind, aber einen
zu engen Bewegungsraum markieren: zwischen wegschau-
end duldender Toleranz und unduldsamer kulturkämpferi-
scher Härte. Die multikulturelle Toleranz pflegt den Affekt
gegen den eigenen historisch gewachsenen Kulturraum und
geht davon aus, dass die herrschende westliche Ordnung
bestimmte Unterschiede etwa nach kultureller Herkunft,
Staatsangehörigkeit oder Wertebekenntnissen nicht machen
dürfe und deshalb offen sein müsse für andere kulturelle Le-
bensauffassungen – in der Erwartung allerdings, dass sich
eine Art Weltbürgerordnung aus dem friedlichen Zusammenleben der verschiedenen Kulturen ergebe. Dies führt zu
einem Differenzierungsverbot für den Staat und der Forderung nach Toleranz für die in der Gesellschaft entstehende
Differenz. Demgegenüber gibt es – zum Teil im selben politischen Lager stehend – eine kulturkämpferische Ansicht, die
den gegenwärtigen kulturellen Entwicklungsstand des Westens unter Einsatz staatlicher Macht verteidigen will und die
Integration anderer Kulturen verlangt, schließlich verfüge
die Kultur des Westens über universelle Werte, die nicht nur
als Menschenrechte im Völkerrecht Gültigkeit beanspruchen, sondern erst recht im Inneren eines freiheitlichen Staates.

*Fragmentierung von unvereinbaren Kulturkreisen kann
in einer staatlich definierten Gesellschaft auf Dauer
nicht hingenommen werden*

Für beide Positionen kann man gute Gründe und auch jeweils günstige Prognosen für eine in Zukunft gelingende Ge-

sellschaft ins Feld führen, man sollte aber auch die Gefahren
dieser Konzeptionen nüchtern abwägen. Eine Toleranz des
Nichtstuns und Wegschauens fördert immer die entschlosse-
nere und vitalere Kultur, sie riskiert zugleich die kulturelle
Fragmentierung der Gesellschaft mit all ihren Folgen, was
die Möglichkeit von Zusammenhalt, friedlicher Ordnung
und vernünftigem Ausgleich mit sich bringt. Wer aber Integration in eine herrschende Kulturgemeinschaft allzu nachdrücklich verlangt, kann auch Gegenkräfte mobilisieren und
könnte dann gezwungen sein, härter zu werden. Die Frage
taucht auf, ob wir etwa zwischen kultureller Fragmentierung
mit Bürgerkriegsgefahr oder zwischen autoritärer Stärkung
des staatlichen Gewaltmonopols zu wählen haben: Kosovo
oder Algerien?

Die neue Mitte: Selbstachtung des eigenen
Lebensentwurfs, Fähigkeit zur Selbstkritik und zur
kritischen Rezeption des Anderen

Die Wahrheit dürfte nicht einfach in der Mitte liegen, sondern die Mitte muss – den bestehenden Möglichkeitsraum
erweiternd – erst einmal geschaffen werden. Dabei kommt es
darauf an, sich von mechanistischen Grundvorstellungen
und der Logik des Entweder/Oder zu lösen. Wir müssen einige unausweichliche Paradoxien ernster nehmen als bisher.
Die westliche Kultur ist stark wegen ihrer Offenheit, es wäre
deshalb falsch sie zu schließen, zu kanonisieren und sie un-
einsichtig mit aller Macht zu verteidigen. Eine offene Gemeinschaft kann aber nur Gemeinschaft bleiben, wenn sie
ganz entschieden ihre Identität pflegt und Mechanismen entwickelt, ihre Identität zu bekräftigen. Auch und gerade die
offene Gemeinschaft muss sich als Gemeinschaft wollen, sich
selbst achten, sich mögen. Je vitaler und selbstgewisser die
den Ordnungsrahmen bestimmende Gemeinschaft ist, desto
größere Integrationsfähigkeiten hat sie.

Integration heißt, durch das Vorbild guten, kraftvollen Lebens die neu Hinzugekommenen in ihrer kulturellen Orientierung auf die Seite ziehen, heißt, durch gelebtes Glück

überzeugen. Wer einige Zeit in den USA lebt und arbeitet,
wird häufig von der Idee Amerikas ergriffen: Optimismus,
Urvertrauen in die Kraft individueller Freiheit, zugleich star-
kes Gemeinschaftsgefühl, gerichtet auf Lebensidee, Nation,
Flagge und Sprache. Eine Nation und eine Sprachkultur dagegen, die sich selbst und ihre Geschichte im Guten wie im
Bösen nicht mag, nicht achtet, die sich am liebsten auflösen
und sich vergessen würde, verringert massiv ihre Möglichkeiten für Integration und Toleranz. Eine solch schwache
politische Gemeinschaft bleibt in der Logik etatistischen Re-
gulierens gefangen: Sie wird Programme und Gesetze gegen
Rassismus, Fundamentalismus, Fremdenfeindlichkeit und
Diskriminierung verabschieden und für einen ganzen Kontinent fordern, aber damit nichts an Freiheit, Selbstbewusstsein und Anziehungskraft gewinnen.

„Also hat der Kontinent, der den modernen,
auf zentralisierte Macht und die Anwendung
militärischer Gewalt gegründeten Staat erfunden hat, geradewegs den Kerngedanken von
Staatlichkeit eliminiert. Vor allem trifft das auf
Deutschland zu, ..., wo die Nachkriegsidenti-
tät gewissermaßen um so etwas wie ein Anti-
souveränitätsprojekt konstruiert wurde."
(*Francis Fukuyama*)[146]

IX. Die Nation als politische Gemeinschaft

Nationen als Schicksalsgemeinschaften

Staaten und Nationen sind Gemeinschaften, ohne die individuelle Freiheit nicht dauerhaft sein kann. Eine Ordnung der
Freiheit ist nicht denkbar ohne den selbstbewussten politischen Zusammenschluss von Menschen, die sich als in
wesentlichen Hinsichten gleich und zusammengehörig verstehen wollen. Nur wenn sich eine gewisse Anzahl von Menschen als Schicksalsgemeinschaft will, große Erzählungen
miteinander teilt, historische Kämpfe und Erfahrungen als
gemeinsame erinnert, über den sportlichen Erfolg des Angehörigen der eigenen Nation jubelt, jemanden in der eigenen
Sprache und den Usancen des Denkens, Argumentierens und
Verhaltens wiedererkennt, ist der Einzelne als Teil dieser Gemeinschaft bereit, die Hälfte seines Einkommens für eine abstrakte Infrastruktur oder für unbekannte Bedürftige abzugeben oder gar sein Leben im Kampf für den Bestand der
Gemeinschaft aufzuopfern. Schicksalsgemeinschaft zu sein,
heißt auch im Zeitalter des Individualismus, sich zugehörig
zu fühlen, sich für das Handeln anderer, sogar für das Verhalten vergangener Generationen verantwortlich zu sehen. Jede
politische Ordnung seit der Neuzeit braucht Nationen, auch
und gerade als emotionale Grundlage ihrer Herrschaft.

Nationen sind weder bloße Willensgeschöpfe noch Naturzustände

Nationen sind nicht leicht zu verstehen und zu definieren. Was ist ihr unverlierbares Kennzeichen? Sind US-Amerikaner alle diejenigen, die einen US-Pass ihr Eigen nennen, sind Deutsche diejenigen, die die deutsche Staatsangehörigkeit besitzen, sind es die Fahnen und Hymnen, das Gesicht eines Präsidenten, ein Monument in der Hauptstadt? Die Idee der Nation ist nicht minder paradox angelegt als andere Schöpfungen des modernen Zeitalters. Man benötigt eine Idee und eine Anschauung von der Nation, um definieren zu können, was eine Nation und ihre Merkmale ausmacht. Die Merkmale variieren, das Merkmal der Rasse war von vornherein unvereinbar mit modernem Denken und Werten, auch die nahe liegendere Religion hat sich als ungeeignet erwiesen. Dagegen ist die Sprache von vornherein als das wichtigste Amalgam vorhanden gewesen und zu einem der überzeugendsten Unterscheidungskriterien avanciert, obwohl es nicht vollständig distinktiv und nicht völlig allein in Erscheinung tritt. Wichtig können auch kollektive Freiheitserfahrungen sein, Kämpfe um den gemeinsam gewollten Weg gut und richtig zu leben; in bestimmten Situationen kann dies sogar wichtiger als die gemeinsame Sprache sein, das Beispiel der Schweiz belegt dies. Moderne Nationen sind politisch verstandene Gemeinschaften, die sich als Produkte und zugleich als Resonanzböden kultureller Evolution begreifen lassen.

Die Hand auf dem Herzen: vom Zauber der kulturellen Gemeinschaft

Eines ist dem modernen Verständnis von Nation ebenso eigentümlich wie es für die antiken Begriffe der Polis oder der res publica war: Sie alle tragen in sich die Idee kultureller Selbstbehauptung einer sich abgrenzenden Gruppe. Rings um Sprache und erlebtes, historisch erinnertes Schicksal, rings um gemeinsame Werte und Sitten, rings um einen Ka-

non der Weltinterpretation, von Würde, Anstand und Alltagsvernunft, rings um einen Normenbestand von Verhalten
und Einstellungen wächst die Idee der Nation. Jede Nation
ist auch eine bloße geistige Konstruktion, eine paradoxe Erfindung von sich selbst, in Bildern, Fahnen, Hymnen und
großen Erzählungen zum Gegenstand gemacht und sich in
dieser Spiegelung selbst erst erschaffend. Derart scharf ana-
lysierend kann man dem ganzen Zauber womöglich nichts
mehr abgewinnen und findet es vielleicht sogar lächerlich,
wenn amerikanische Sportler beim Erklingen der Nationalhymne ihre Hand auf das Herz legen.

Der Fluch der Entzauberung

Doch der Entzauberer bleibt immer noch im Banne des Zaubers. Wer mit Inbrunst gegen die Restbestände einer Idee der
Nation zu Felde zieht, macht sich selbst zum negierenden
Restbestand. Heute ist eigentlich der Weg frei, alle Gemeinschaften nüchtern und pragmatisch zu beobachten und auf
ihren Wert hin zu befragen. Mehr noch: Wo wir Gemeinschaften als Bedingung einer vitalen und freien Gesellschaft
erkennen, sollten wir keine Scheu zeigen, diese Gemeinschaften zu wollen und um unserer individuellen Freiheit willen solche Gemeinschaften auch als Ort dieser Freiheit zu respektieren und womöglich gar zu lieben. Einer pragmatischen
Weltsicht, die nüchtern nach den nicht rechtlich formalisier-
baren Bedingungen der Freiheit fragt, hilft die alte entlar-
vende Dekonstruktion nicht einen Schritt weiter, der bloße
Entzauberer bleibt auf einer niedrigen Stufe der Beobachtung
stehen. Es kommt darauf an, kalkuliert und wissend, eben
rational, ein Stück des Zaubers wieder zuzulassen, der der
Kultur des Westens wie jeder vitalen Kultur einst Pate gestan-
den hat.

Das Nationalitätsprinzip: Ursache für verheerende Kriege?

Aber ist nicht der Ansatz, die Kultur der Freiheit dadurch zu
erhalten, dass Familien, soziale und politische Gemeinschaften, auch Nationen oder überstaatliche Gemeinschaften wie-

der mehr respektiert werden, historisch hoffnungslos überholt, geradezu von der Welle immer weiter um sich
greifender Individualisierung überrollt? Und ist nicht speziell die Forderung, sich wieder vermehrt zu Nationen zu bekennen, geradezu anachronistisch, politisch sogar gefährlich? Schließlich hat die Idee, dass die politisch im modernen
Staat geeinte Nation ein eigener kultureller Lebensraum sei,
den man gegen jede äußere und innere Bedrohung mit dem
Einsatz aller Mittel zu verteidigen habe, dem Anschein nach
den verheerenden Kriegen des 20. Jahrhunderts wie eine
Blaupause zu Grunde gelegen; es hätte nicht viel gefehlt, dass
noch der späte Kalte Krieg in einen heißen umgeschlagen
wäre und der Welt mit einem dritten Karthago den Untergang beschert hätte.

Der Erste Weltkrieg: Krieg der Kulturen?

Dabei hatte schon der Erste Weltkrieg deutliche Züge eines
Kulturkampfes: Die Alliierten pflegten die hohe Tonlage
westlicher Werte, stellten ihren Kampf als den Kampf der Zivilisation gegen die hunnische Barbarei dar. *Thomas Mann*
dagegen berief sich in seinen „Betrachtungen eines Unpolitischen" auf den Stolz und die Würde, die auch im ritterlichen
Gehorsam liegt, mit dem der Unteroffizier vor dem Offizier
zackig salutiert[147]; es ging ihm um die deutsche Kultur, die
sich mit aller Macht der großen Industrienation gegen den
westlichen Mainstream stemmt, eine einmalig tragische und
katastrophale Geste, die aber bis heute etwa in islamischen
Staaten nicht gänzlich vergessen ist. *Thomas Mann* sah als un-
politischer Zeitgenosse, der er zeitlebens war, immerhin seinen kulturellen Lebensraum als politische Einheit bedroht
und war deshalb wie so viele Deutsche von einem Schick-
salsparadigma beherrscht. Das Sich-Ergeben in das kollektive
Schicksal war den Deutschen wie anderen nichtwestlichen
Kulturen eigentümlich, die moderne nationale Identitätsbildung kreist nicht zuletzt und nicht nur für *Hölderlin* um den
Rhein als Schicksalsstrom mitsamt dem verborgenen Schatz
der Nibelungen[148].

Offene Staaten als Antwort auf den Krieg zwischen Nationen

Es sind gerade diese europäischen Erfahrungen, dass sich eng verwandte Kulturen durch Übersteigerung objektiv nur geringfügiger Differenzen einen sinnlosen Kampf auf Leben und Tod liefern, die sich tief in das historische Gedächtnis der Menschheit eingegraben haben und die nach 1945 und dann nach 1990 zu einem stark veränderten Verständnis von Nation und Staat geführt haben. Nicht allein im Westen dominiert heute das neue Modell des offenen Staates, der kompatibel ist mit regionalen und weltumspannenden Staatengemeinschaften. Der offene Staat kann – wenn dies jemals möglich war – keine Undurchdringlichkeit mehr gewährleisten, er kann in einer dynamischen Weltwirtschaftsgesellschaft nur lenken, kanalisieren und beeinflussen. Die offenen Staaten sind zur Zusammenarbeit verurteilt, das langsam autonomer und kohärenter werdende internationale Recht bindet sie mehr und mehr ein, die Sachzwänge politischer Absprachen und wirtschaftlicher Handelsregulation beherrschen den Regierungsalltag.

Neue kosmopolitische Eliten

Der offene Welthandel, das globale Finanz-, Informations- und Wissenschaftssystem haben nicht nur die Welt der Staaten, sondern auch die Lebensmöglichkeiten der Menschen verändert. Es ist eine herrschende Schicht von prosaischen Kosmopoliten entstanden, die überwiegend im westlich-amerikanischen Lebensstil die Grenzen nicht nur als Touristen überschreiten, sondern Wohn- oder Geschäftssitze ganz nach dem Kalkül von Vorteil oder Vorliebe verlegen, die Geschäfts- und Sozialbeziehungen rund um den Erdball knüpfen. Die Eliten der Nationen gehen zum Teil wieder in neuen Netzwerken auf, so wie die alte europäische Aristokratie sich sehr zählebig als übernational empfunden hatte und mit der anhebenden nationalen Begeisterung deshalb lange Zeit wenig anfangen konnte.

Die entzauberte Nation – dennoch unersetzlich?

Nation und Staat sind auf diese Weise zwar entzaubert, aber nicht ersetzt worden. Die politische Herrschaft als System hat sich zum Teil ergänzende Ordnungen geschaffen, die mal deutlich vom eher konventionellen diplomatischen Spiel der Nationen beherrscht werden, wie die Vereinten Nationen, oder aber einen neuartigen staatsähnlichen Selbststand erreichen konnten, wie die Europäische Union. Für die Menschen im westlichen Kulturkreis ist nunmehr die Öffnung der Staaten nach den Fortschritten der parlamentarischen Demokratisierung und der gezielten Rechtsbindung durch Verfassungen, ein weiterer Gewinn an Freiheit und Frieden, aber auch ein Problem.

Komplexität der vielen Herrschaftsebenen

Im westlichen Wertesystem ist politische Herrschaft nur dann legitim und dem individuellen Freiheitsethos angemessen, wenn eine Gemeinschaft aus gleichen und freien Bürgern besteht, in der jeder den gleichen Anteil an der Ausübung öffentlicher Gewalt besitzt und auch tatsächlich mit Mehrheitsentscheidungen in einem Konkurrenzsystem die Ämtervergabe für Gesetzgebung, Regierung, Verwaltung und Rechtsprechung kontrolliert. Demokratie muss nicht nur formal, sondern auch praktisch in einer wenigstens prinzipiell zurechenbaren Weise funktionieren. Das setzt voraus, dass die Bürger die Grundlinien politischen Geschehens so beobachten können, dass sie rationale Konsequenzen für die bevorzugte oder abgelehnte Politik durch Wahlen und Abstimmungen herbeizuführen vermögen. Die Öffnung und Integration von Staaten führt indes zu einer derartigen Zunahme von Komplexität, dass eine rationale Zurechnung von Entscheidung zu Entscheidungsträger auch bei guter Vermittlung durch Massenmedien kaum noch sicher möglich ist[149].

Tendenz zu sozialtechnokratischem Politikstil im Mehrebenensystem

Verantwortlich für die Undurchschaubarkeit ist die mehrfach gegliederte Kooperation von Regierungen, das Nebeneinander von internationaler Bindung und staatlicher sowie überstaatlicher Herrschaft, die Expertenzirkel technischen Sachverstandes sowie das Ineinandergreifen von älterem geltenden Recht und der Aktualisierung des jeweiligen politischen Gestaltungswillens. Das vor allem in Europa neu entstandene politische Mehrebenensystem ruft täglich nach Vereinfachung, doch können diese Rufe nicht zu einer mit dem innerstaatlichen System vergleichbaren Struktur führen – dazu ist das Mehrebenensystem zu kompliziert, die Bildung eines Großstaates würde ihm nicht gerecht. Einige politische Funktionäre allerdings wollen den kontinentalen Staat, um nicht zu einem schärferen, womöglich gefährlichen und voraussichtlich lähmenden politischen Wettbewerb im Mehrebenensystem zu gelangen, aber sie übersteigen dabei in technokratischer Weise die realen Grundlagen der Gemeinschaftsbildung.

Legitimität und der Wille zur Gemeinschaft

Die sich verschärfenden prinzipiellen Probleme einer demokratisch organisierten Herrschaft sind die Ursache für Krisensymptome im politischen System, die unter der Rubrik Legitimität diskutiert werden. Bürger, die den politischen Betrieb nicht mehr hinreichend durchschauen, identifizieren sich nicht mit ihren Repräsentanten und der ideellen Gesamtgemeinschaft, sie tragen deshalb auch weniger bereitwillig Lasten und Opfer, entfernen sich von der Vorstellung der res publica als Sache aller. Die Darstellung des politischen Herrschaftssystems offener Staaten und vernetzter Herrschaftsverbände ist eine politikwissenschaftliche oder auch staatstheoretisch orientierte Beschreibung. Blickt man auf die kulturellen Grundlagen einer freien Gesellschaft, so fragt man danach, ob das politische System von den Menschen in

einer bedeutungsvollen Form noch für wertvoll gehalten
wird, ob es als Gemeinschaftsbildung gewollt wird. Aber mit
politischen Systemen auf einer abstrakten Ebene kann man
sich nicht emotional identifizieren, es bedarf einer kulturellen Zweitfassung der rationalen Organisation. Dies wird vor
allem geleistet durch das Begriffspaar Staat und Nation.

Staat und Nation

In manchen Staaten des Westens wie den USA steht zuerst die
Nation, während der Staat als Gattungsbegriff neben den
Funktionsbegriffen Regierung oder Agenturen kaum eine
Rolle spielt, in anderen Staaten wie Deutschland hat die Idee
des Staates besondere historische und geistesgeschichtliche
Wurzeln, während die Nation immer schwer zu fassen war,
weswegen dort von Nation kaum und schon gar nicht als Angelegenheit des Herzens gesprochen wird. Im gegenwärtigen
Europa scheint insgesamt der Begriff der Nation in Kalamitä-
ten zu führen, weil die Europäische Union sich schlecht als
Nation begreifen lässt und man nationale Leidenschaften als
vermeintliche Gegenkräfte fürchtet. Im Grunde ist Europa in
eine Schwebelage eingetreten, die sich bislang noch nicht so
als Bild gegliedert hat, dass eine Gemeinschaftsemotion
selbstständig tragen könnte. Man könnte auch sagen, dass das
politische Europa vor der Frage steht, ob es um eine eigene
Identität als originäre Gemeinschaft ringen und auf diese setzen soll oder ob es weiterhin Staatengemeinschaft, also eine
abgeleitete Gemeinschaft zweiter Ordnung bleiben und für
deren Stärkung werben soll.

Kann es noch Nationen im integrierten Europa geben?

Vor dem Hintergrund dieser – jedenfalls in einer langfristi-
gen Perspektive – offenen Entwicklung ergeben sich Unge-
wissheiten, aber auch reizvolle Fragen. Sollen eigentlich die
kulturellen Meinungsführer der Nation als Gemeinschaft
noch irgendetwas abgewinnen oder sie besser als verbrauch-
tes Gehäuse verabschieden? Sollen sie avantgardistisch darauf setzen, gar keine emotional verankerten politischen Ge-

meinschaften mehr zu empfehlen oder sollen sie für
wiederum neue Herrschaftsprojekte wie die Europäische
Union oder für eine künftige Weltregierung werben? Im
temporären Schema der Progressiven ist die Antwort deutlich vorgezeichnet. Alles ‚Alte‘ zu verabschieden, lautet die
ewig moderne Parole: Die Nation als politischer Begriff ist
heute anders als im 19. Jahrhundert eine als traditionell emp-
fundene Kategorie, die in dieser anspruchslosen Sicht schon
deshalb ihr Lebensrecht verloren hat. Für den eng verwand-
ten unaufhörlichen politischen Aufklärer, verharrend auf der
ersten naiven Reflexionsstufe, liegt der Fall ebenfalls klar.
Die Nation enthält ein gerütteltes Maß an Emotion, Legende
und Mythos, ist deshalb nicht vollständig rational begründbar, hat sich aus seiner Sicht historisch wegen der Irratio-
nalität auch gründlich diskreditiert.

Irrationalität ewiger Entzauberung und inhaltslosen Fortschritts

Beide ‚Begründungen‘ halten einer rationalen Überprüfung
indes nicht lange stand. Die heute noch vorherrschende Einstellung der *Dekomposition*, der zerlegenden und fortschrittlichen Aufklärung ist längst nicht mehr funktional und vom
Wertesystem unserer Gesellschaft her zu begründen; sie ist
an ihren eigenen Vernunftmaßstäben gemessen irrational.
Wenn die These stimmt, dass individuelle Freiheit ohne den
Fortbestand vitaler Gemeinschaften nicht möglich ist, so gefährdet der Abbau politischer Primärgemeinschaften eine
der wichtigsten Voraussetzungen für individuelle Freiheits-
entfaltung einer möglichst großen Anzahl von Menschen.
Bereits heute ist sichtbar, dass die übernationalen Eliten *für
sich* zwar auf kurze Sicht Freiheitsgewinne verbuchen können, aber die große Anzahl der Bürger eines Staates sich womöglich in einer freiheitsverkürzten Welt wieder finden
könnte. Wenn Staaten es nicht mehr vermögen, die kulturellen Rahmenbedingungen nach einem diskursiv herbeige-
führten nationalen Konsens zu garantieren, verliert das
grundlegende Zeichensystem der Menschen an Eindeutig-

keit, entsteht Raum für Zweifel, können Fehler im kulturellen Grundlagensystem nicht mehr ohne Weiteres korrigiert werden.

Wenn der Nationalstaat seine Bürger nicht mehr vor dem Zugriff einer fremden Staatsgewalt schützen kann oder will, wenn er Herrschaft über die Bewohner seines Territoriums und über die Kompatibilität ihrer kulturellen Dispositionen durch die Internationalisierung des Einwanderungsrechts sowie die Faktizität illegaler Einwanderung verliert, wenn einzelne Staaten sich als unfähig erweisen, ihre Staatsfinanzen in einer freiheitsgerechten Weise zu kontrollieren oder Sicherheitsbedrohungen für ihre Bürger abzuwehren und wirtschaftliche Prosperität auf dem Staatsgebiet zu fördern, dann ist die Freiheitsbilanz für den Einzelnen eindeutig negativ. Der Staat verliert seine Funktion, ein freiheitlich verfasster Kulturraum zu sein, die Idee individueller Freiheit wird abstrakt, verliert ihren Ort. Zu solchen Fehlentwicklungen kann es kommen, wenn man den politischen Prozess entlang der Zeitachse oder in der Logik der Steigerungsrhetorik moralisiert, also nicht mehr Inhalte kritisch beurteilt, sondern alles, was sich als ‚Neu‘ etikettiert, dem Alten vorzieht oder alles, was der europäischen Integration nutzt oder einen Weltstaat zu fördern scheint, als undiskutierbar behandelt.

X. Die Identität der Deutschen im Banne ihrer Geschichte

1. Historisches Selbstverständnis und republikanische Idee

*Der integrierte Staat als politische Primärgemeinschaft –
das Beispiel Frankreich*

Für Franzosen, Polen, Türken, Briten oder Amerikaner dürfte es außer Frage stehen, dass ihre Nationen politische Primärgemeinschaften sind, bei Deutschen, Österreichern oder Belgiern ist dies nicht ganz so sicher. Eine politische Primärgemeinschaft schließt die Loyalität zu weiteren harmonisch verbundenen Gemeinschaften, Sekundärgemeinschaften, keineswegs aus: Ein guter Franzose kann ein ebenso guter Europäer, Weltbürger oder Bürger seiner Heimatstadt sein, die französische Revolution hatte ihre Ideen genau auf der Nahtstelle zwischen Nation und Weltbürgertum genäht. Doch wenn es darauf ankommt, das heißt in der Stunde der Gefahr, der Not, dürfte die Mehrheit der Franzosen um ihre eigenen Landsleute in größerer Sorge sein, als im Fall anderer Nationalitäten, in der letzten Frage politischer Legitimität werden sie auf ihren Präsidenten und ihre Nationalversammlung schauen, im Zweifel französische Interessen höher schätzen als andere. Frankreich ist eine republikanische Idee, die erhaben ist, eine Gemeinschaft, für deren Freiheit Menschen gestorben sind, die mit allem Individualismus als nationalem Wert ein gemeinsames Programm guten Lebens enthält, die in Sprache, Literatur, Architektur, im Film, in der Kunst des Speisens und Trinkens, in der Mode, im Geschmack den entscheidenden Resonanzboden und das ausschlaggebende kulturelle Gedächtnis bildet, mit einem Wort: immer noch Vorbild für die Nation als geordneter Kulturraum der Freiheit.

Der deutsche Sonderfall – europäischer Mentor für den
Verzicht auf das Nationalitätsprinzip?

Gerade die Deutschen tun sich schwer, nach einem solchen Vorbild nationale Identität noch mit Unbefangenheit zu leben. Sie sind in Europa deshalb seit Jahrzehnten als Mentor einer europäischen Bundesstaatsgründung und Überwinder nationaler Traditionen aufgetreten. Ihre Geschichte scheint sie nachdrücklich daran zu hindern, Deutschland als politische Primärgemeinschaft zu wollen und zu verteidigen, sich um das Wohl nicht nur seines individuellen Nahbereichs, sondern sich auch um die Zukunft der eigenen Nation zu sorgen. Deutschlands politische Kultur ist inzwischen über Dekaden eine überwiegend negative gewesen: Wie hätte es auch anders sein sollen nach dem, was die Hitlerdiktatur mit Europa, den Menschen jüdischen Glaubens und jüdischer Abstammung, mit anderen Verfolgten und Entrechteten, mit menschlichen Werten, auch mit der eigenen blühenden Nationalkultur angerichtet hat? Die Versuche von Rechtsradikalen und Nationalkonservativen diesem deutschen Trauma durch Leugnung und Relativierung der nationalsozialistischen Verbrechen oder durch allzu starke Betonung erlittenen Unrechts zu entkommen oder seine Auswirkungen zu lindern, waren und sind alle praktisch aussichtslos und vor allem moralisch abstoßend.

2. Das moderne Deutschland und seine Geschichte

Die Kanonisierung von Schuld statt Unterscheidung von
Schuld, Unvermögen und Tragik

Der inzwischen eingeschliffene Umgang der Deutschen mit ihrer Geschichte des 20. Jahrhunderts ist allerdings nicht alternativlos, nicht nur im Detail, auch in den Grundannahmen. Schon *Fritz Fischers* „Griff nach der Weltmacht"[150] überzeichnete im zeitgenössischen kulturpolitischen Klima der moralischen Selbstanklage die Rolle Deutschlands am Ausbruch des Ersten Weltkrieges auch dort, wo an der gravierenden Mitverantwortung des Landes keine vernünftige Diskussion möglich ist. Dabei wurde verdeckt, dass man Deutschlands Rolle in der ersten Hälfte des 20. Jahrhunderts nicht nur in der Terminologie von krimineller Täterschaft oder aggressiver Machtpolitik beschreiben kann, sondern dass es dabei immer auch um mangelndes Talent für pragmatische Politik, um Träumereien und Tragik geht. Eine differenzierte und mit der moralischen Anklage angemessen umgehende Geschichtsschreibung wird womöglich eher zu dem Ergebnis gelangen, dass die Deutschen durch die schwere Entgleisung, das zwölfjährige Abgleiten vom Kurs zivilisierter Nationen nicht ihre Identität verloren haben, ja auch wegen der in ihre historische Verantwortung fallenden Opfer nicht diese Identität preisgeben dürfen. Am Umgang mit der eigenen Geschichte, in der Reue über begangenes Unrecht zeigt sich zivilsatorische Reife einer Nation ebenso wie in ihrem weltoffenen Pragmatismus.

Die Irrungen des heroischen Nationalmythos

Der Nationalmythos der Deutschen war allzu lange das Nibelungenlied, eine Nationalerzählung, die mehr von Treue, von Schicksal und von Untergang als vom Kampf um Freiheit, Lebensklugheit, Liebe zum Leben, von Erfolg und Selbstgewissheit handelt. Die bis in die letzte Schulklasse gepflegte Legende, in der die Lust am heroischen, aber in Treue festen Untergang und am auch aussichtslosen Kampf zum Beweis der Furchtlosigkeit überdeutlich wird, schnappte – ungeachtet der sonstigen Rahmenbedingungen – im Juli 1914 wie eine von der eigenen Nationalkultur gelegte Falle zu und endete beileibe nicht zufällig in der Dolchstoßlegende, in der der Siegfried des im Felde unbesiegten deutschen Heeres hinterrücks gemeuchelt wurde.

Deutsche Geschichte und preußischer Geist

Die deutsche Entwicklung bis 1914 war die Geschichte vom Eintritt einer föderal vielfältig gegliederten, teils ländlich-konfessionellen, wirtschaftlich zurückgebliebenen, teils tief-

und allzu feinsinnigen Kulturnation in die harte Welt der Ökonomie, Technik und Machtpolitik. Für den internationalen Erfolg in beiden Sphären war das Land nach der eigenen offiziellen Lesart praktisch im Wesentlichen nur durch die preußische Staats- und Gesellschaftsräson vorbereitet. Sie bestand in einer Symbiose aus dem Geist moderner Aufklärung und Sachrationalität mit dem neutral rechts- und staatsgebundenen Berufsbeamtentum, aber auch aus dem Bündnis der monarchisch-adligen Militärkaste mit dem kräftiger werdenden bürgerlichen Unternehmertum. Diese Zuordnung war schon föderal nicht ganz richtig, weil der preußische Protestantismus und die rationale Staatsräson Kräfte waren, die durch die Integration vor allem des katholischen Bayern und des Rheinlands oder etwa der eigenwilligen Badener gesteigert und nicht etwa geschwächt wurden.

Verkehrte Proportionen im wilhelminischen Staatsmodell

Insofern sind föderale Korrekturen des Preußenbildes als Bestimmungsfaktor der deutschen Geschichte angebracht. Aber vielleicht wichtiger noch ist eine ausgewogene Gewichtung von Schwächen und Stärken des preußischen Geistes, eine gerechte Bewertung seiner Rolle im Prozess der nationalen Identitätsbildung. Die Schwächen Preußen-Deutschlands sind bekannt, ihre Stärken werden heute gerne übersehen. Die zentrale Schwäche lag in einem etatistischen Übergewicht, in verkehrten Proportionen: Staat war wichtiger als freie Gesellschaft, Monarchie gab sich wichtiger als Parlament, Adel kam vor bürgerlichem Leistungsträger, Militär genoss Vortritt vor dem Zivilisten, die politischen Eliten waren einer rückwärtsgewandten adeligen, nicht selten arrogant-ignoranten Interessenstruktur verhaftet, der übermäßige monarchische Einfluss glich einem nationalen Glücksspiel, abhängig von dem Charakter und den Launen des Königs und Kaisers und den Charakteren in seinem höfischen Umfeld.

Der puritanische Geist Preußens und die Geburt der Wirtschaftsnation

Wer Preußen gerecht werden will, muss gewiss auch sehen, dass diese negativen Entwicklungen bis hin zu den glänzenden Beschreibungen in *Heinrich Manns* „Der Untertan" ganz überwiegend die Deformationen des Wilhelminismus betreffen, also mit einem Preußen verbunden sind, das bereits durch die Reichsgründung praktisch auf- oder gar untergegangen war. Und doch prosperierte auch das kaiserliche Deutschland bis 1914 zwar nicht allein, aber auch wegen des Preußengeistes in einer beeindruckenden Weise: Als Wirtschaftsnation wurde es am Vorabend des Ersten Weltkrieges nur noch von den USA übertroffen, die Leistungen in Wissenschaft und Forschung, im Aufbau einer modernen sozialstaatlichen Struktur waren vorbildlich.

Es hatte sich auch und nicht zuletzt unter preußischer Kuratel etwas entfaltet, was mit der deutschen Romantik, was mit *Goethe* und *Schiller* in die Welt gekommen, von *Beethoven* intoniert worden war, mit *Kant*, *Fichte* und *Hegel* klassische Züge des philosophischen Denkens, was mit den Reformern *Humboldt* und *vom Stein* praktische Gestalt der Universitäts- und Staatsorganisation gewonnen hatte und was mit *Alfred Krupp*, *August Thyssen* und *Werner Siemens* ein die Landschaft wie die Nation prägendes industrielles Gesicht erhielt.

Im Innern war dadurch die deutsche Gesellschaft nach 1871 spürbar härter geworden: der hämmernde Geist des rheinischen Industriekapitalismus, bürgerlicher und wissenschaftlicher Leistungswille und der zackige Gehorsam von Militär und Beamten hatten sich verbunden. Dieser überwiegend protestantische Geist wurde das Rückgrat einer Gesellschaft, die aus einem selbstvergessenen Partikularismus stammte, der manchmal auch unversehens in einen schwärmerischen Kosmopolitismus umschlagen konnte, und die gesellschaftspolitisch seit jeher in germanisch-christlichen Traditionen nicht selten auch zu Sozialträumereien neigte[151].

Politische Unreife, fehlendes Talent zur pragmatischen Übersicht

Politisch blieb die Nationalkultur unfertig und unreif: nicht harmonisch gewachsen, zu viel Kompromiss, zu wenig pragmatische Erfahrungen, ein träumender Nationalcharakter. Die starken Wurzeln der Freiheit, die deutsche liberale Kraft, war nach *metternich*scher Restauration und *bismarck*schem Machtpragma nicht zerstört, aber saftlos geworden. Die wirtschaftlich starke, beinah zu starke Nation wurde politisch nach *Bismarck* geradezu lächerlich dilettantisch geführt, hatte den Übergang zum parlamentarischen, parteipolitischen Auslesesystem nicht geschafft und sich deshalb ohne wirkliche außenpolitische (und schon gar nicht innenpolitische) Not in die nahezu aussichtslose Ausgangskonstellation des Ersten Weltkriegs hineinmanövriert.

Kriege, die mit dem ersten Schuss verloren waren

Gerade diese erste technisierte grausame Völkerschlacht machte die Tragik des deutschen Weges im 20. Jahrhundert besonders deutlich sichtbar: Der Krieg von 1914 war für den Zweibund von vornherein verloren. Dieses Urteil gilt gerade auch für den nach den Kräfteverhältnissen immerhin denkbaren Fall, dass er militärisch gewonnen worden wäre. Deutschland und Österreich-Ungarn hatten kein Programm für eine von ihnen zu gestaltende Nachkriegsordnung, die dem westlichen Modell neue konstruktive Akzente gegeben hätte und als geistig begründete Weltordnung international anschlussfähig gewesen wäre. Die politischen und wohl auch die militärischen Funktionseliten Deutschlands hatten im tonangebenden konservativ-nationalen Lager geistig eine eher zwergenhafte Statur, sie saßen gleichsam auf einem Riesen, den sie nicht zu lenken verstanden und dem sie keinen Weltgeist einzuhauchen vermochten.

Keine kulturellen Voraussetzungen für den Sieg

Ein Sieg über Frankreich und Russland wäre gerade auch für Deutschland verheerend gewesen. Denn dem Land fehlte

weit mehr als seinem damals ebenfalls mitunter rüden „Erz-
feind" im Westen das Augenmaß und der Respekt vor den
Freiheitswünschen anderer Nationen, es fehlten die Voraussetzungen für die Größe im Sieg und eine überzeugende Idee
der Weltrechtsordnung, die auf Dauer mit den grundlegenden Vorstellungen anderer Nationen, und das hieß in Europa
zuerst mit dem westlichen Freiheitsideal, vereinbar gewesen
wäre. Es waren die USA, die sich für eine solche Idee des
Selbstbestimmungsrechts der Völker, für den freien Welthandel und für die weltweite politische Zusammenarbeit
stark machten, auch wenn sie immer wieder einmal isolatio-
nistisch oder protektionistisch dabei erschlafften.

Einem siegreichen Deutschland dagegen hätten für eine
solche konstruktive Rolle vor allem die kulturellen Voraussetzungen gefehlt, weil es internationale Beziehungen nicht
auf der prinzipiellen Ebene des Rechts und der Gleichordnung verstand und sich im Innern nicht ausreichend nach
dem Leitwert der Freiheit organisiert, sondern sich an einem
kruden nationalen Interesse orientiert hätte, gegen das auf
Dauer übermächtiger Widerstand entstanden wäre. Das räu-
berische Diktat von Brest-Litowsk nach dem Sieg über Russland Anfang 1918 zeigt, dass ein Sieg auch im Westen für
Deutschland moralisch und politisch eine weit größere Niederlage bedeutet und vorbereitet hätte, als die tatsächliche
vom November 1918.

Weimar als Latenzzeit, Krise der Nation

Die Weimarer Republik kann als der fehlgeschlagene Versuch gedeutet werden, Deutschland an die politische Kultur
des Westens wieder vollständig anzuschließen. Der durch
Krieg und Niederlage, durch Inflation, Ruhrbesetzung und
Reparationen gedemütigte Nationalstolz war der Treibsatz
für das prasselnde Feuer einer emotionalen Ablehnung der
Republik. Und doch hätte sich diese mächtige Ablehnungs-
front nach und nach verkleinert, wenn die Republik die For-
tüne des wirtschaftlichen Aufschwungs und die Mittel zum
sozialstaatlichen Ausgleich besessen hätte. Denn die natio-

nale Hybris war in Wirklichkeit für deutsche Arbeiter, Bauern und Angestellte, für viele Intellektuelle nur etwas Äußerliches, von Agitatoren Entfachtes.

Die vergebliche Suche nach dem bürgerlichen Glück

Viel tiefer war das Bedürfnis bei kleinen Leuten und dem Bürgertum nach sozialer Sicherheit, Aufstieg und privatem Glück, aber auch nach sozialer Gleichheit und Schutz vor den Unberechenbarkeiten und Unbilden des modernen Kapitalismus. Die Republik ging daran zu Grunde, dass sie in der Weltwirtschaftskrise dieses Hoffen und Sehnen brüsk enttäuschen musste und nicht mit einer überzeugenden, den Nationalcharakter in der Tiefe ansprechenden, aber weltoffenen Idee nach vorne schauen konnte. Dies färbte sofort ab auf Wahlentscheidungen und die sich radikalisierende Stimmung in den Parteien, die etwa die Sozialdemokraten ab 1930 um die Koalitionsfähigkeit brachte. Auch hier war sie wieder, die für die Deutschen nicht untypische pessimistische Endzeitstimmung, gerade auch unter Demokraten und pragmatischen Patrioten, und vor allem erneut die Neigung, es doch – wie 1914 – einmal auf den großen Kladderadatsch, diesmal einer Naziherrschaft, ankommen zu lassen.

Tragische Disposition und Volk im Griff des Dämon

Die Republik und mit ihr eine große Kulturnation wären vermutlich nicht gescheitert, hätte sie nicht ihr Schicksal erneut in den Griff genommen. Das Phänomen „Hitler" war zwar keineswegs nur zufällig, in England oder Frankreich hätte vermutlich eine solche verkrachte Figur mit ersichtlich kriminellem Flair im 20. Jahrhundert nicht zu unbeschränkter Herrschaft aufsteigen können. Aber es war eben auch ein historisch fast einmaliges Unglück, dass die Deutschen von unfähigen Eliten an einen brutal-charismatischen Komödianten, an einen skrupel- und bindungslosen, menschenverachtenden Hochstapler, einem rohen Lügner und unkultiviert begabten, größenwahnsinnigen Dilettanten ausgeliefert wurden.

Hitler war die tödliche Krankheit eines anfälligen
Organismus – nicht aber die Konsequenz deutscher
Geschichte

Die immer noch unterschwellig die historische Selbstbetrachtung der Deutschen beeinflussende, in vielem zutreffende, aber verzerrte und deshalb anfechtbare Grundthese
zur Hitlerdiktatur lautet: Die deutsche Nationalkultur sei im
Hitlerregime folgerichtig kulminiert, es führe ein gerader
und logischer Weg von *Friedrich dem Großen* über *Bismarck*
zu Hitler. Auf dem Boden des Untertanengeistes, der libidinösen Fixierung des Volkes auf Uniform und Marschmusik
sei die braune Krankheit entstanden und gewuchert. Es sei
die böse Melange von Minderwertigkeitsgefühl und auf-
trumpfendem Sendungsbewusstsein im Nationalcharakter
gewesen, der tief verwurzelte gegenmoderne Antisemitismus
und der infantil-gefährliche Glaube an den Sonderweg ab-
seits und gegen den westlichen Kulturkreis, der genauso wie
geschehen – im Verbrechen des Menschen- und Völkermordes, in der totalen Niederlage – habe enden müssen. Es sei die
weit zurückreichende, vielleicht sogar angeborene Deforma-
tion des Nationalcharakters gewesen, der dazu führte, dass
die Deutschen Hitler in freier Selbstbestimmung wählten
und ihm in seine Untaten als willige Vollstrecker begeistert
oder zumindest skrupellos folgten.

Die Hitlerpropaganda berühmte sich als Vollendung der
deutschen Nationalkultur – warum erliegen wir dieser
Lüge heute noch?

Eine solche geschichtsteleologische Interpretation, wenn sie
wirkmächtig das Denken über Jahrzehnte beherrscht, erzeugt
ein negatives Selbstbild, eine nicht abreißende Fixierung auf
den beispiellosen Vorgang der Schmach und schließlich Aus-
weichbewegungen, den Hang zur Leugnung und Demontage
der eigenen Nationalkultur. Denn wenn der Hitlerwahnsinn
das logische Resultat der deutschen Nationalkultur gewesen
wäre, gäbe es keine echte Möglichkeit, aus den tieferen Wur-

zeln der eigenen Geschichte wieder positive Energien zu beziehen.

Eine solche Konsequenz ist nicht nur in einer ersten Phase
der Verarbeitung des Geschehenen, sondern dauerhaft für die
historische Selbstbetrachtung beinah unvermeidlich, wenn
diese geschichtliche Deutung tatsächlich unanfechtbar wäre.
Doch dies ist sie nicht. Auffällig – obwohl keine Widerlegung
einer solch gängigen historischen Selbstbetrachtung – ist, dass
sie der nationalsozialistischen Geschichtsdeutung fast perfekt
entspricht oder sie in einer bekräftigenden Art und Weise
doch spiegelt: Auch Hitler sah und stilisierte sich als die Vollendung der deutschen Geschichte, als den Messias, auf den
Generationen gewartet hatten, ließ sich auf Postkarten abbilden in einer Reihe mit Friedrich II. und Bismarck. Die Nazis propagierten ihren aus der – allenfalls nur wenige Tage
legalen – Kanzlerschaft Hitlers heraus ausgeführten Staats-
streich nach dem 30. Januar 1933 als nationale Erhebung einer
Mehrheit der Deutschen und inszenierten unablässig die
Massenloyalität in Aufmärschen und mitunter in sogenann-
ten Volksabstimmungen. Die insofern populistische Diktatur
behauptete und verlangte die willige und perfekte organische
Vollstreckung des Führerwillens bis hinunter zum letzten
Volksgenossen: ein Volk, ein Reich, ein Führer. Und schließlich vertrat auch Hitler in seinen letzten Stunden die für ihn
vollständig folgerichtige sozialdarwinistische These, das
deutsche Volk habe mit der militärischen Niederlage sein Lebensrecht verloren, weil es sich als schwach und damit nicht
als lebenswert erwiesen habe; hier hatte jemand, nur getrieben
von krankem Ehrgeiz und widernatürlichen Hass, mit einem
ganzen Volk Vabanque gespielt – und es gezielt in beispiellose
Verbrechen verwickelt.

Immer noch im Banne des Dämons?

Aber: Wäre nicht schon allein dieses dämonische Testament
des Bösen ein ganz starker Grund, die Nation der Deutschen
unter ihrem schwarz-rot-goldenen Banner, dem der bürgerlichen Revolution von 1848, als vitale Gemeinschaft zu *wollen*,

als Dementi des bösen Fluchs, um ihm die Bannkraft zu nehmen? Oder sind vielleicht diejenigen halbpolitischen Radikalen, die auf Häuserwände schmieren „Deutschland verrecke" und „Boykottiert israelische Waren" nicht in Idee und Diktion wahrhaft würdige Vollstrecker von Hitlers Testament, allenfalls erreicht von denjenigen, die in ihrem dumpfen Rechtsradikalismus immer noch nicht verstanden haben, dass Hitler und seine ‚Bewegung' mit der Verteidigung nationaler Identität etwa so viel gemein hatten, wie der kommunistische Menschenschlächter *Pol Pot* mit sozialer Gerechtigkeit?

Das belogene Volk, das sich verführen ließ

Die Wirklichkeit liegt gar nicht allzu weit neben der teleologischen Geschichtsdeutung. Und doch ergibt sich ein ganz anderes Bild, wenn man auf die üblichen deterministischen Deutungen verzichtet. Die beiden Bilder führen zu einem jeweils anderen Selbstverständnis der Deutschen. Zur ganzen, weniger ideologisch festgelegten Wahrheit gehört auch: Der deutsche Nationalcharakter war 1933 und in den Folgejahren nicht auf Judenmord und Welteroberung ausgerichtet, keiner hat das mehr bedauert und wiederholt beklagt als der Diktator selbst. Die Deutschen sind in weiten Teilen mit allen Mitteln moderner Propaganda verführt und belogen worden. Was man ihnen vorwerfen muss und woraus sie zu lernen haben ist der Umstand, dass sie sich haben verführen und belügen lassen. Aus der Sicht Hitlers war die „Volkspsyche" eine zu verführende Frau, die man mit Komplimenten, schönen Versprechungen und dem betörenden Bild von bürgerlicher Idylle lockt. Auf diesem Ersatzfeld der Galanterie war er erschreckend erfolgreich, anders als in den von ihm zum Vergleich herangezogenen historischen Rollenmustern.

Lehren aus der Geschichte: Wer friedlich und gut leben will, muss die Freiheit wählen, darf für Wohlstandsverheißungen nicht seine kritische Urteilskraft preisgeben

Die politisch verwirrten und sozial deklassierten Deutschen des Jahres 1933 wollten ganz überwiegend eine sichere, friedliche, bürgerliche Welt. Sie wollten hart arbeiten und die Früchte dieser Arbeit sehen. Sie träumten vom eigenen Auto und von Urlaubsreisen, von einem Häuschen und von Kindern, nichts war falsch an diesen Träumen. Falsch war das fehlende Verständnis für die Risiken der Marktwirtschaft und das Funktionieren politischer Prozesse. Falsch war jedenfalls für große Minderheiten, die Bewältigung der Vergangenheit, die sich allzu lange über das „Schanddiktat von Versailles" aufhielt und die Lehren des Scheiterns nicht richtig zog. Gefährlich auch war die Anfälligkeit für schnelle Lösungen ‚von oben', das Hoffen auf den starken Staat, das Liebäugeln mit irgendeiner wohlstandsverheißenden Form von Sozialismus und das Misstrauen in die aktive Gesellschaft der freien Bürger, gefährlich auch der Affekt gegen den politischen Wettbewerb der Parteien. Kurz: Die Deutschen blieben politisch unbegabt und waren dem frischen atlantischen Wind, der von Amerika aus in das alte Europa hineinwehte, ausgewichen. Und wieder wurde die Schwäche des Liberalismus verhängnisvoll, was uns zu der Einsicht zwingt: Nur dort, wo individuelle Verantwortung und Freiheit ein unbestrittener Höchstwert ist, widersteht man den Sirenengesängen politischer Herrschaft, tauscht nicht für das Linsengericht staatlich versprochenen Wohlstandes seine Bürgerfreiheiten ein.

Pervertierung aller Werte durch die Nazidiktatur

Die Nazis bedienten die Träume, während sie für den Alptraum wühlten. Sie versprachen Arbeit, Frieden, Wohlstand, Ordnung und eine Identität, die auf eigene Stärke und gegen ein Ausgeliefertsein an ferne Mächte der „Wallstreet" gerichtet war. Das Sparen auf den Volkswagen, die KdF-Reisen, die Volksgemeinschaft als verdichteter Sozialstaat, all das kam an. Als das Saarland in einer international kontrollierten Volksabstimmung über seinen künftigen Status frei abstimmte, setzte sich in den Köpfen das *goebbels*sche Plakat der Mutter durch, die ihr Kind wieder an sich zog: Geborgenheit und feste Ordnung. Eine überwältigende Mehrheit der Saarländer entschied sich in Freiheit für die Vereinigung mit dem von den Nazis beherrschten Deutschland.

Die Nazis waren die verkleideten Feinde der deutschen Kultur

Der Nationalsozialismus war – wenn hier der Biologismus gleichsam als Gegenwehr erlaubt ist – eine heimtückische Krankheit, die einen geschwächten und wohl auch genetisch etwas disponierten Körper befallen hatte. Wie ein wucherndes Krebsgeschwür spiegelten die Nazis den Deutschen vor, ihre Herrschaft sei die vollkommene Idee der Nation, wenigstens konsequenteste Vertretung deutscher Interessen, sie brachten so auch ‚gesunde‘ – auch hier widersprach die Terminologie der Nazis diametral der Wirklichkeit – Teile des Volkes durch perfide Täuschung dazu, für das krankhaft wuchernde Böse zu arbeiten. Noch in der Evidenz der Niederlage in den Jahren 1944 und 1945 kämpften viele deutsche Wehrpflichtige in dem festen Glauben, sie würden ihre Heimat und ihre kollektive Identität gegen eine fremde Welt von Feinden, gegen Plutokratie und Bolschewismus verteidigen.

Aber es war alles ein raffiniert inszeniertes Trugbild. Hitler war kein Deutscher, nicht etwa weil er österreichischer Herkunft war, sondern weil er kein Jota vom Anstand des preußischen Staatsdieners, weder Heimatgefühl noch Lebensfreude des bayerischen Katholizismus besaß, keinerlei Neigung für Fleiß und harte Arbeit, keinen Sinn für deutsche Lebensart, bürgerliche Vorlieben und christliche Traditionen. Er war nur ein verkleideter Deutscher, ein entwurzelter Gaukler aus der Gosse, der alle Energien des Volkes und dessen kulturelles Vermögen aufsog und gleichgültig die Vernichtung der ihm Ausgelieferten hinnahm.

Zusammenbruch der Nationalkultur im Jahr 1933

Doch die Nation und ihre Kultur wurden zwar schwer geschädigt, in den Schmutz gezogen und befleckt, konnten aber nicht vernichtet werden. Mit den ersten „Aktionen" gegen die Deutschen jüdischen Glaubens, der ersten Mord-

welle während des so genannten *Röhm*-Putsches und der
Verbrennung von Büchern, die unverlierbarer Teil der deutschen Kultur sind, brach das freie Deutschland in einer beispiellosen Weise zusammen. Nie war eine politische Kraft
antinationaler als der Nationalsozialismus: Eine Nation, die
Albert Einstein, Thomas Mann und *Marlene Dietrich* in die
Emigration treibt, wählt nicht das Leben, sondern den Tod.

Schief ist insofern auch eine Terminologie und Sichtweise,
die von den verfolgten „Juden" wie von Objekten und von
den trügerischen ersten Erfolgen der Nationalsozialisten redet. Damit wird der Blick darauf verstellt, dass schon 1933
eine Kulturnation sich moralisch und politisch aufgab, indem sie ihre eigenen Bürger jüdischen Glaubens oder jüdischer „Abstammung" aus der „Volksgemeinschaft" bereits
sichtbar ausschloss. Nicht nur brachte sich, zweckrational
betrachtet, damit ein Staat um seine besten Bürger. Die Nation zerstörte vielmehr, solange dieses Unrecht währte, ihr
ethisches Fundament, weil es keine legitime Gemeinschaft
der Deutschen mehr geben konnte, wenn man eine Gruppe
anständiger und unbescholtener Bürger aus der Volksgemeinschaft willkürlich ausschloss und auf ihre gesellschaftliche und physische Vernichtung zielte.

Die rassische Volksgemeinschaft war die Negation dessen,
wofür die Nation der Deutschen steht

Die Einsicht, dass die Verfolgung der zu „Juden", „Zigeu-
nern", „Staatsfeinden", „Homosexuellen" oder „Lebensun-
werten" erklärten und ausgegrenzten Deutschen nicht nur
gegen westliche Menschenrechte und tiefste christliche
Überzeugungen verstieß, sondern von der ersten Maßnahme
der Ausgrenzung an auch ein Angriff auf die Nation war, hat
sich bis heute nicht durchgesetzt. Das Leid „der Juden" wird
heute immer noch von vielen Deutschen als das Leiden einer
speziellen Glaubensgemeinschaft, eines „fremden" Volkes
angesehen und damit als das Schicksal von Nicht-Zugehöri-
gen. Natürlich kann sich die Gemeinschaft der Juden selbst
begründen, abgrenzen, auch und gerade nach dem erlittenen

gemeinsamen Schicksal der *Schoah*. Aber für die Deutschen sollte dies nicht für die historische Rückbetrachtung gelten: Zum Schmerz über die Opfer und zur Scham über die der eigenen Nation zugehörigen Täter sollte auch der tiefe Schmerz über den Verlust und das Leid der jüdischen Bürger als Angehörige des eigenen, des deutschen Volkes treten.

Ein freies und zivilisiertes Volk, eine Kulturnation, achtet gewiss jeden Menschen, leidet deshalb mit dem Unglück eines jeden Menschen, nimmt aber an dem Schicksal derjenigen, die zur eigenen Gemeinschaft gehören, einen besonderen Anteil. Die Gemeinschaft begründet eine Distanz zu anderen *durch die* Nähe der Zugehörigen, nicht durch feindseligen Ausschluss des Fremden, sondern durch die Verdichtung der sozialen Beziehungen in der Gemeinschaft, durch gewollte Nähe, durch gegenseitigen Beistand zum wechselseitigen Nutzen. Es kommt insofern schon für die erste Phase der Nazidiktatur auf eine Korrektur der Perspektive an: Das Ausgrenzen und Misshandeln unschuldiger Deutscher durch die Ausgrenzung vor allem der jüdischen Mitbürger war neben aller Menschenverachtung auch eine moralische Selbstverstümmlung der Deutschen, die kein Volksgemeinschaftspathos vergessen machen konnte. Das schlechte Gewissen, dass der Nachbar, der Geschäftsfreund, der Kriegskamerad zum Volksfeind gestempelt, bürgerlich ausgegrenzt und später dann abgeholt wurde, war in der Stimmung der Mehrheit deutlich präsent; dies ist keine nachträgliche, verzerrende Zurechnung spätgeborener Generationen. Deutschland ist als Kulturnation im Jahr 1933 zusammengebrochen, weil es mit dem Ausschluss für volksfremd erklärter Deutscher sich wehrlos gemacht hatte für alles Kommende. Wenn dies klarer würde, hätte Antisemitismus heute vielleicht noch weniger Chancen, seine böse Saat aufs Neue auszubringen.

Aber wichtig für die heute stattfindende Identitätsbetrachtung ist auch der Umstand, dass die Hitlerdiktatur in all ihrer destruktiven Bösartigkeit, ihrer Zersetzung von Volkskultur und Anstand, von Institutionen und mit ihrem aberwitzigen Missbrauch der deutschen Nationalkultur diese nicht etwa zerstört, sondern als das Größere und Beständigere im Grunde auch bestätigt hat. Nicht nur, dass der von den Nazis beschworene und pervertierte Geist der großen Preußenidee im Widerstand der Offiziere um *Stauffenberg* wieder zu sich selbst kam, die Nazis mussten das Ausmaß ihrer Verbrechen bis zum Schluss verschleiern und an Anstand und Kultur bis zuletzt appellieren, damit nicht noch mehr junge Menschen wie die Geschwister *Scholl* aus diesen Kraftquellen den heroischen Mut zum Widerstand schöpften. Das Land zeigte in den Jahren des Wahns und der versteckten Verbrechen nicht nur in seinen Kriegsanstrengungen, sondern auch im menschlichen Alltag der Hilfe und Selbsthilfe, welche Energien es freisetzen konnte, Energien, die lediglich auf eine konstruktive Wendung zum Besseren, auf die Rückgewinnung der Selbstbestimmung warteten.

> „Dennoch und ganz anders, als später im unruhigen Jahr 1968 behauptet wurde, war die Zeit um 1955 nicht eine der Restauration, sondern des Aufbruchs in eine bessere Zeit."
> (*Ernst Benda*)[152]

3. Aufbruch in eine bessere Zeit

Wirtschaftswunder und deutsche Identität

Die kulturelle Wende schien auf den Trümmern der Vergangenheit sich fast wunderbar zu ergeben, als Westdeutschland unter dem Patronat der USA zum Westen fand. Es erwies sich insofern als Vorteil, dass die Hitlerdiktatur etwas Dämonenhaftes, Rausch- und Wahnhaftes gewesen war; sie hatte keine wirklich bleibenden Verformungen erzeugt, die den Weg in eine freie Gesellschaft politisch und wirtschaftlich ernstlich verbaut hätten. Der Rausch verflog mit dem Tod des Dämons, es gab in Deutschland keine Partisanen, der wahrnehmbare rechtsradikale Rand schrumpfte wieder auf westliches Normalmaß, später eher darunter liegend, ohne Aussicht auf politisches Gewicht.

Verdrängung des Grauens

Das allerdings, was im Rausch angerichtet worden war, über-
stieg alle historischen Erfahrungen: das Ausmaß der Zerstörung, der Verbrechen, der Verlust an Würde. Aber gerade
dieses apokalyptische Ausmaß erlaubte es zunächst auch, die
Augen zu verschließen, sich nicht persönlich für dieses
schicksalhafte Geschehen verantwortlich zu fühlen und
stattdessen lieber den drängenden Alltag in Angriff zu nehmen. Kalter Krieg und Pax Americana bildeten für das ge-
schlagene Volk günstige Ausgangsbedingungen, um in neu
gewonnener persönlicher Freiheit und unter der klugen Regie eines überragenden ersten Kanzlers und seines Wirt-
schaftsministers mit rastlosem Fleiß, Leistungswillen und
nationalem Zusammengehörigkeitsgefühl das Land wieder
aufzubauen.

Politische Freiheit und bürgerliches Glück

Der rasante wirtschaftliche Wiederaufstieg und die rasche politische Rehabilitierung Deutschlands wurden auch bestimmend für die Nationalkultur der jungen Bundesrepublik. Es
gelang das, was der Weimarer Republik versagt geblieben war:
Der Traum vom persönlichen Glück, von zunächst beschei-
denem Wohlstand, vom Aufstieg für den Fleißigen, er wurde
wahr. Damit fand das politische System der jungen Bundesrepublik seine entscheidende Stütze, die die politischen Akteure
auch dankbar annahmen und pflegten. Wirtschaft und soziale
Sicherung wurden zu beherrschenden politischen Themen.
Hier verfestigte sich allerdings auch die Erwartungshaltung
an den zivil gewordenen Staat, er werde immer während Rahmenbedingungen des Wohlstandes garantieren; dies wurde
die eigentliche Essenz der Bundesrepublik und erzeugte noch
mehr Strahlkraft nach Osten als Freiheit und Demokratie.

Die Restaurationslegende: ideologische Verzerrung der fünfziger Jahre

Aber waren die Wirtschaftswunderjahre, waren die fünfziger Jahre nicht die Jahre des kleinbürgerlichen Miefs, beengter Familienbande, der prügelnden Lehrer und Väter? Stehen die fünfziger Jahre nicht für politische Restauration, eine elende Verdrängung der braunen Untaten, stehen sie nicht für einen freiheitsgefährdenden Antikommunismus, für Wiederbewaffnung und Aufrüstung? Ist diese Zeit nicht das Schlechte, die dunkle Zeit, gegen die sich der frische Wind der sechziger Jahre richtete? Das herrschende politische Paradigma hat die fünfziger Jahre zu dem gemacht, was die Neuzeit mit dem „dunklen" Mittelalter gemacht hatte, die französische Revolution mit dem Ancien Régime oder auch der Nationalsozialismus mit der als „Systemzeit" titulierten Weimarer Periode: Jede siegreiche Paradigmenbildung gibt der vorangegangenen Zeit eine negative Signatur. Sie wird künstlich verdunkelt und von einer Zäsur der Befreiung, der Läuterung oder der Umkehr beendet. Mit dieser Periodisierung und dem scharfen Kontrast kann das Licht der neuen Zeit heller erstrahlen, gegen das Schlechte der Vergangenheit wird das neue Gute überhaupt erst erkennbar.

Solche Konstruktionen leben stets davon, dass sie einiges Richtige mit viel Falschem vermischen, Fakten selektiv mitteilen und vor allem neu deuten. Sie erschaffen eine andere Wirklichkeit. So wurden im Horizont von Studentenrevolte und der Befreiungsrhetorik die deutschen fünfziger Jahre zu einer Periode der „Restauration", der „Wiederbewaffnung", des „CDU-Staates", der dumpfen Kleinbürgerei gestempelt und tragen diese, die Wirklichkeit verzerrenden Etiketten, auch heute noch.

Die goldenen Fünfziger: Aufbruch der Bürgerrepublik

Dieses Bild liegt geradezu grotesk neben der Wirklichkeit. Die fünfziger Jahre waren goldene Jahre der Westdeutschen, bei aller Scham über das Vergangene und allen Traumata eine

Dekade der Lebenslust und Energie; hier wuchs das Kapital, von dem die heutige, an manchen Stellen starr und bequem gewordene Republik immer noch zehrt. „Es hat kaum jemals soviel zuversichtliche Leistungsbereitschaft gegeben wie in dieser Zeit."[153] Die Deutschen wussten damals, welches Glück es war, in Freiheit zu leben. Krieg und Leid hatten sie hart für das eigene Schicksal gemacht, das Erleiden gelehrt, aber nicht in ihren Gefühlen der Mitmenschlichkeit erkalten lassen.

Die Renaissance kultureller Leitwerte und der neu geschärfte Sinn für Institutionen

Das einfache Prinzip der Gegenseitigkeit trat dort konturen-scharf hervor, wo der eine auf den anderen angewiesen war. Überhaupt: Der Absturz in die Existenzangst, Hunger, Kälte und Vertreibung hatten viele Menschen nicht nur das Beten wieder gelehrt, sondern Alltagsvernunft und Lebenseinsicht kräftig gefordert und gefördert. Auch die von den Nazis be-kämpften oder untergrabenen Institutionen wie Kirchen, Gewerkschaften, politische Parteien, Bildungseinrichtungen und die Familie wurden in ihrer Bedeutung wieder viel klarer erkannt und kräftiger bejaht; es dämmerte sogar dem Heer der Mitläufer, dass nach dem braunen Spuk nur die Festigkeit der alten kulturellen Verbürgungen das neue Leben leiten konnte.

Abbruch von Traditionslinien und Kontinuitäten

Die kulturelle Lage der Nachkriegsdeutschen war in man-cher Hinsicht paradox, auch weil die alte deutsche Melange aus Minderwertigkeitsgefühl und überbordendem Selbstbe-wusstsein jetzt merkwürdig real, geradezu wirklichkeitsge-recht wurde. Ihre Welt lag buchstäblich in Trümmern, viele zuvor bestimmende Traditionslinien wie der Respekt vor Uniformen, der Einfluss des Adels, die konfessionellen Par-teien oder die preußische Staatsräson waren zerstört, versan-det oder diskreditiert. Es dämmerte Vielen, dass sie an einem kriminellen, menschenverachtenden Wahnsystem mitge-

wirkt hatten; dies machte immerhin kleinlaut, man stellte
keine frechen Forderungen an die Sieger, sondern sah sich
eher frei nur auf Bewährung, manch einer im Westen
Deutschlands wunderte sich über deren Milde. Doch die von
den Nazis immer wieder bemühte und rassisch pervertierte
Volksgemeinschaft, auch die nationalistische Hybris waren
nicht ohne Rest untergegangen, das von den Nazis defor-
mierte Gemeinschaftsgefühl wandelte sich jetzt in einer positiven Matrix zu einem starken Antrieb der Zusammengehörigkeit, von dem noch 1990 die Wiedervereinigung lebte,
und zu einem rein zivilen Gefühl der Stärke – trotz allem.
Die Rückkehr von Kriegsgefangenen und das Schicksal der
Ostdeutschen waren eine Herzensangelegenheit der deutschen Öffentlichkeit. Es gab zwar auch hier abweichendes
Verhalten, das aber kritisiert wurde; auch dies zeigte, wie das
als Schicksal interpretierte Geschehen als gemeinsame Angelegenheit gedeutet wurde.

Das Gemeinschaftsgefühl der neuen Republik

Das Gemeinschaftsgefühl bündelte sich auch im tiefen
Wunsch nach friedlichen nationalen Erfolgen, auf den Gebieten der Wirtschaft, der politischen Anerkennung, der
Wissenschaft, des Sports. Die Fußballweltmeisterschaft 1954
löste zwar begreiflicherweise bei den europäischen Nachbarn weniger Begeisterung aus, für viele Deutsche war es
jedoch der Beweis, dass die Nation, richtig geführt, auf zivilen Feldern Großes leisten könne, ein Ersatzerfolg, dessen
psychologische und symbolische Bedeutung weit über den
Sport hinausreichte. Im Westen war man außer Rand und
Band, im sowjetisch besetzten Teil Deutschlands stimmten
politische Gefangene, denen der Empfang der Radioübertra-
gung wegen des erwarteten Sieges der „sozialistischen" Un-
garn erlaubt worden war, am Ende des Spiels die deutsche
Nationalhymne an.

Der Blick auf die Zukunft im Westen

Die fünfziger Jahre waren dort, wo nicht die Schreckensherrschaft der Nazis noch übermächtige Schatten warf, voller echter Lebensfreude, der Blick war auf die Zukunft gerichtet, schon weil es in der unmittelbar zurückliegenden Vergangenheit wenig gab, dessen Bewahrung sich lohnte. Der Westen verlor endgültig Fremdheit und Schrecken. Im Gegenteil: Die amerikanische Wirtschaftshilfe, die Luftbrücke nach Berlin, amerikanische Musik, lockere Lebensart und zu Beginn des neuen Jahrzehnts ein Präsident wie *John F. Kennedy* gaben dem Westen geradezu charismatische Ausstrahlung. Die USA wirkten ungemein positiv auf das freie Europa, weil sie durch ihre schiere Übermacht und ihre relative Neutralität in innereuropäischen Angelegenheiten, natürlich fixiert auf die Konkurrenz der anderen Supermacht, das Wiederaufflammen der alten europäischen Rivalitäten wirksam unterband.

Die Vereinigten Staaten, Schutzpatron, Ideengeber und Motor des freien Westens, sorgten dafür, dass Deutschland, Italien und Japan rasch wieder international anerkannt, dass politisch randständige Staaten wie das Spanien Francos oder die Türkei nicht allzu hart ausgegrenzt wurden. Die Deutschen konnten fast auf der Ebene der Gleichordnung mit Frankreich oder dem Vereinigten Königreich verhandeln, weil hinter ihnen die USA standen, die aus den Fehlern der Zeit nach dem Ersten Weltkrieg gelernt hatten. Zwischen europäischer Einigung und atlantischer Bindung, das spürten die Deutschen, konnte man recht gut leben, gut wie lange nicht mehr.

Optimismus in einer Hochrisikozone

Wachsender Wohlstand und eine freiheitliche Ordnung unter dem Schirm der USA ließen die Menschen optimistisch in die Zukunft blicken, obwohl sie in einem der wichtigsten Spannungsgebiete des Kalten Krieges lagen, gewissermaßen in einer Hochrisikozone. Die optimistische, aber auch vorsichtige Grundstimmung beförderte eine pragmatische Politik, wie man sie zuvor nur bei *Gustav Stresemann* in einem kurzen Wetterleuchten kennen gelernt hatte. *Adenauer* setzte außenpolitisch ganz auf Westintegration und europäische Einheit. Innenpolitisch wurde Wiederaufbau betrieben, sowie modernere Strukturen der Chancengleichheit gesucht, aber aus der Mangelverwaltung und der langen Tradition der Sozialversicherung, von öffentlicher Daseinsvorsorge und Bewirtschaftung ergaben sich langsam auch immer weiterreichende Konzepte der Umverteilung und des Ausbaus der sozialen Sicherungssysteme. Damit sollten Traumata des Krieges und die Not der Kriegsfolgen endgültig verabschiedet werden und eine versöhnte Gesellschaft auf der Grundlage der sozialen Marktwirtschaft wachsen.

War der Sozialstaat ein restauratives Werk?

Gerade auf diesem unumstrittenen und harmlos wirkenden politischen Feld des sozialen Ausgleichs begann aber auch ein tatsächlich dieses Attribut verdienendes „restauratives" Ineinandergreifen alter und neuer nationalkultureller Fixierungen. Der neue deutsche Etatismus konzentrierte sich im Glauben an den Sozialstaat, an die politische Gewährträgerschaft für den Wohlstand jedes Einzelnen. Mit dem preußischen Paradeschritt war auch viel vom preußisch-asketischen Staats- und Gesellschaftsverständnis aus der Welt gegangen, während man im Korporatismus von Verbänden und Gewerkschaften, in der Liebe zum Konsens und sozialem Ausgleich eine an altdeutsche Traditionen und wilhelminischen Sozialpopulismus anschließende Gemeinschaftsvorstellung pflegte. Vom wilhelminischen Doppelgesicht eines Staates, der dröhnende Machtdemonstration mit integrativer Sozialfürsorge und einem egalitär geformten Gerechtigkeitsversprechen verband, war nur noch das eine Gesicht, das des Sozialstaates übrig geblieben[154]. Obwohl das Grundgesetz das soziale Staatsziel eher zurückhaltend verwendet, hat sich daraus eine mächtige und fast erratisch wirkende Struktur der Bundesrepublik Deutschland ergeben. Sie ist nicht selten kurzgeschlossen mit all zu stark nivellierenden Vorstellungen von Gerechtigkeit, deren Ursprünge nicht zuletzt aus einem Volksgemeinschaftsgefühl stammen, ein Beleg für starke kulturelle Formungen der politischen Debatten und der öffentlichen Wahrnehmung.

4. Die sechziger Jahre: Angriff auf die bürgerliche und institutionelle Wertewelt

Der kulturelle Umbruch der sechziger Jahre wandte sich politisch nicht gegen den Ausbau des modernen Sozial- und Verwaltungsstaates mit seinem Hang zu wachsender Regulierung und Intervention, sondern rückte den neuen freiheitlichen Rechtsstaat in eine überwiegend anachronistische Perspektive. Bekämpft wurde in ihm vor allem das Gestrige, bereits im Absterben Begriffene. Man wandte sich gegen den untergegangenen Machtstaat, der breite Protest gegen die Notstandsgesetzgebung erzeugte den absurden Eindruck, die Abschaffung der Demokratie durch machthungrige Eliten oder Militärs stünde dicht bevor. Die so genannte Studentenrevolte der Sechziger, Teil einer staatsübergreifenden Protestbewegung der Jugend des Westens, griff die letzten, aber noch beträchtlichen Reste von Autoritätsfixiertheit, dazu auch Ordnungsgeist und Pflichtethik an, rückte die gerade erst wieder erstarkten Institutionen erneut in ein Zwielicht, attackierte die bürgerlichen Lebensformen, die Ehe, die Familie, den Karrierewillen, aber auch Kirchen, Parteien, Staat, Unternehmen, bürgerliche Kulturformen.

Hedonistisches Credo und antiparlamentarische Affekte

Gewiss: Das neue hedonistische Credo sollte die Deutschen lockerer und westlicher machen, sie sollten weniger arbeiten, mehr leben, sich selbst verwirklichen, es galt, ihnen Verbissenheit zu nehmen, ihr Schauen auf Autoritäten zu mindern. Vieles davon war nützlich, doch fast alles ist weit übertrieben worden. Der attackierte Staat wurde zudem nicht wirklich zurückgedrängt, sondern noch mehr gefordert, er und mit ihm die Gesellschaft sollten jetzt ‚demokratisiert' werden. Mit dem eigentlich historisch schwer belasteten Begriff der ‚Bewegung' rückte man erneut den Parteien des etablierten ‚Systems' zu Leibe, provozierte mit vor sich her getragenen Führern aus asiatischen Diktaturen und liebte eigene Anführer mit heiser-fanatisch agitierenden Stimmen.

Traditionsbrüche und verdeckte Kontinuitäten

Der propagierte Bruch mit den fünfziger Jahren, der Bruch überhaupt mit ‚deutschen' Traditionsbeständen und bürgerlichen Lebensstilen stand in einem merkwürdigen Verhältnis zu verdeckten Kontinuitäten. Dies gilt nicht nur für das Sympathisieren mit der eigentlich schon antiquierten antibürgerlichen Politikpropaganda, die Weimar kräftig mit zerstört hatte, die Salonfähigkeit radikalen linken Gedankenguts oder die Wiederentdeckung der antiparlamentarischen Schriften von *Carl Schmitt*, sondern auch für die Fortsetzung etatistischer Gesellschaftsvorstellungen. Die neue Generation der Reformer[155] wollte zu Beginn der siebziger Jahre die Gesellschaft mit technokratischen Mitteln umbauen, sie bejubelte den Begriff der ‚Planung', sie rief erfolgreich nach neuen Kompetenzen und Steuerungsinstrumenten für die Bundesebene im Bereich der Hochschulen, der institutionellen Forschung, des Wohnungsbaus, der Technikförderung und der wirtschaftlichen Globalsteuerung.

Verbirgt sich hinter Befreiungsrhetorik eine weitere Niederlage der liberalen Freiheitsidee?

Vieles, was als Modernisierungs- und Befreiungsrhetorik in den sechziger Jahren lautstark daherkam, glich einem weiteren Sieg über den in der deutschen Nationalgeschichte ohnehin schwachen politischen Liberalismus. Die kulturkritisch und nicht selten politisch aggressiv vorgetragenen Forderungen wurden zum Element eines dramatischen kulturellen Wandels, der vom Alltagsleben bis zur nationalen Selbstdefinition reichte. Während die alten Institutionen der Staatlichkeit an Vertrauen verloren und der bürgerliche Rechtsgehorsam abnahm, die Konventionen bürgerlicher Lebensführung einer stärkeren Permissivität wichen, wurde der Staat mehr als ein Dienstleistungsunternehmen, eine nationale Versicherungsanstalt wahrgenommen. Die Steuerungsgläubigkeit dehnte den Staatssektor hemmungslos aus, machte Schulden für die öffentliche Hand, bürokratisierte und verrechtlichte das Leben, verteilte den Wohlstand um.

Die Lasten des Sozialstaates – Plausibilität, aber auch Fehlentwicklungen

Dabei wurden zunächst kaum merklich, aber stetig zunehmend diejenigen belastet, die bislang das Rückgrat des Wohlstandes waren: hart arbeitende Familien, die es zu etwas gebracht hatten und die jetzt immer deutlicher in die Steuerprogression gerieten, die steigende Abgabenlast und die Last für einen Kindesunterhalt trugen, der durch das beinah zur Regel werdende Universitätsstudium deutlich kostenintensiver wurde. All das wurde allerdings vergleichsweise mit wenig Murren hingenommen, solange ein günstiges Wirtschaftswachstum – und zunächst unsichtbar seine Förderung durch Staatsschulden – eine genügend große Verteilungsmasse entstehen ließ.

Gemurrt wurde auch deshalb nicht, weil das neue deutsche Sozialstaatsmodell der Wirtschaftsintervention und die rundum angelegte soziale Sicherung die finanziellen Opfer durchaus plausibel machten. Die regierenden Sozialdemokraten konnten unter Kanzler *Helmut Schmidt* jedenfalls technokratische Solidität und international auf einem Höchststand angekommene Reputation in Fragen der Wirtschafts- und Sozialpolitik vermelden: Sie plakatierten im Wahlkampf auf dem schwarz-rot-goldenen Banner das „Modell Deutschland". Die Politik beförderte in den Ritualen der täglichen Nachrichten den Glauben der Bürger daran, dass der persönliche Lebenserfolg nicht zuletzt eine Sache politischer Entscheidungen sei. Die Belastung und Entlastung von Gruppen wurde zudem häufig allein oder doch überwiegend nach moralischen Maßstäben erklärt, ohne genau genug zu fragen, wieweit moralische Urteile jedenfalls auch die Funktionsbedingungen respektieren müssen, von denen jedes Wohlstand erzeugende System abhängt.

5. Die Crux jeder Nationalkultur: erinnern, um zu entwerfen

Nicht nur Völker mit dramatischer oder weltbewegender Vergangenheit pflegen Erinnerungen im kollektiven Gedächtnis. Es sind auch weniger die traumatischen Erlebnisse, die starke Nationen pflegen; England betrauert nicht alljährlich die normannische Eroberung seiner Insel. Aber ein Volk, das in den moralischen Abgrund des Völkermordes gestürzt ist, muss eine überzeugende Antwort finden, wie es mit dieser Erfahrung umgeht. Die einzig mögliche Antwort ist, seine Nation auch deshalb zu wollen, weil sie sich in Schuld verstrickt hat, und aus der Kenntnis des Bösen heraus umso entschiedener diejenigen Quellen der eigenen Identität zu pflegen, die für das Andere stehen. Wer gestrauchelt ist, muss sich aufrichten, um aufrecht gehen zu können und um andere am Straucheln zu hindern. Aber aufrecht gehen kann nicht der, der sich selbst hasst und damit beschäftigt ist, sich immer wieder zu geißeln. Die Seele der Deutschen muss endlich wieder den Kern und nicht die Verirrung seiner Nationalgeschichte in den Mittelpunkt einer optimistischen Selbstgewissheit rücken. Nur dann wird die Scham und das Erinnern an die dunklen Seiten der eigenen Geschichte ernst genommen werden: Dem Volk, das nicht Lachen kann, wird man die Tränen nicht abnehmen.

Die Schätze der Kulturnationen

Im Kern der Nationalkulturen sind ganze Schätze für den Entwurf der Zukunft zu heben. Die Deutschen besitzen wie die anderen großen oder kleineren Kulturnationen eine Sprache, die eine nicht versiegende Quelle für Ideen und Geist ist.

Warum pflegen wir sie nicht entschlossener? Die größte Zeit der Deutschen fiel zusammen mit der ideell kraftvoll erwachenden, aber politisch noch stark parzellierten Nationalkultur. *Schiller*, *Goethe*, *Beethoven*, *Kant* oder *Hegel* haben aus dem aufbrechenden Geist ihrer Zeit heraus klassische Größe erlangt. Warum eigentlich meinen wir, dass der Föderalismus elende Kleinstaaterei bedeuten müsse, wenn Deutschland seine größten geistigen Erfolge in eben jener Epoche der echten Kleinstaaterei erlangte, als die Nation nur eine kulturelle Realität, mehr noch aber Idee und erst erwachende politische Sehnsucht war?

Die bedeutenden deutschen Universitäten hatten jedenfalls in jenen Zeiten der Kleinstaaterei einen besseren Ruf als zu Zeiten der Hochschulrahmengesetze des Bundes. In dieser Zeit wusste man eben noch wie einfach es ist, gute Forscher anzuziehen, wenn man ihnen nur Mittel und Freiheit gibt, und auch die Professoren besaßen eine klare Vorstellung von der Richtung der Freiheit und vom Geist der Universitäten. Es geht auch um unser Bildungsideal: In englischen Eliteschulen jedenfalls steht heute *Goethes* Faust neben *Shakespeare* auf dem Pflichtlektüreprogramm, während deutsche Prätentionsintellektuelle in Fernsehliteraturclubs lustvoll bekennen, eigentlich hätten sie den Faust immer schon langweilig gefunden und nie zu Ende gelesen.

Bürgerliche Gesittung und Idealismus

Im belächelten romantischen Biedermeier schließlich wuchs eine bürgerliche Gesittung, die Länder wie England und Deutschland groß gemacht hat und moralische Maßstäbe setzte. Selbst in ihrer Dementierung durch die zynische Gewaltherrschaft der Nazis hatte in Deutschland diese Gesittung nicht ihre Wirkkraft verloren und hat sich nach 1945, in *Adenauers* rheinischer Republik wieder auf das Beste entfaltet.

Preußen als lebendige Idee?

Aber bürgerliche Lebenswelt und deutscher Idealismus stehen nicht allein als überragend positive Quelle der jüngeren deutschen Kulturgeschichte. Viel umstrittener und tabuisierter ist die preußische Geschichte als weitere wichtige Quelle der deutschen Nationalkultur[156]. Das moderne Deutschland ist nicht nur durch die *Luther*bibel, die Sprachgewalt der Klassiker, die Kunst der Fuge von *Johann Sebastian Bach* und *Beethovens* symphonischen Eros der Neuzeit entstanden, sondern auch aus preußischem Rationalismus, jener etatistischen Variante der politischen Aufklärung, ohne die die Pflichtethik *Kants* so nie hätte entstehen können. Wer Preußen auf Marschmusik und Militarismus reduziert, verbaut nicht nur das Verständnis der deutschen Nationalkultur, sondern verschließt auch geistige Quellen für die Zukunft. Denn Preußen war kein Volk, sondern eine – gewiss ambivalente – Idee in Deutschland, die nicht nur Zeitgenossen faszinierte und den ersten deutschen Kaiser bei seiner Krönung in Versailles ob des Verlustes preußischer Souveränität keineswegs nur glücklich gestimmt sein ließ.

Preußens Weg in die pragmatische Moderne: die Reformen

Preußen stand für den Weg Deutschlands in die pragmatische Moderne, es bot die Versöhnung von tiefgründigem Geist und zupackend gestaltender Kraft durch die sittliche Idee einer Freiheit, die ihr Maß nicht zuletzt in der Pflicht für die Gemeinschaft erkennt. Die deutschen ‚Sekundärtugenden‘ des Fleißes, der Treue, der Zuverlässigkeit, auch der Bescheidenheit wurden durch die preußische Idee mit dem Gewerbssinn der Wirtschaft und dem Erfindungsgeist der Wissenschaftler und Ingenieure, aber natürlich auch mit dem Selbstbehauptungswillen eines starken Staates verbunden.

Die preußische Variante der Aufklärung zeigte ihre Kraft noch einmal und bis in die Gegenwart prägend in der großen preußischen Reformzeit nach der Niederlage gegen *Napoleon*. Mit dem Triumph *Bonapartes* war klar, dass bei Strafe des Untergangs am französischen Programm der Modernisierung in Richtung Nationalstaat nicht vorbeizukommen war, es aber dabei um die Wahrung der eigenen kulturellen Identität und Stärken ging. Die Förderung der Wirtschaft und ihrer Infrastruktur, vor allem durch Schulen und Universitäten, das Prinzip der Selbstverwaltung und der Autonomie konnten sich positiv nur deshalb entfalten, weil ein sie zusammenhaltender Geist dabei wirkte und weil die Gesellschaft durch rasches Bevölkerungswachstum jung und vital war.

Die Idee der Bildung

Dieser Geist lag in der Idee der Bildung. Der Mensch, der sich aus dem engen Korsett der Religion befreite, sollte nicht in das Nichts der Beliebigkeit fallen, sondern er sollte das humanistische Programm in sich aufnehmen, sich selbst veredeln durch Lernen und Begreifen, im Wissen, aber auch selbstbeschränkend, andere achtend sich finden. Der *humboldt*sche Geist der deutschen Universität hat hier seinen beinah zivilreligiösen Ursprung. Gerade an diesem Punkt der Essenz des guten und wertvollen Geistes des deutschen Idealismus und der preußischen Reformen könnte das freie und weltoffene Deutschland unserer Tage seine Orientierung gewinnen.

Modernisierung heißt weder Imitation noch Unterwerfung, sondern selbstbestimmte Rezeption

Modernisieren kann nur der, der eine geistige und sittliche Idee des guten und richtigen Lebens besitzt und diese Idee mit den jeweiligen Funktionsnotwendigkeiten der Zeit in Einklang bringt. Modernisierung ohne kulturellen Geist ist zur billigen Imitation und letztlich zum Scheitern verurteilt. Die Deutschen heute meinen, dass der Verzicht auf ihre Sprache, auf ihre Wissenschafts- und Rechtskultur der Beleg ihrer Weltoffenheit sei. Ironischerweise ist eine solche Haltung typisch deutsch im schlechten Sinne. Es fehlt nämlich nicht nur an der Einsicht, dass jede Öffnung mit einer Pflege der eigenen Identität untrennbar verbunden ist, es fehlt auch am pragmatischen Sinn dafür, dass die Behauptung der eigenen kulturellen Identität ein ökonomischer Faktor ersten Ranges ist: Amerikanern, Engländern oder Franzosen müsste man dies nicht erklären.

Die deutsche Geschichte erschwert den Weg zwischen Öffnung, Lernen und Selbstbehauptung, aber sie verschließt ihn nicht. Preußen war trotz erheblicher politischer Altlasten, an denen es schließlich scheiterte, auch ein Staat der Modernisierung, der aktiv nach außen schaute und in selbstbewusster und selbstbestimmter Weise lernte. Das Land schaute auf Frankreich und immer mehr auf England, dem Verbündeten gegen die *napoleonische* Fremdherrschaft. Englands wirtschaftliche Dynamik des 19. Jahrhunderts war ein Vorbild, spornte an zur Nachahmung. Wo sind heute die deutschen Kundschafter, die in den USA und Japan die technischen und ökonomischen Innovationen abschauen und zu Hause mit offenen Armen, aber pragmatisch-kritisch aufgenommen werden?

Das liberale Defizit: zu viel Räson, zu wenig Bürgerfreiheit

Natürlich hatte das preußische Modell eine Schlagseite, die weder durch *Hegel* wegerklärt noch von *Schinkel* hinter beeindruckender Architektur versteckt werden konnte. Die individuelle Freiheit hatte zu wenig Luft zu atmen, die bürgerliche Rechtsgleichheit, Religionsfreiheit und die bürgerliche Gesinnung insgesamt blieben behindert durch starke Relikte und Interessen von Adel und Militär. Der Weg in die Moderne verlief zu etatistisch, von oben durch Beamte gesteuert. Diese Schieflage verschwand erst 1949 mit der Verabschiedung des Grundgesetzes, mit der Bonner Republik, aber da war auch Preußen endgültig vergangen. Heute sind wir zum Teil in die andere Richtung gependelt, nur beim Sozialstaat bleiben wir – schon der Begriff hält uns hier in der Zange – Etatisten.

Können wir im 21. Jahrhundert etwas von Preußen lernen?

Aber könnte unser Bild vom freien Menschen in der Gemeinschaft, und die Art, wie man eine Gesellschaft aus der Krise zu neuer Kraft führt, nicht auch vom preußischen Ethos etwas lernen? Wäre die preußische Nüchternheit, ein wenig Askese und Verzicht auf schnelles Empören und Weinerlichkeit nicht vielleicht ein kulturelles Erbe, auf das man sich als Gegengewicht – und damit hin zum Gleichgewicht – heute wieder besinnen könnte?

Schwarz-Rot-Gold steht nicht für Scheitern, sondern für einen vitalen Kampf um die Freiheit

Aber wie immer man Preußen historisch gerecht oder ungerecht beurteilt, unsere Schulen sollten dem 18. und 19. Jahrhundert der deutschen Geschichte mindestens ebenso viel Aufmerksamkeit widmen wie dem 20. Jahrhundert: Denn dort finden wir die prägende Vorgeschichte der Bundesrepublik Deutschland, ihre positive Idee, die Quelle des Liedes der Deutschen. Die schwarz-rot-goldene Flagge war und ist ein dynamisches Freiheitssymbol: aus der Finsternis der Unfreiheit durch Kampf zur goldenen Zukunft in Freiheit und Wohlstand. Sie wehte nicht zufällig auf der Berliner Mauer im November 1989. Knüpfen die ausdauernden Montagsdemonstrationen, die friedlich, aber entschlossen zur Wiedervereinigung, zum Fall des eisernen Vorhangs führten, nicht an preußische Tugenden an, an Bildung, Selbstdisziplin und Selbstbestimmung? Sind sie nicht auch wieder ein Teil der demokratisch liberalen Nationalbewegung? Steckt auch in dieser Revolution – wie auch in der Revolution von 1848 – nicht eine Energie, ein Bekenntnis zur Freiheit, von denen wir zehren können? Wer eigentlich kennt noch das Hambacher Fest? Idealismus, die rationale Ordnung des Rechtsstaates und vor allem die freiheitliche Revolution von 1848 und ihre Verfassung dürfen nicht immer nur als vorgezeichnetes Scheitern betrachtet werden, sondern als ein geistig fortwirkendes Ereignis, das den Gründungsmythos der heutigen Republik, die friedliche Revolution Ende der achtziger Jahre maßgeblich mitbestimmt.

> „Die Gegenwart der Zukunft dient als noch un-
> bestimmter Ort für die Einlösung des Rationa-
> litätsversprechens. Dann sucht man Ideen zu
> verwirklichen und verhält sich *progressiv.*"
> (*Niklas Luhmann*)[157]

XI. Überstaatliche Gemeinschaften: Volk der Europäer oder Weltvolk?

Der Zug in die Großraum- und Globalgemeinschaften

Aber lohnt es sich überhaupt noch dafür zu werben, eine
deutsche Nationalkultur als Kultur der Freiheit wiederzube-
leben? Hat der Zug der Zeit nicht längst die nationalstaatlichen Nebengleise verlassen und fährt mit voller Kraft auf
eine neue politische Gemeinschaft, die neue Kulturgemeinschaft des vereinigten Europas zu? Schimmert nicht dahinter
schon am Horizont der Weltstaat, die Weltrepublik mit uns
allen als Weltbürger[158]?

Identitätssuche

Mit dem Irak-Krieg des Jahres 2003 haben progressive europäische Intellektuelle eine große Chance gesehen, die nur
noch als nationale Egoismen wahrgenommenen politischen
Räume in den Staaten von einer europäischen Öffentlichkeit
her gleichsam unter Einheitsdruck zu setzen[159]. Sie wollten
in der Differenz zu den USA eine Art europäisches ‚Nation-
building' ins Werk setzen. Die Differenzen innerhalb Europas zeigten aber, wie sehr der außenpolitische Urteilsprozess
in nationale Kulturräume fragmentiert war. Natürlich bietet
mitunter auch die konkrete Politik der USA mit Unge-
schicklichkeiten, unpragmatischen Fixiertheiten bis hin zu
punktuellen Verstößen gegen Völkerrecht eine nicht geringe
Angriffsfläche. Aber Fehler einer westlichen Regierung machen sie nicht zum Feind anderer Teile des westlichen Kul-

turraums, auch nicht, wenn man mit *Carl Schmitt* die vitale
politische Gemeinschaft in ihrer Fähigkeit zu erkennen
glaubt, sich Feinde zu machen[160].

Europäische Friedens- und Kooperationsordnung

Politische Einheit gegen die USA zu erstreiten wäre eine von
Grund auf schiefe Konstruktion und zeigte nur die Not, eine
EU-Identität zu finden, die intensiv und belastbar genug
wäre, um die Architektur des bisherigen Staatenverbundes
zu überschreiten. Im Blick zu behalten ist allerdings, dass bereits eine wachsende europäische Identität als eine die nationale ergänzende und womöglich auch mit ihr konkurrie-
rende besteht. Ergänzend ist das Bewusstsein, als Europäer
in einem globalen Wettbewerb zu stehen und hier konzer-
tiert auftreten zu müssen, aber auch der Wunsch, Europa als
befriedeten kontinentalen Raum zu gewährleisten. Wenn
daneben auch der Kulturraum Europa beschworen wird,
wie von der Präambel des Vertrags über eine Verfassung für
Europa, so führt diese politische Legitimationsstrategie zu
neuen Chancen, allerdings auch in Widersprüche und neue
Fragen.

Wer definiert die Kultur Europas?

Denn: Wie definiert sich die Kultur Europas? Ist sie Säule
einer transatlantischen Wertegemeinschaft, insofern eine
Schwester der USA im Geiste des Westens oder steht Europa
in einer spezifischen Kontinuität von antikem Menschenbild, Christentum und Humanismus, auch mit der Möglichkeit des antiwestlichen Affekts? Besteht nicht die Gefahr,
dass lediglich die technischen Begrifflichkeiten des Nationalstaates – Parlament, Gesetz, Verfassung – auf eine höhere
Ebene transportiert werden, aber gleichwohl die Funktionsbedingungen einer lebendigen Demokratie nicht erfüllt sind,
weil die kritische Masse kultureller Homogenität nicht erreicht ist, schon weil die Sprachschwelle, aber auch kultur-
historische Tiefenprägungen ein gerne verdrängtes Funda-
mentalproblem darstellen?

Von den Antworten auf diese Fragen hängt viel ab. Die politische Diskussion über den Beitritt der Türkei zur Europäischen Union wird auch und maßgeblich von solchen Selbstverständnissen geprägt. Wenn man die europäische Kultur auf westliche Werte wie Freiheit, Demokratie, menschenrechtliche Mindeststandards, offene Märkte reduziert, kann eine entsprechend politisch gesteuerte Türkei selbstverständlich Mitglied der Europäischen Union werden. Wenn man aber die christlichen, auch die antiken Wurzeln Europas betont, wenn man das geschichtliche innere Ringen und die Europa einigende äußere Abwehr hinzunimmt, treten Zweifel zu Tage, ob hier nicht kulturell Disparates zusammengeführt oder aber die Identität Europas verschoben werden soll.

Der Kampf gegen die nationalstaatlichen und christlichen Wurzeln Europas hat keine Zukunft

Wie auch immer die kulturelle Selbstbeschreibung Europas sich stabilisieren mag, sie wird doch auch auf längere Sicht kaum ausreichen, als belastbares Fundament einer politischen Schicksalsgemeinschaft an die Stelle der nationalstaatlichen Kulturräume zu treten. Europa sollte deshalb seine kulturelle Identität nicht in Negationen suchen, sondern in einer konstruktiven Ergänzung und der Aufhebung von Spannungen. Weder die Ablehnung der USA noch der Kampf gegen die christlichen oder die nationalen Wurzeln Europas sind imstande, eine neue integrative Kultur hervorzubringen, sie werden als technokratisches Torso enden, als untauglicher Versuch, die herrschende politisch zugerichtete Aufklärungsrhetorik als neue Identität Europas zu vermarkten.

Ist der linke Geist rückwärtsgewandt, der konservative ohne Wurzeln, der liberale nicht immer liberal?

Diejenige etwas abgehobene politische Tonlage Europas, die sich für avantgardistisch und fortschrittlich hält, ist eher ein retardierendes Abbild der herrschenden Lebenseinstellungen, die ihre geistigen Quellen aus der Wendezeit der sechzi-

ger Jahre schöpft. Mit einer gehörigen Portion vom Geist der
aufklärenden Bevormundung, eines politisch korrekt verengten Meinungsspektrums und mit der Tendenz einer sozialstaatlichen Wirtschaftslenkung möchte man das Projekt
Europa sozusagen geistig besetzen. Die parlamentarische
Anhörung des italienischen Kommissionskandidaten *Rocco
Buttiglione* und ihre anschließende Bewertung hatten Züge
einer Gesinnungsprüfung, die nicht zu dem freiheitlichen
Geist Europas passt.

Viele der herrschenden politischen Werteangebote sind
nicht vital und zukunftsoffen; sie sind nicht selten gerade
dort rückwärtsgewandt, wo sie betont progressiv sein wollen.

Es mehren sich zudem paternalistische Züge des europäischen Politikbetriebes, der an moralisch vorgeordnete Themen andockt und hier einen leicht zu erringenden Beifall
sucht, sich bei Meinungsführern profilieren will. Der Wettbewerb zwischen Europäischer Union und ihren Mitgliedstaaten, der so entsteht, mag fruchtbar sein, er kann aber auch
das gewohnte Niveau unterschreiten, wenn man keine Idee
von Freiheit und Vitalität entfaltet, stattdessen bevormun-
dend und regelungsverliebt Missstände und Böses sucht oder
konstruiert, um sich dann als Drachentöter und Schutzpatron in Szene zu setzen.

Die europäische politische Kultur würde eher dann stark,
wenn sie sich als kooperative Ergänzung, als Sicherung eines
gemeinsamen Standards, als eine konstruktive Summe der
reichen Nationalkulturen Europas versteht[161] und nicht
übermäßig mit lebensweltlich losgerissenen, abstrahierten
Werten in die Kulturräume der Mitgliedstaaten hineingreift.

Die Konservativen im Europäischen Parlament sind mitunter perspektivlos in der Wertedebatte, nur reagierend,
wollen nicht als beschränkt gelten, die Liberalen tragen
Richtlinien und in den Mitgliedstaaten Umsetzungsgesetze
mit, die in moralisierendem Antidiskriminierungspathos den
Staat und seine neuen zivilgesellschaftlichen Verbandsgehil-
fen in die Sphäre der Privatautonomie hineinschieben. Der

politische Betrieb Europas ist bis heute keineswegs besser, allerdings auch nicht per se schlechter als der in den Staaten, nur weniger durch eine kritische öffentliche Meinung begleitet. Was uns fehlt, ist eine offene Diskussion darüber, welche politischen Ziele die Europäische Union verfolgen sollte und welche nicht, mit welchen Mitteln und unter Beachtung welcher Grenzen.

Die politische Kultur Europas wird nur im Geist der Freiheit und der Herrschaftskritik gedeihen

Die freien Völker Europas sehen sich als Einheiten in einer Einheit, konkurrieren in einem neuen Ordnungsraum, der Gewalt untereinander ausschließt und das alte und neue Gemeinsame mehr betont als das fortbestehende Trennende. Dieses europäische Bewusstsein, eine politische Gemeinschaft und eine Wertegemeinschaft zu sein, wird weiter wachsen und Früchte tragen. Aber die Tendenz zu einem europäischen Geist darf nicht als unendlicher Steigerungszusammenhang zu immer mehr Einheit und in Gegnerschaft zu nationalen Kulturräumen auftreten und auch nicht ihr Heil in raffinierter bürokratischer Politikstrategie suchen, die jedes Thema besetzt, um mehr zentrale Macht und Einfluss zu erlangen.

Es gilt aus Erfahrungen zu lernen. Aus dem sprühenden und befreienden liberalen Nationalgefühl des frühen 19. Jahrhunderts wurde schon nach kurzer Zeit ein dumpfer Nationalismus, weil die Nation wichtiger als die humanistische und christliche Idee der Freiheit geriet. Wir sollten uns hüten, Europa als politische Idee immer weiter auf ein Podest der Undiskutierbarkeit zu heben. Nicht nur der freiheitliche Nationalstaat, sondern auch die Europäische Union sind kein Selbstzweck, sondern um der Menschen und ihrer Würde und Freiheit willen da. Die Europäische Union ist heute nur noch zur Hälfte eine Einrichtung, die als Anwalt der Marktbürger Grundfreiheiten gegen Mitgliedstaaten durchsetzt, sie ist zur anderen Hälfte bereits eine eigene politische Herrschaft, die beginnt in Grundrechte einzugreifen,

die in diesem Feld dringend der kritischen Beobachtung und
der rechtlichen Kontrolle bedarf. Jede politische Gemeinschaft bedarf der Kritik. Die Demokratie verträgt und erfordert Patriotismus, auch einen europäischen, aber sie erträgt
keinen Dauerjubel für die Organisationen politischer Herrschaft.

Ideologie der Dynamik oder Ringen um eine freiheitsgerechte Gesellschaft?

Es hängt viel davon ab, ob wir für Europa die Richtung sachlich oder temporär bestimmen. Wollen wir uns an bloßer
Dynamik berauschen oder aber bohrend und mühsam nach
der richtigen und den Proportionen menschlicher Freiheit
angemessenen Ordnung fragen? Fortschrittsapologeten suchen ferne universelle, unüberbietbare Ziele wie den Weltstaat, die universellen Menschenrechte, gleichen Wohlstand
für alle Menschen. Diese Ziele werden sakralisiert und moralisch unangreifbar gemacht und alles im Schema ‚Gut oder
Böse‘ daran gemessen, ob es diese Ziele befördert oder behindert. Eine solche Vorgehensweise erleichtert gewiss die
Orientierung, mit wenig Aufwand kann man sich in einer
komplexen Welt zurechtfinden, die bösen Beharrungskräfte
identifizieren und sich den vorwärts Drängenden anschlie-
ßen. Aber durch die Ideologie der Dynamik sieht man weniger als man sehen könnte, wenn man sich von sachlichen Fragen, gar von lebensweltlicher Vernunft leiten ließe[162]. Die
Gefahr des Irrtums ist größer, schon durch den ewigen Zeit-
und Aktivitätsdruck, den eine solche Ideologie erzeugt.
Gleiches gilt für die Gefahr, dass man sich von den eigenen
gesellschaftlich fixierten Strukturen, ihren Wertvorstellun-
gen und Bestandsinteressen entfernt, immer auf dem Weg zu
einer neuen Baustelle, während man das Alte brüchig zu-
rücklässt, obwohl jeder wissen könnte, dass ohne das Fundament des Bestehenden alles Künftige auf Sand gebaut ist.

Konstruktive Ergänzungen und Achtung der politisch verfassten Kulturräume

Aber man stelle sich vor, Europa würde die Gemeinschaft von Bürgern und Staaten zugleich, würde sich selbst nicht als nimmermüde Regulierungsagentur und umtriebiger Gesetzgeber verstehen, sondern als Ideengeber, Projektemotor, Koordinationszentrale und Forum der kontinentalen Interessen eines freiheitlichen und traditionsgewissen Europas, eines Europas ohne den Ehrgeiz, mächtig wie die USA zu werden, ohne das ständige Streben nach Bundesstaatlichkeit und ohne die Attitüde der technokratischen Überharmonisierung, ohne territorialen Ausdehnungsehrgeiz. Es wäre ein Europa, das stattdessen einen Sensus für die Bürger in ihren jeweiligen Kulturräumen und für jene persönlichen Eigenwilligkeiten hat, die man Freiheit nennt, ein solches Europa könnte man patriotisch lieben, ganz so wie die glühenden Demokraten des 19. Jahrhunderts ihre Nationen liebten, wenn sie nur frei waren. Es wäre ein erfrischend neuer Patriotismus, der den nationalen nicht bekämpft oder verdrängt, sondern sich gleichsam natürlich mit ihm ergänzt und verbindet, weil das Ziel einer Ordnung der Freiheit dasselbe ist.

Der Logos Europas muss sich freiheitsgerecht entwickeln

Europa freiheitsgerecht umzudenken ist aber deshalb schwierig, weil es in der Logik internationaler Organisationen entstanden ist und diese Logik in ihren Bauprinzipien gespeichert hat. Internationale Organisationen und überstaatliches Recht waren im modernen Zeitalter immer anfällige Gebilde, sie mussten stets in Sorge sein, dass sie von entschlossenen territorialen Herrschaften, von Nationalismen und – aus ihrer Sicht – egoistischer Staatsräson ignoriert oder geschwächt wurden. Daraus hat sich ein ausgesprochener Affekt zur institutionellen Selbstbehauptung entwickelt. Das, was an Kompetenzen europäisiert ist, darf nicht ‚re-nationalisiert' werden, und Fortschritt nennen wir nur das, was weitere Kompetenzen für Brüssel bringt. Die politische Sprache Eu-

ropas findet deshalb in Verdichtungsbildern ihre größte Stoßkraft, „Integrationsfortschritt", „immer enger werdende Bindung". Artikel 1 Absatz 2 des noch geltenden Vertrags über
die Europäische Union bestimmt: „Dieser Vertrag stellt eine
neue Stufe bei der Verwirklichung einer immer engeren
Union der Völker Europas dar". Das klingt gut, aber wie
lange kann man eine solche dynamische Rhetorik wirklich
durchhalten und welcher Geist entfaltet sich so? Wer würde
schon sein freundschaftliches Verhältnis zu seinem Nachbarn
so beschreiben? Würde eine Eheschließung mit dem Versprechen eingegangen, eine immer engere Gemeinschaft zu wollen? Wo soll eine solche Steigerungssemantik enden, wenn
nicht im Zerwürfnis und der übermächtigen Tendenz, auch
einmal wieder allein zu sein?

XII. Kultur und Menschenrechte

1. Das Selbstbestimmungsrecht der Völker – antiquiertes Völkerrecht oder offenes Leitprinzip?

Souveränität als prägendes Prinzip des Völkerrechts

Politische Gemeinschaften sind keine Wertegemeinschaften auf dem Papier, sie sind lebendige Kulturräume mit eigenem Selbstbestimmungsanspruch, dem Selbstbestimmungsrecht der Völker. Daraus ergeben sich Konsequenzen für das nationale Verfassungsrecht und das Völkerrecht. Die Verfassung eines Volkes in einem souveränen Staat ist das grundlegende Rechtsdokument, mit dem der Anspruch erhoben wird, als identifizierbare Kulturgemeinschaft sich selbst zu vergewissern und um Anerkennung in der Welt zivilisierter Nationen nachzusuchen. Jede Staatsorganisation und jede Staatsverfassung kann ihre Freiheitsgarantien nur auf der Grundlage eines bestimmten Menschen- und Gesellschaftsbildes abgeben, selbst wenn die Texte identisch sind, verstehen verschiedene Sprach- und Religionsräume etwas anderes darunter. Diese Bilder können ähnlich, überschneidend und konvergierend, aber auch sehr verschieden und sogar unversöhnlich sein. Das klassische Völkerrecht, das die Freiheit der Völker mit dem Weltfrieden und einem zivilisatorischen Mindeststandard verbinden will, geht davon aus, dass jedes Volk mit einem entsprechenden Willen und den nötigen Machtmitteln in freier Selbstbestimmung seine innere Organisation anhand selbst gewählter Maßstäbe festlegen kann, dies ist ein mächtiges, ein beherrschendes Prinzip[163].

Souveränität als Stolperstein auf dem Weg in die Weltrepublik?

Aber inzwischen haben neue Rechtsauffassungen und neue theoretische Modelle die Bühne erobert. Sie reagieren praktisch auf die Öffnung der Nationalstaaten, auch auf innere Prozesse zwischen Föderalisierung und Sezession[164], vor allem aber auf die Tendenz zur internationalen Kooperation, zur überstaatlichen Supranationalisierung. Die gesamte erratische Kategorie des in einem souveränen Staat organisierten Volkes als dem entscheidenden Subjekt der Völkerrechtsordnung wird von einigen massiv in Zweifel gezogen.

Es ist heute nicht mehr wie im 19. Jahrhundert progressiv, im demokratischen Nationalstaat den Raum selbstbestimmter Freiheit zu sehen. Die Progressiven sind, immer auf der Suche nach Steigerungen, Fortentwicklungen bestimmter theoretischer Modelle, weiter gezogen und haben inzwischen den Weltstaat erreicht, der unmittelbar in seiner Legitimation von den Milliarden auf der Welt lebenden Menschen und ihren Menschenrechten abgeleitet wird. Aus einem dem Marxismus nahe stehenden Kritiker des Spätkapitalismus und der instrumentellen Vernunft bürokratischer und rechtlicher Systeme wie *Jürgen Habermas* ist inzwischen ein Kantianer geworden, der dessen Schrift „Zum ewigen Frieden" autoritativ interpretiert hin auf den Endzweck der Geschichte in der föderalen Weltrepublik[165].

Ist Souveränität altmodisch? Ist sie nur eine Festungsmauer, hinter der Willkür gedeiht?

Das Recht soll in dieser Lesart endlich die letzten Restbestände ungebundener politischer Herrschaft einfangen, die in der für viele furchterregenden Souveränitätsidee schlummern und jederzeit als *ius ad bellum*[166], dem Recht auf Krieg, ihr schreckliches Haupt ebenso erheben können wie durch Staatsverbrechen gegen die eigenen Bürger, geschützt durch die undurchdringlichen Mauern eben jener Souveränität. Aber eine eindimensionale Idee der Weltrepublik, also der sich selbst legitimierenden Weltherrschaft, kann nicht das sinnvoll aufheben, was im Selbstbestimmungsrecht der Völker als Freiheit zur eigenen Kultur im Spannungsverhältnis zu einem Verkehrsrecht der Staaten untereinander und den universal gesetzten Menschenrechten steht. Die antiquierte Vorstellung von Souveränität als rechtlich ungebundener Fähigkeit zum Machtspruch (Ausnahmezustand) vertritt kaum noch jemand. „Souveränität des Verfassungsstaates" steht heute für eine selbstbestimmte Gemeinschaft, die sich rechtlich freiwillig bindet und sich einfügt in eine kooperative Ordnung freiheitlicher und friedlicher Staaten[167].

Sind die Menschenrechte der Sprengsatz für den ‚Souveränitätspanzer'?

Der angebliche Spalt im Westen ist nicht so tief, wie es scheint, schon gar nicht zwischen kontemplativ vernünftigen Europäern und unbeherrscht zuschlagenden Amerikanern. Es ist der von linken Intellektuellen und religiös verankerten amerikanischen Konservativen gemeinsam geteilte Glaube an die Universalität der Menschenrechte, der ein Recht zum Krieg ohne Selbstverteidigungsgrund, wie ihn die UN-Charta verlangt, wieder in die Diskussion des internationalen Rechts eingeführt hat, und zwar mit dem unerklärten Bombenkrieg gegen Serbien im Jahr 1999. Die als ‚Nothilfe' moralisch einleuchtende Aktion konnte im geltenden Völkerrecht keine Rechtfertigung finden, wie *Bruno Simma*, inzwischen Richter des Internationalen Gerichtshofs in Den Haag, eingeräumt hat. Nach seiner Ansicht war schon die seit Herbst 1998 angedrohte Gewalt gegen Serbien mangels einer Ermächtigung des Sicherheitsrates rechtswidrig, die NATO habe allerdings alle Anstrengungen unternommen, „der Legalität so nah wie möglich zu kommen."[168] Solche Anstrengungen haben die USA – wie von *Simma* bereits befürchtet – im zweiten Irak-Krieg nicht mehr unternommen: Die feinsinnigen Differenzierungen vom Illegalen hin zum fast Legalen finden nicht überall Anhänger.

Gewaltverbot und Nichteinmischungsprinzip

Aber es gab auch einige, die auf Änderung des Völkerrechts drängten, um das gewünschte Ergebnis, die Völkerrechtmäßigkeit des NATO-Angriffs auf Restjugoslawien zu begründen. Der Friedensforscher *Dieter Senghaas* wendet sich gegen eine „Gewaltverbots-Fixierung" und weist auf eine breitere „Werteorientierung des heutigen Völkerrechts" hin[169]. Diese – auch das Gewaltverbot einer Gemeinschaft zur kollektiven Friedenssicherung wie der NATO offenbar überspielende – Werteorientierung finde sich in den Bezugnahmen auf Menschenrechte, etwa der Allgemeinen Erklärung der Menschenrechte von 1948 oder den beiden Menschenrechtspakten von 1966. Das in der UN-Charta festgelegte Prinzip der Nichteinmischung in innere Angelegenheiten, dieses „altehrwürdige[n] Prinzip nationaler Souveränität" sei auch im Sicherheitsrat längst durchlöchert worden[170]. Bei Fällen von „international crime" sei eine Intervention, also auch ein Angriffskrieg gegen einen nach außen friedlichen Staat nicht nur erlaubt, sondern jedenfalls in den Fällen der Verletzung zwingenden Rechts – dem völkerrechtlichen ius cogens – geboten, um diesen Normen Genüge zu tun. Proklamiert wird zumindest ein internationales Recht zur Nothilfe bei schwersten Menschenrechtsverletzungen.

2. Interventionsverbot kulturfremder Mächte?

Isolation und Intervention als Grenzfälle des Völkerrechts

Damit stehen wir vor einer alten Frage. Darf ein Staat, eine Staatengruppe oder ein bestimmter Kulturraum sich – quer zum völkerrechtlichen Verkehrsrecht zwischen Staaten – abschließen und von der Welt absolute Nichteinmischung verlangen oder umgekehrt seine Werte für universell halten und ihre Verletzung als Interventionsgrund in andere Staaten oder Kulturräume ansehen?

2. *Interventionsverbot kulturfremder Mächte?*

Der Präzedenzfall: Schonraum für den kontinentalen Eroberer

Unmittelbar vor der Entfesslung des Zweiten Weltkriegs hatte Hitler in einer „Führerrede" am 28. April 1939 sich für Deutschland und Europa auf die Monroedoktrin mit ihrem Nichteinmischungsgebot raumfremder Mächte berufen, dies in der klar zu Tage liegenden Absicht, *Roosevelt* mit einem amerikanischen Argument von einer (kriegsentscheidenden) Intervention in Europa abzuhalten, wenn Hitler gedachte seine Beute zu schlagen. Dies hat der jedem Machtmanöver stets gefällige *Carl Schmitt* sofort zu einer theoretisch vorzeigbaren These zugespitzt. Hier stünden – so sein Argument – zwei Prinzipien gegeneinander: Ein instrumenteller Universalismus (entwickelt von den feindlichen Angelsachsen, dem Westen) und ein kulturgetragener Großraumgedanke (vertreten vom Reich, für Europa): „Hier zeigt sich, mit welcher Selbstverständlichkeit das liberalkapitalistische Denken des ökonomischen Imperialismus seine spezifischen Expansions- und Beherrschungsmethoden für wesentlich ‚friedlich' und ‚natürlich' erklärt, nicht nur, um die Monroedoktrin dem politischen Gegner aus der Hand zu nehmen und für sich zu beschlagnahmen, sondern auch als geistige Rüstung für den gerechten Krieg."[171]

Absolute Diskreditierung des Raumgedankens?

Nun scheint gerade durch die Indienststellung dieses Gedankens für die damalige japanische und deutsch-italienische Aggressionspolitik, die den zivilisatorischen Gehalt des Völkerrechts allenfalls benutzte, aber im Kern verachtete, der Gedanke selbst diskreditiert. Aber der heute erkennbare Gang der Argumentation ist komplexer. Nachdem die eigenen Werte im Lager des Westens praktisch nicht mehr als kulturabhängig wahrgenommen werden, schwindet das Verständnis für den Anspruch außerwestlicher Kulturräume auf Selbstbestimmung.

Dabei kann man gerade aus der von *Carl Schmitt* geistig

begleiteten Epoche lernen. Die aus universalitätsgewisser Überheblichkeit resultierende Missachtung derjenigen politischen Selbstbestimmungsansprüche, die sich als Verteidigung kultureller Identität begreifen, kann äußerst gefährliche Gegenkräfte zum westlichen Wertesystem auf den Plan rufen. Andererseits kann der Westen weder im Innern noch nach außen gleichgültig sein, wenn seine Leitwerte der Menschenwürde und körperlichen Integrität in unübersehbarer Weise mit Füßen getreten werden und daraus eine Gefahr für den Weltfrieden oder den inneren Frieden entsteht.

Souveränität ist ein Achtungsanspruch selbstbestimmter Völker, der durch schwere Friedensverstöße zeitweise verwirkt werden kann

Daraus ergibt sich folgende Maxime: Ein eigenwilliger Kulturraum in staatliche Form gebracht, genießt solange prinzipiellen Achtungsanspruch seiner Souveränität, als er nicht aggressiv seinerseits die Friedensordnung stört und insofern das zivilisatorische Minimum unterschreitet. Wer im Europa der Gegenwart wie zur Zeit des Kosovo-Krieges ethnische Säuberungen vornimmt, stört insofern massiv die regionale Friedensordnung und muss deshalb mit der Intervention eines regionalen Systems der Friedenssicherung rechnen. Wer in aggressiver oder annektionistischer Absicht friedliche Nachbarstaaten überfällt, wie der Irak 1990 Kuwait, verspielt nach dem Gedanken der Gegenseitigkeit im entsprechenden Umfang den Anspruch auf Achtung seines Selbstbestimmungsrechts. Wird er mit den angemessenen Interventionsmaßnahmen wieder auf das Mindestmaß an Ungefährlichkeit zurückgedrängt, erstarkt dieser Anspruch aber wieder, weswegen die Legitimität der zweiten amerikanischen Intervention in den Irak ganz entscheidend vom Bruch der regionalen Friedensordnung durch massive Menschenrechtsverletzungen oder von der begründeten Prognose einer fortbestehenden Gefahr für den Weltfrieden abhing.

Staatenimmunität und Durchgriffsakte

Unabhängig davon, wie man diese Fragen des Völkerrechts beantwortet, wird doch eines deutlich: Die Menschenrechte werden zum archimedischen Punkt, von dem aus die Weltordnung bewegt und für einige auch der Grundsatz der Staatenimmunität und der Souveränität verabschiedet werden soll. Inzwischen häufen sich auch in zivilen Sachbereichen die Durchgriffe einer staatlichen Rechtsordnung auf die andere. US-amerikanische Gerichte haben schon seit längerem kaum Hemmungen auf Sachverhalte zuzugreifen, die nur noch lose einen territorialen Bezug zu den USA aufweisen. Aber auch der italienische Kassationsgerichtshof scheut sich nicht, ehemaligen italienischen Kriegsgefangenen, die in Deutschland während des Zweiten Weltkriegs zur Zwangsarbeit herangezogen wurden, zu erlauben, die Bundesrepublik Deutschland vor italienischen Gerichten auf Entschädigungen zu verklagen; bislang wurde Derartiges aus guten Gründen als Verstoß gegen den Grundsatz der Staatenimmunität angesehen. Mit dem gleichen Recht könnten möglicherweise auch Opfer von *Mussolinis* Giftgasangriffen in Äthiopien die Republik Italien vor äthiopischen Gerichten auf Schadenersatz verklagen. Ein solches Hindurchgreifen einer Staatsgewalt in die Rechtsordnung einer anderen wird auf längere Sicht die Ordnung des Völkerrechts und ihre ohnehin immer labile Beständigkeit auflösen.

3. Die neue Ordnung der Welt

Menschenrechte als Weltrecht

Trotz solcher Gefahren und entsprechender Warnungen lässt sich nicht übersehen, dass es Anzeichen für eine vom Westen forcierte neue Weltrechtsordnung gibt, die auf den Grundwerten der Menschenrechte basiert. Aber was eigentlich sind die Menschenrechte und was, wenn ihre Geltung und ihr inhaltliches Verständnis von Kulturraum zu Kulturraum variieren?

Es ist nicht alles, was gerade rechtlich en vogue erscheint,
auch ein Menschenrecht

Es wird in der Debatte nicht genügend unterschieden zwischen Menschenrechten, die als Rechte von Menschen in internationalen Vereinbarungen, Pakten und Verträgen garantiert werden und die häufig Entsprechungen der innerstaatlichen Grundrechte sind, und den Menschenrechten als derjenige Mindestbestand an Achtung des Würde- und Freiheitsanspruchs, den ein Staat gewährleisten muss, um seinerseits ein voll geachtetes Mitglied der Völkerfamilie zu sein. Die erste Gruppe kann weit über diesen Mindestbestand hinausreichen und ist nicht das, was gemeint ist, wenn von der Einhaltung ‚fundamentaler‘ Menschenrechte gesprochen wird.

Schon heute reibt sich manch einer in Deutschland verwundert die Augen, wenn er die anklagenden Berichte von internationalen Menschenrechtsorganisationen zur Lage der Menschenrechte in Deutschland liest. So stellt der UN-Menschenrechtsausschuss in den „Concluding Observations" vom 1. April 2004 für Deutschland mit Besorgnis fest, „dass trotz gesetzlicher Regelungen, die der Vertragsstaat getroffen hat, die häusliche Gewalt anhält". Die Rede ist zudem von einer „Besorgnis erregenden" Unterrepräsentanz von Frauen in höheren Positionen des öffentlichen Dienstes und von der Besorgnis, dass „die Zugehörigkeit zu bestimmten religiösen Vereinigungen oder Glaubensrichtungen einer der Hauptgründe ist, aus denen Personen von der Einstellung im öffentlichen Dienst ausgeschlossen werden"[172]. Sind von der staatlichen Gewalt letztlich nicht herbeigeführte gesellschaftliche Erscheinungen wie häusliche Gewalt in dem in Deutschland bisher bekannten Umfang wirklich dem Staat zurechenbare Verstöße gegen die Menschenrechte? Ist es ein Menschenrechtsverstoß, wenn höhere Positionen des öffentlichen Dienstes nach dem Prinzip fachlicher Eignung besetzt werden und der gesellschaftliche Wandel von Geschlechterrollen nicht so schnell ist, wie Progressive dies wünschen? Ist es ein Menschenrechtsverstoß, wenn ein Staat Probleme darin sieht, jemanden zum Beamten zu ernennen, der kompromisslos vor Schulkindern ein Kopftuch tragen will und sich weigert, Männern die Hand zu geben?[173]

Menschenrechte nicht in zu kleiner Münze ausgeben

Die internationalen Menschenrechtspakte haben zum Teil konkrete Inhalte, wie etwa soziale Rechte und Bildungsansprüche, die weit über jenes zivilisatorische Minimum der Achtung des Friedens und der Menschenwürde hinausgehen, das eine wie immer gelagerte Intervention rechtfertigen könnte. Es gibt im Westen eine starke Fraktion, die ihr jeweiliges, noch nicht einmal im Westen allgemein akzeptiertes und zudem in jeder Dekade wechselndes Bild von der Gesellschaft als Menschenrechtsstandard ausgibt und jeden in das tiefste moralische Unrecht setzt, der zu widersprechen wagt oder dagegen eigenwillige Wege reklamiert.

Eine politische Instrumentalisierung der Menschenrechte, die Ausgabe der Menschenrechtsidee als kleine Münze im ideologischen Ringen, gefährdet zuerst die Idee der Menschenrechte selbst. Wir stehen noch immer am Anfang der Frage, was den harten verbindlichen Kern der Menschenrechte ausmacht, mit dem notfalls die Souveränität staatlicher Macht durch die internationale Gemeinschaft gebrochen werden kann.

Die Menschenrechte: Zivilisationsethik oder Weltverfassung?

Menschenrechte sind dem juristischen Alltagsgeschäft zwar nicht mehr so fern wie vor Jahrzehnten, sie werden als Rechtstitel ernster genommen. Doch gerade deshalb wirkt die Absicht, mit Rechtsansprüchen eine Wertegrundlage, eine politische Ethik und gar normative Standards einer jeden Zivilisation zu begründen, wie ein die Fähigkeiten des Rechts überschreitendes Unternehmen.

In ihrem Geltungsanspruch sind Menschenrechte Rechte, die jedem Menschen zustehen und jede öffentliche Gewalt binden, will sie legitim sein. Es sind Gattungsrechte, die Gattung dadurch schützend, dass dem Einzelnen, jedem Einzelnen, Schutz und Freiheit gewährt werden. Menschenrechte stehen vor und über der staatlichen Territorialgewalt, sie binden souveräne Staaten, bilden die Grundlage, auf der Souveränitätsansprüche im völkerrechtlichen Staatenverkehr erst vollständig anerkannt werden. Menschenrechte beanspruchen das Fundament einer Weltrechtsordnung zu sein. Es handelt sich nicht um irgendwelche variablen Rechtspositionen, in ihrem sachlichen Kerngehalt sind sie die von der Ethik abgesicherte Selbstfundierung der Rechtsordnung, zum Rechtssystem zugehörig, es aber auch begründend und insoweit außerhalb seiner vollständigen Dispositionsbefugnis stehend.

Freiheitliche Selbstbestimmung im offenen Staat

Das deutsche Volk bekennt sich mit Artikel 1 Absatz 2 des Grundgesetzes zu unverletzlichen und unveräußerlichen Menschenrechten als Grundlage jeder menschlichen Gemeinschaft, des Friedens und der Gerechtigkeit in der Welt. Die innerstaatliche Rechtsordnung anerkennt mit diesem Satz vorstaatliches, zeitlich und sachlich universell geltendes Weltrecht. Damit zeigt sich das deutsche Grundgesetz auf der Höhe der Zeit. Es verfolgt zwei Ziele mit gleicher Kraft: Selbstbestimmung eines Volkes in Freiheit und die Einbindung in eine überstaatliche Wertegemeinschaft. Der Verfassungsstaat öffnet sich und beschränkt in souveräner Entscheidung seine Souveränität, will sich selbst nur als sittliches Gemeinwesen.

Antwort auf die totalitären Traumatisierungen des 20. Jahrhunderts

Die vom deutschen Verfassungstext vorangestellte politische Leitidee angeborener fundamentaler Menschenrechte rückt die einzelnen Menschen in den Mittelpunkt des Denkens, geht in bewusster Setzung von ihrer jeweiligen besonderen Würde, der *dignitas humana* aus, macht sie zur Quelle aller Herrschaftslegitimation, zum Ausgangspunkt aller sozialen

Ordnung. Die Erfahrung mit den totalitären Pathologien des 20. Jahrhunderts hat den Ausschlag gegeben: Eine ursprünglich europäisch-amerikanische Idee wurde nach 1945 weltumspannend zu einer machtvollen Forderung; die Vereinten Nationen beziehen aus dieser Idee und der Idee der Friedenswahrung ihre Identität. Mit der Allgemeinen Erklärung der Menschenrechte der Generalversammlung der Vereinten Nationen vom 10. Dezember 1948 wurde das Programm als internationales Wertbekenntnis auf seinen mühevollen Weg zu verbindlichen Verträgen gebracht, zu dessen wesentlichen Markierungen die beiden Menschenrechtspakte und eine Reihe von Konventionen wie etwa die Anti-Folter-Konvention von 1984 rechnen[174]. Und weil schon *Spinoza* wusste, dass Völkerrecht erst dann Recht wird, wenn es Aussicht auf Durchsetzung hat: Die stärkste Wirtschafts- und Militärmacht der Erde steht nach wie vor für die Durchsetzung der Menschenrechte als Garant bereit, wenngleich selbstredend im Rahmen eigener nationaler Interessen und begrenzt durch innen- und außenpolitische Zwänge oder Opportunitätserwägungen.

4. Die entscheidende Frage: Sind Menschenrechte universell?

Ein bezeichnender Streit unter deutschen Philosophen

Vor einiger Zeit stritten sich deutsche Philosophen über den Kulturbegriff und die Frage, ob Menschenrechte universell seien. Einer der wohltuend umsichtigen Vertreter dieser Fachdisziplin, *Harald Wohlrapp*, hat erkannt, dass die Idee der Menschenrechte in modernen Gesellschaften an die Stelle des Sakralen, an die Stelle der Religion getreten ist:

„Wir brauchen uns nur umzusehen: Das einzige, was in Debatten um ethische, moralische oder politische Normen als unumstößliche Instanz gilt, sind die Menschenrechte. Diese moderne ‚Menschheitsreligion‘ scheint von der vormodernen grundsätzlich verschieden zu sein; reklamiert sie

doch den vormals transzendenten Bereich des höchsten We-
sens als immanent. Der Unterschied ist freilich riesengroß.
Es ist kein Gott mehr da, der das Heil der Welt garantiert.
Das hat der Mensch nun selber zu besorgen bzw. überhaupt
erstmal zu bestimmen. Eine absolute Trennung von der Religion bedeutet das aber nur dann, wenn wir schon wissen
und innehaben, was ‚der Mensch‘ ist. Haben wir das?“[175]

Wo Religion herrscht, gar Menschheitsreligion, sind auch
eifernde Priester nicht weit, zumal in Deutschland. Nachdem *Horst Gronke* den heimlichen Menschenrechts-Relati-
vismus eines Kollegen kritisierte, verwahrte sich dieser gegen
jede Unterstellung, er gebe mit dem Verzicht auf Universalismus den Kern der Menschenrechte auf, er empfand solche
Unterstellungen an der „Grenze des Denunziatorischen“[176].
Schon die Sprache ist verräterisch, sie ist politisch. Kann man
in der Wissenschaft ähnlich wie im Polizeistaat ‚denunziert‘
werden? Die Antwort des als „Grenzdenunzianten“ Ange-
griffenen verstärkt den Verdacht: „Auch für mich steht es außer Zweifel, dass Kambartel und Steinmann/Scherer sich
aufrichtig zum Universalismus *bekennen*.“[177] Das soll wohl
heißen: Sie haben danach zwar eine gute Gesinnung, aber ihrer Theorie wird vorgeworfen, sie könne den Universalis-
musanspruch der Menschenrechte nicht zwingend begründen. Offenbar merken solche ‚Fachdiskurse‘ kaum mehr ihre
Nähe zu religiösen Formeln des Bekennens, aber auch zu totalitären Versatzstücken, vor allem aber vermögen sie nicht
eine der ersten Fähigkeiten der Philosophie unter Beweis zu
stellen, zwischen Sein und Sollen zu unterscheiden.

Das amerikanische Urvertrauen in die Universalität des eigenen Entwurfs

Die amerikanische Wissenschaft ist da wohltuend pragmati-
scher, direkter und wohl auch weniger eitel. Der amerikanische Wissenschaftler *Lawrence E. Harrison* geht davon aus,
dass kulturelle Werte, die dem Westen entgegenstehen, für
Armut, Rückständigkeit und Elend in der Welt verantwortlich sind und begründet seine Auffassung von der Universa-

lität westlicher Werte mit einem einfachen Prüfstein. Er glaubt, dass die überwältigende Mehrheit aller Menschen auf Erden folgenden Behauptungen zustimmen würde:

- Leben ist besser als der Tod.
- Gesundheit ist besser als Krankheit.
- Freiheit ist besser als Knechtschaft.
- Wohlstand ist besser als Armut.
- Bildung ist besser als Unwissenheit.
- Gerechtigkeit ist besser als Ungerechtigkeit.

Dies sind in der Tat Präferenzen, die einen wichtigen Teil *unseres* Wertesystems abbilden. Bei Lichte erweist sich jedoch eine solche Behauptung mit *universellem* Geltungsanspruch als gefährlich naiv und obendrein leicht angreifbar.

Die Ehre: ein gefährlicher Leitwert der Vergangenheit?

Man braucht nur eine kleine ergänzende Präferenzregel aufzunehmen und die Evidenz aller anderen Regeln stürzt zusammen. Wie wäre es mit „Ehre ist besser als Schande"? Auch dieser Aussage würden doch wohl fast alle zustimmen. Damit jedoch wären alle von *Harrison* angeführten Präferenzregeln relativiert. Denn wäre nicht einem unehrenhaften Leben der Tod in Ehren vorzuziehen? Ist nicht ein anständiges Leben in Armut besser als ein unsittliches Leben im Wohlstand? Ehre war (und ist) der absolute Wert traditionellen Denkens. Für diesen Wert hat noch der Begründer der deutschen Sozialdemokratie *Ferdinand Lassalle* den (für ihn ehrenhaften) Tod im Duell in Kauf genommen und die deutschen Hitlerattentäter des 20. Juli 1944 haben in militärisch schon längst ausweglose Situation den Sinn ihres Todes wenigstens in der Bewahrung von Deutschlands Ehre gesehen. Kann der Westen seine Universalitätsbehauptung nicht vielleicht nur deshalb einigermaßen umstandslos begründen, weil er auf einen solch starken Leitwert wie Ehre verzichtet, ihn sogar aktiv bekämpft oder zumindest versteckt?

Ein brasilianischer Fall

Für die Protagonisten eines radikalen westlichen Werteuniversalismus sind Kulturen, die eine gesellschaftliche Differenz von Männern und Frauen betonen und an dieser Unterscheidung entlang entsprechend starke Ehrbegriffe ausbilden, die entscheidende Gefahr für die Durchsetzung von Menschenrechten. Mit Schaudern wird von einem noch keine 20 Jahre zurückliegenden Fall aus Brasilien berichtet, in dem ein Geschworenengericht einen Mann freisprach, der seine von ihm getrennt lebende Ehefrau und ihren Liebhaber getötet hatte. Die Geschworenen waren der Auffassung, er habe rechtmäßig gehandelt, denn er habe seine Ehre verteidigt[178]. Selbstverständlich hat der oberste Gerichtshof Brasiliens diese Entscheidung aufgehoben und einen neuen Prozess angeordnet. Doch 1991 sprachen andere Geschworene den Angeklagten mit derselben Begründung wiederum frei. Der Fall und die öffentliche Aufmerksamkeit führten dazu, dass *Human Rights Watch* eine Sonderdelegation nach Brasilien schickte, um das Problem der Gewalt gegen Frauen zu untersuchen.

Strafrecht und Kulturraum

Für jeden Angehörigen des westlichen Wertesystems erscheint die Empörung über den Fall nur allzu verständlich. Wo kämen wir hin, wenn jeder unter Berufung auf seine vorgeblich verletzte Ehre Menschen töten dürfte? Auch die deutsche Strafjustiz steht vor der Frage, ob sie milder urteilen soll, wenn ein in Deutschland lebender Angehöriger eines anderen Kulturkreises wegen vorgeblich verletzter Ehre seine Frau misshandelt und tötet, Brüder ihre Schwestern töten, weil sie nach ihrer Auffassung ein unehrenhaftes Leben führen. Hier wird die spannende Frage, ob der Staat einen einheitlichen Kulturraum verteidigen darf oder muss oder lediglich dem Menschen als Einzelperson Gerechtigkeit zu erweisen hat, bei entsprechender Zuspitzung zu einem Dilemma. Das Strafrecht ist und bleibt kulturabhängig. Wen oder was der Staat bestraft, muss sich auch bei moralischer lebensweltlicher Betrachtung als strafwürdig erweisen, sonst überzieht das positive Recht schnell seinen Kredit als autonome Sphäre der Gesellschaft.

Zuerst geht es um das Verstehen, dann um die Frage, was daraus folgt

Es gilt allerdings, zwei Ebenen auseinander zu halten. Wir müssen begreifen und verstehen, wenn jemand in einem anderen kulturellen Kontext handelt und wir müssen dann in vollem Wissen um die kulturelle Differenz die Frage entscheiden, ob wir unsere kulturellen Standards dennoch zum Maß der Beurteilung machen. Kognitive Offenheit, die Sensibilität für andere Weltzugänge, aber dann auch die Entschiedenheit, eigene Werte zu verteidigen und ihre Einhaltung zu verlangen, sind zwei untrennbare Seiten einer jeden vitalen Kultur.

Verletzungen der Ehre, ein Tabu der zweckrationalen Welt

Insofern müssten wir – *ohne Preisgabe unseres Wertesystems* – versuchen zu verstehen, warum die brasilianischen Geschworenen zweimal zum Freispruch gelangten. Kann es sein, dass es andere Kulturen gibt, die eine andere Vorstellung von Glück und Lebenssinn pflegen als der Westen und die deshalb der Ehre in bestimmten Fallkonstellationen Vorrang vor aus unserer Sicht höchsten Rechtsgütern einräumen? Müsste nicht der selbstkritische westliche Intellektuelle die dringende Frage stellen, ob der Westen sich theoretisch auch irren könnte mit seinem Wertesystem? Könnte man nicht auch mit etwas distanziertem Blick es als sehr seltsam empfinden, dass in bestimmten familienrechtlichen Konstellationen bei uns ein gehörnter Ehemann den Unterhalt für seine Frau und damit indirekt für ihren nicht arbeitenden Liebhaber bezahlen muss – oder umgekehrt die Frau das Liebesleben des abtrünnigen Ehemannes zu finanzieren hat –, und der ‚Betrogene‘ sich strafbar macht, wenn er – dies nicht ertragend – in Schwarzarbeit und Unterhaltsverweigerung flüchtet?

Wer eigentlich hat schon einmal in unseren rationalen, sozialtechnologisch verwalteten Gesellschaften ernsthaft untersucht, wie viele Männer und Frauen ans Trinken gekommen und im Heer der Obdachlosen und Gescheiterten namenlos untergetaucht sind, weil sie sich zu Recht oder zu Unrecht in ihrer Ehre verletzt fühlten?

Wer andere versteht, kann besser seine eigene Position bestimmen, auch die der Ablehnung des Anderen

Damit kein Missverständnis entsteht: Hier wird nicht die Meinung lanciert, man sollte den Eifersuchtsmord gleichsam als Ehrennotwehr gutheißen oder die Steinigung von ehebrechenden Frauen in einem irgendwie günstigen Licht erscheinen lassen oder auch – weit harmloser – nur das Verschuldensprinzip im Scheidungsrecht wieder einführen. Es geht nicht um moralische Stellungnahme oder Rechtfertigung im Sinne unserer westlichen Maßstäbe, sondern es gilt zu erkennen, dass jede Kultur ein anderes Wertesystem bildet und es außerordentlich prekär ist, wenn der Westen ohne überzeugende Begründung jedenfalls tragende Teile seines Wertesystems für *Außenstehende* für allgemeinverbindlich erklärt; es ist aber womöglich ebenso prekär, wenn er *innerhalb* seiner staatlichen Ordnungen in einer Geste der duldenden Toleranz seine eigenen Maßstäbe aufgibt.

Ignorante Toleranz und weltoffene Konsequenz

Wer glaubt, seine Wertmaßstäbe seien per se universell und damit allen anderen überlegen, der wird vielleicht mit Herablassung anderen Wertesystemen auch dann Freiheit gewähren, wenn sie unvereinbar mit den eigenen Standards sind. Erst wenn man begreift, dass Werte und kulturelle Standards immer *kontingent*, das heißt änderbar sind, wird man sie vielleicht gerade deshalb mit mehr Elan und auch souveräner verteidigen. Diese Überlegungen zeigen, dass es bei aller Öffnung von Staaten und Rechtsordnungen immer auch um die Fähigkeit geht, Grenzen zu erhalten und zu setzen.

Kein Relativismus der Werte, aber ein Auge für das Andere

Eine politische Gemeinschaft muss sich als lernender Kulturraum begreifen und behaupten. Aus dem „Anderen" zu lernen, es zu beachten und nach Maßgabe des eigenen Wertesystems auch zu achten, ist allerdings etwas anderes als ein Relativismus der Werte, der alles, auch das gänzlich Unvereinbare nebeneinander stehen lässt. Dies wäre nichts als eine Kultur der Ignoranz, gleichgültig gegen die eigenen wie die fremden Gemeinschaftsgrundlagen. Die Beschreibung westlicher Staaten als offene Verfassungsstaaten enthält dagegen eine konstruktive Spannung. Der Begriff des offenen Staates kann seinen Sinn nur entfalten, wenn man die Fähigkeit zur Grenzziehung und Selbstbehauptung mit dem Programm der Öffnung und des Lernens zusammendenkt[179]. Wer wirklich weltoffen sein will, braucht eine Heimat und die Leidenschaft, ihre Identität und ihr Wertefundament zu verteidigen. Mit Menschen in der Ferne leiden kann nur derjenige, der in einer Beziehung der Nähe Emotionalität und Moralität erfahren hat.

Selbstkritik als Fähigkeit zu einer Kultur der Freiheit und ihre destruktive Radikalisierung

Die Fähigkeit, sich selbst kritisch zu sehen, ist eine evolutionäre Errungenschaft, weil nach dem kritischen Blick die starke Entscheidung folgen kann, genau so bleiben zu wollen. Aber die Kritik muss empathisch und darf nicht bösartig oder destruktiv sein. Destruktiv, die eigenen Wertegrundlagen beschädigend ist eine Kritik, die behauptet, unsere gesamte kapitalistische Gesellschaft sei ein einziger Verblendungszusammenhang, in dem Auschwitz keine moralische Entgleisung, sondern im System angelegt sei, es gebe kein richtiges Leben in diesem falschen. Auch die Behauptung, der Westen zerstöre die natürlichen Lebensgrundlagen, vernichte die Schöpfung, kann in diese Richtung gedeutet werden.

Kritik an den eigenen universell gesetzten Positionen

Eine etwas maßvollere Kritik könnte darauf hinweisen, wie unglaublich jung unsere heute für universell erklärten Positionen sind. Wie lange ist es her, dass der westliche Kulturkreis meinte, ein Angriffskrieg zwischen Nationen sei völkerrechtlich unproblematisch gerechtfertigt?[180] Dies war praktisch bis zum Ausbruch des Ersten Weltkrieges geltendes Völkerrecht. Das Frauenwahlrecht war etwa bis zum selben Zeitpunkt kein Kennzeichen einer Demokratie oder eines freiheitlichen Systems. Wir sollten erkennen, dass Menschenrechte und universelles Völkerrecht nach historischen Maßstäben sich rasch ändern und dies wohl auch in Zukunft tun werden, Überraschungen eingeschlossen.

Könnte eine künftige Zeit uns richten wegen der Verletzung universeller Menschenrechte?

Was wäre eigentlich – nur ein provokantes Gedankenexperiment – wenn man die heute im gesamten Westen ohne großes Aufheben durchgeführten, in jedem Jahr in die Millionen gehenden Abtreibungen in einer zukünftigen Zeit mit einer nur etwas anders gewichtenden Werteordnung als schweres Verbrechen an der menschlichen Gattung verstünde? Was wäre, wenn nach dem kulturellen Sieg einer solchen Auffassung uns Zeitgenossen von heute entgegengehalten würde, wir hätten diesen doch leicht erkennbaren Verstoß gegen universelles, für alle Menschen geltendes Recht sehen und ihm entgegentreten müssen?

Ist nicht der Westen in dem nachgerade absurden und jedenfalls gefährlichen Glauben gefangen, er habe mit dem vorgeblichen Sieg seiner Kultur das Ende der Menschheitsgeschichte[181] erreicht, neben uns seien keine anderen Kulturen legitim, nach uns würden keine anderen Kulturen und Werte entstehen?

Die unsichtbar gemachte Ehre

Wenn man schon hypothetisch mit fremden Augen unsere Kultur betrachtet, könnte man auch auf den Gedanken kommen, wir hätten die Ehre gar nicht wirklich als absoluten Leitwert verabschiedet, sondern nur unsichtbar gemacht, verdeckt. Was steckt denn eigentlich hinter der Würde vom Menschen, unserem Höchstwert, höher als Freiheit, Gleichheit oder selbst Leben? Ist das Verbot zu foltern und die tiefe Scham, die alle Anständigen ergreift, wenn die Inhaber staatlicher Macht den Menschen mit Gewalt erniedrigen, zum grenzenlosen Objekt zweckrationaler Ziele machen, nicht in Wirklichkeit eines der besten Resultate unseres Ehrgefühls?

Wenn die Führungsmacht des Westens und – ohne wenigstens den Grenzfall eines unauflösbaren Wertekonflikts anführen zu können – in einer organisierten Weise Gefangene ihrer Würde gerade auch als Angehörige einer anderen Kultur beraubt, ist der freie Westen im Nerv getroffen: Seine Ehre, die Konsistenz eines Wertesystems stehen auf dem Spiel, eines Systems, das alles – ohne Ausnahme – aus der Würde des Menschen, das heißt *unserem* Begriff der Ehre und des menschlichen Anstandes, ableitet.

5. Die Irrationalität rationaler Präferenzregeln

Die nur halbe Welt der Zweckrationalität

Man sollte jedenfalls sehr vorsichtig auf die Behauptung von *Harrison* reagieren, bestimmten Präferenzregeln würde die überwältigende Mehrheit aller Menschen auf Erden zustimmen, weswegen sie universell gesetzt werden könnten. Juristen würden ohnehin sagen, es komme auf die Umstände an: In der Tat, wenn es keinen absoluten Einzelwert mehr gibt, kommt alles auf eine abwägende Bewertung in einem für bedeutsam erklärten Zusammenhang an.

Die Konstruktionen westlichen Denkens haben regelmäßig die zwingende Kraft scheinbar vernünftiger Argumente überschätzt, weil diese ihre Evidenz immer erst aus der situativen Selektion bezogen haben. In Wirklichkeit beleuchten zweckrational abgeleitete Argumente immer nur die halbe Welt. Dies gilt schon deshalb, weil wir stets auswählen und nicht in einem unendlichen Regress die Auswahl rational begründen können. Denn was uns überzeugt an der Auswahl, ist selbst als Auswahl begründungsbedürftig. Letztlich muss jede technische Vernunft einsehen, dass es Bedingungen für die Plausibilität von Begründungen gibt, die nicht rational rekonstruierbar sind: Lebensgefühl, Voreingenommenheit, Werte, Glaube, Begierden.

Wer andere Kulturen nicht versteht, nimmt sich ein Korrektiv für die eigene

Weil westliche Intellektuelle dazu neigen, andere Realitätszugänge und Weltdeutungen im Grunde für Verstöße gegen das universale Geschichtsprinzip aufgeklärter Vernunft und seiner Denkgesetzlichkeiten zu halten, und deshalb etwas wie Ehre nur als vormodernes und deshalb unvernünftiges Relikt sehen können, fehlt es ihnen an Fähigkeiten, andere Kulturen kognitiv zu verstehen. Damit nehmen sie sich selbst ein Korrektiv für die eigene Stärkung und Selbsterhaltung, verblenden und schwächen sich in falscher Selbstgewissheit.

Es gibt kein logisches System von absoluten Präferenzregeln und deshalb auch keine zweckrationale Konstruktion der idealen Gesellschaft

Mit ausgewählten idealen Präferenzregeln lässt sich in einer konkreten Kulturgemeinschaft – und es gibt keine andere – kein zwingendes Argument für eine universell gültige Gesellschaftsordnung gewinnen[182]. Dies gilt für Rawls „Theorie der Gerechtigkeit"[183] nicht anders als für die zitierten Präferenzregeln von Harrison. Man könnte aus dem westlichen Kulturfundus selbst noch weitere und fast beliebig viele Präferenzregeln guten und richtigen Lebens aufstellen. Solche anderen Präferenzregeln machen deutlich, dass das angeblich überlegene Wertesystem in Wirklichkeit lediglich auf die Bedürfnisse der gegenwärtig herrschenden kulturellen Grundauffassung zugeschnitten ist und mitnichten ein bis zum Schluss durchdachtes und logisch oder moralisch zwingendes System darstellt. Man kann sich ganz andere Präferenzregeln denken, die zum gängigen Wertesystem nicht passen, in sich auch nicht konsistent sind und dennoch für sich genommen keine Ablehnung hervorrufen. Solche zwar tief im westlichen Ideenfundus verankerten, aber die herrschende Kultur gleichwohl irritierenden und in sich auch nicht stimmigen Präferenzregeln wären etwa:

- Das Leben eigener Kinder ist wichtiger als das eigene Leben.
- Nächstenliebe ist wichtiger als eigene Gesundheit.
- Gemeinschaft ist besser als Einsamkeit.
- Freiheit ist besser als Gleichheit.
- Freiheit ist besser als Sicherheit.
- Sicherheit ist besser als Freiheit.
- Frieden ist besser als Krieg.
- Freiheit ist wichtiger als Frieden.

Kultureller Konsens – was soll das sein?

Es führt kein Weg an der Einsicht *Luhmanns* vorbei, dass moderne Werte als System klarer Präferenzregeln gar nicht bestehen können, weil keine allgemeine Regel für die Lösung von Wertekonflikten existiert[184]. Und dennoch kann man nicht bei der ernüchternden Einsicht stehen bleiben, dass Werte heute eben im Wesentlichen Rhetorik seien, mit denen sich Politiker und Richter Entscheidungsfreiräume verschaffen, wenn sie sich in politischen Programmen oder Gerichtsurteilen darauf berufen[185]. Es kommt vielmehr darauf an, eine Ordnung und Einordnung der Werte herzustellen, die möglichst entlang eines kulturellen Konsenses verläuft. Worüber aber soll Konsens erzielt werden?

6. Reflexive Freiheit und Achtung der Kulturen

Reflexive Freiheit: Gegenentwurf zu libertärem Nihilismus und dumpfem Kollektivismus

Wir sollten erkennen, dass ein radikal individualistisches Modell für die Selbstbehauptung des Westens ebenso ungeeignet ist, wie die damit einhergehende radikale Freiheit aller Funktionssysteme, ohne Rücksicht auf den kulturellen Zusammenhalt einer Gemeinschaft. Diese Einsicht gilt allerdings auch und erst recht für das Gegenteil, für jede radikale Vergemeinschaftung des Menschen und für alle Formen dumpfer gesellschaftlicher Entdifferenzierung, d. h. dem Entzug von Autonomie aus den spezialisierten Kommunikationsbereichen der Gesellschaft. Unsere Freiheitsidee muss reflexiv werden und sie wird dies, wenn sie die kulturelle Bedingtheit des Freiseins in den Blick nimmt.

Freiheit in und mit einer Kulturgemeinschaft

Das Wertesystem des Westens findet seinen zentralen Wert in dem Glauben an den Segen und an die Würde der individuellen Freiheit, wobei jeder Mensch als Inhaber dieser Freiheit als gleich gedacht wird. Wenn dieser Zentralwert erhalten und, wo verschüttet, auch wiederhergestellt werden soll, kommen wir aber nicht umhin, einen diesen Leitwert zwar nicht relativierenden, aber doch ergänzenden Leitwert der Kulturgemeinschaft anzufügen, denn nur in bestimmten Gemeinschaftshorizonten kann individuelle Freiheit sich als Leitwert behaupten. Weil die Idee der Freiheit und die der Rechtsgleichheit nur in einem bestimmten kulturellen Kontext ihre konkrete Gestalt und ihre Evidenz beziehen kann, darf Freiheit gar nicht ohne den sie tragenden Kulturhorizont gedacht werden, will sie sich nicht als Leitwert selbst gefährden.

Sprachkulturen und Kulturkreise

Aber die Kultur besteht im Plural, weil Sprach-, National- und Religionsgemeinschaften immer verschiedene Kulturen sind. Sprachkulturen sind besonders stark in ihrer Prägekraft, aber sie hängen auch eng zusammen mit Religionsgemeinschaften, historischen Prägungen als Schicksalsgemeinschaft und der alltagsweltlichen Verankerung eines Wertesystems, das über mehrere Kulturen hinweg seinerseits einen Kulturkreis bilden kann.

Zivilisation als Minimum des Anstands im Umgang zwischen Kulturen

Die Kulturen und Kulturkreise sind nicht isoliert, sie stehen in der Verkehrsbeziehung der Weltgesellschaft. Daraus – und nur daraus – folgen sachlich allgemeingültige Werte als Regeln kultivierten Umgangs miteinander, als jedem einleuchtender Mindeststandard für die Koexistenz von verschiedenen Kulturräumen. Den anständigen Umgang miteinander, der auch in einem Ignorieren bestehen kann, aber nicht aggressive Menschenverachtung erlaubt, nennen wir Zivilisation. Kulturen müssen sich als Teil einer Weltzivilisation in einem Mindestbestand wechselseitig respektieren und achten, gerade weil und soweit sich jede für sich behaupten will. Denn ein regelloser Kampf der Kulturen ist ein kulturzerstörender Kampf, der immer auch die Identität des jeweils eigenen Wertesystems beschädigt.

Wer die Regeln des zivilisatorischen Minimums bricht, gibt seine eigene Identität preis, verliert sein Gesicht

Die Nationen Europas waren vor fast genau 100 Jahren an dem Punkt, an dem sie sahen, dass ein sich deutlich abzeichnender großer Krieg zwischen ihnen vieles von dem zerstören könnte, worum er eigentlich geführt werden sollte. Im Jahr 1907 wurde die Haager Landkriegsordnung vereinbart, die den kulturellen Mindeststandard auch im modernen Krieg fixieren sollte. In Artikel 46 dieser völkerrechtlichen Vereinbarung wurde übrigens als erstes Schutzgut die Ehre der Bürger eines militärisch besetzten Landes genannt. Die beiden großen Kriege des 20. Jahrhunderts wurden nicht ohne Verletzung dieser Regeln geführt, aber auch nicht gänzlich ohne ihre Beachtung. Jede der am Krieg beteiligten europäischen Nationen erlitt erhebliche Einbußen an lebendiger Kultur und nationaler Identität; die Verlierer mehr als die Sieger, aber das ganze nationale Prinzip und ein bestimmter gemeinsamer Standard des europäischen Kulturkreises waren am Ende desavouiert.

Der Konflikt individueller und gemeinschaftlicher Gesellschaftsentwürfe

Jedenfalls innerhalb des westlichen Kultursystems sind die aus dem individuellen Freiheitsparadigma deduzierten Werte universell gültig, während Kulturen, die gemeinschaftsbezogen argumentieren, insofern als fremd empfunden werden. Aber Respekt zwischen Kulturen heißt gerade auch, die abweichende Prämisse ernst zu nehmen, ohne sie indes zu übernehmen. Hier geraten wir an einen für die innerstaatliche Verfassungsordnung und das Völkerrecht höchst folgenreichen und neuralgischen Punkt. Denn unter den Bedingungen der Weltgesellschaft treffen Kulturen ungleich häufiger aufeinander, sowohl innerhalb kulturell sich fragmentierender Staaten als auch in der Sphäre internationaler Beziehungen.

Weltgesellschaft: Trend zur Vereinheitlichung oder Koexistenz von parallelen Welten?

Wenn man eine stark integrationsoptimistische Ansicht vertritt, kommt es schon bald zu einer einheitlichen Weltkultur, die zumindest sehr nahe an unserer westlichen Vorstellungswelt liegt. Doch die Weltgesellschaft entsteht als Einheit nicht notwendig durch Verschmelzung von Funktionssystemen – wie man dies allerdings im Fall der Wirtschaft und eingeschränkt auch für die Wissenschaft annehmen kann –, sondern Einheit kann genauso als aufeinander bezogene Vielheit ihre Gestalt gewinnen, durch Verdichtung, Interaktion und Reaktion. Mit der heuristischen Vorstellung einer Weltgesellschaft ist es keineswegs unvereinbar, vom Fortbestand

und sogar der Neuformierung fragmentierter Kulturgemeinschaften auszugehen.

Die Weltgesellschaft ist kulturell keine homogene Ein-
heitsgesellschaft, sie wird es vermutlich nie sein. „Die Einheit
des Systems konnte im Kontext einer sich selbst als Kultur
reflektierenden Kultur nur noch historisch beschrieben werden. Selbst das ist heute aber nicht mehr möglich bzw. allzu
leicht als ‚Eurozentrismus' zu entlarven."[186] Weltgesellschaft
tritt mit ihren Funktionssystemen, mit ihrer Art des Wirtschaftens, mit ihrem Recht, mit ihren Formen politischer
Herrschaft neben und über die national und kulturell bestimmten Herrschaftsräume. Die national und kulturell
selbstbestimmten Gemeinschaften werden mit womöglich
eigenen Gesellschaftsideen fortbestehen, aber eben als füreinander und für die emergente Weltgesellschaft geöffnete.
Die Welt ist unentrinnbar in einem Prozess der menschlichen
Zivilisation verbunden, dies aber bei fortbestehenden vielen
Kulturräumen, die national, übernational oder religionsge-
meinschaftlich gegründet sind.

Die Weltgesellschaft als Zivilisationsprojekt braucht insofern einen ethischen und moralischen Diskurs, der nicht nur
auf schnellen politischen Konsens setzt, sondern sich um
konzeptionelle faire Auseinandersetzung müht. Die Funktionskreise der ehemals nationalen Gesellschaften begegnen
sich in der Weltgesellschaft wieder, ergänzen sich, wenn die
Menschen bereit sind, Grundregeln der wechselseitigen
Achtung und der Mindestbedingungen des Staatenverkehrs
einzuhalten. Der Westen wird von anderen Kulturen lernen,
dass die Ordnung des guten Lebens in Konflikt mit den technischen Gesetzen des Marktes geraten kann und deshalb anderen Kulturen Respekt entgegen zu bringen ist, aber auch
die eigene Kultur als Identitätsmuster gepflegt und verteidigt
werden will. Denn dort liegen die Wurzeln für die Ideen der
Freiheit, der Gleichheit, der Brüderlichkeit und des Friedens.
Die vitale Kultur des Westens bekräftigt das Bild vom sich
selbst schaffenden und verantwortenden Menschen. In diesem Punkt kann der Westen nicht anders: Zivilisation ist für

ihn die Versammlung freier Menschen in ihren Staaten und
überstaatlichen Organisationen, angemessene Ausdrucksformen einer Gattung, die mit Vernunft begabt ist.

Jede Kultur muss sich behaupten wollen

Die Spannung zwischen Weltgesellschaft und vitalen Kulturen führt zu zwei Folgeproblemen. Der Westen muss sich
entscheiden, was er unternimmt, um seinen Kulturraum als
die Grundlage der individuellen Freiheit zu pflegen. Gestützt auf seine immense wirtschaftliche und militärische
Macht glaubt er sich ganz selbstverständlich auf der Sieger-
seite, aber das kann sich schnell als Illusion erweisen. Auf
lange Sicht gilt: Nicht Waffen oder Waren, sondern Ideen
und Überzeugungen bestimmen den Lauf der Welt. Wir
müssen deshalb auch die Rolle des Staates neu bestimmen
und dabei die Frage beantworten, ob die legitime politische
Herrschaft deutlicher als bisher zur Pflege der kulturellen
Grundlagen eingesetzt wird[187].

Der Staat ist unverzichtbar, aber auch eine Quelle
sozialtechnologischer Illusionen

Aber es wäre falsch nur oder auch nur vorrangig auf den
Staat zu blicken. Der Staat muss sich stärker als bisher als ein
Kulturraum begreifen, aber die Kultur der Freiheit wird von
einem überregulierenden Staat buchstäblich erdrückt. Der
Staat ist eine stete Quelle für mechanistische Illusionen. Hier
chiffrieren wir einfache Lebenszusammenhänge so, dass sie
sozialtechnisch beherrschbar erscheinen, lösen aber gerade
damit die Probleme nicht. Wenn aber die Staaten des Westens
sich nicht mehr lebenspraktisch selbst verstehen, können sie
auf längere Sicht keinen sinnvollen Beitrag für eine vitale und
friedliche Weltgesellschaft leisten.

Sprache und Denken müssen sich abwenden von einem
sozialtechnischen Betreuungsjargon

Wenn beispielsweise in so genannten bildungsfernen Schichten das alte Wissen verloren geht, wie man sich vernünftig er-

nährt, seine Kinder richtig erzieht und wie man seinen Lebensunterhalt bestreitet, dann genügt es nicht, finanzielle Transfers zu Gunsten einkommensschwacher Schichten zu organisieren und Präventionsprogramme der Krankenkassen auf Kosten der Solidargemeinschaft zu finanzieren: Der Ton muss auch wieder deutlicher werden. Und wenn in den so genannten Bildungseliten das ebenso alte Wissen verloren geht, dass es ohne Kinder und Enkelkinder keine Harmonie zwischen Freiheit und kultureller Zukunft gibt, dann muss auch dort Tacheles geredet werden. Die *orwellsche* Neusprechweise, das Verdecken der Wirklichkeit hinter sozialtechnischen Betreuungsfassaden ruiniert eine Gesellschaft der Freien, nimmt ihr Wirklichkeitsbezug und Vitalität.

Denn die Kultur der Freiheit ist eine Entscheidung der Einzelnen. Wer Freiheit nur versteht als einen Gang durch die glitzernden Auslagen von Kaufhäusern, wo mal hier und dort eine Ware ausgewählt wird, dem wird kein Staat die Kulturgemeinschaft der Freien erhalten können.

Internationale Beziehungen: Rückkehr zum klassischen Völkerrecht?

In den internationalen Beziehungen kommt es darauf an, Menschenrechte so zu formulieren, dass sie mit dem Prinzip des Selbstbestimmungsrechts der Völker[188], das im Kern immer auch die Disposition über die eigenen kulturellen Grundlagen betrifft, vereinbar sind. Der Westen kann seine Werte, die nicht universell sind, gleichwohl universalisieren, wenn er sie in ein nebeneinander stehendes System verschiedener koexistierender Kulturen einpasst und seine Werte auf dieses Toleranzsystem hin entsprechend vorsichtig als Mindestregeln, als ein ziviles Verkehrsrecht formuliert. Dies würde allerdings eine stärkere Rückkehr zum klassischen Völkerrecht bedeuten, denn Freiheit müsste dann auch als Kollektivfreiheit, als Selbstbestimmungsrecht der Völker, zumindest Staaten wieder zugesprochen werden, ohne allzu sehr den Durchgriff universeller Menschenrechte zu erlauben.

Die Kultur der reflexiven Freiheit ist lernend und
selbstgewiss zugleich

Dies kann nur gelingen, wenn die Menschenrechte wieder
weit stärker als bisher auf Kerngehalte reduziert werden und
ein angemessenes Sanktionssystem verfestigt wird. Der
Westen sollte sich darauf einigen, was er als universell geltend
politisch verlangt und verlangen darf und was er an andersartigen kulturellen Dispositionen zu respektieren hat und respektieren kann. Allerdings darf er dies nicht in einem naiven
Glauben an die natürliche Überlegenheit eigener Werte tun,
sondern aufgeklärt und wissend um das Andere selbstbewusst für das Eigene streitend. Dies klingt womöglich einleuchtend, ist aber in der Konkretisierung außerordentlich
schwierig. Gehört beispielsweise Demokratie zum Kerngehalt universeller Menschenrechte[189]? Ist eine patriarchalische
Gesellschaftsordnung, die Frauen keine vollständig gleich-
berechtigte Rechtsstellung bürgerlich und politisch gewährt,
ein Verstoß gegen universelle Menschenrechte und – wenn
dies der Fall ist – mit welchen Konsequenzen? Aber eine
Kultur reflexiver Freiheit wird solchen Fragen weder aus-
weichen noch naive Antworten geben. Im Gegenteil: Im Bild
des Anderen und des Andersartigen wird die eigene Identität
sichtbar und bewusst gemacht, wir können lernen, indem wir
uns in dem einen Fall korrigieren, aber auch in dem anderen
Fall umso entschiedener festhalten an eigenen Wertentscheidungen.[190]

Die tonangebenden westlichen Staaten können insofern
viel von anderen lernen, etwa bei der Sorge um künftige Generationen. Junge Menschen haben nicht nur Anspruch auf eine
gesunde Umwelt, sie müssen erst einmal in diese Welt gelangen, in eine ebenso offene wie sichere und faire Gesellschaft
geboren werden[191]. Der Verzicht auf Kinder, gerade auch in
der breiten leistungsfixierten Mittelschicht, das Erlahmen
von Erziehungsleistungen durch die Eltern, die Ignoranz gegenüber sinnstiftenden Traditionen und Institutionen ist kein
gutes Signal für die praktische Möglichkeit, die moralischen

Voraussetzungen auch und gerade für die Menschenrechtsidee in Zukunft lebendig zu halten.

Eine Zivilisation und viele Kulturen

Kulturkreise aber, die stärker als der Westen an tradierten sozialen Zusammenhängen wie der Familie festhalten und Orientierung in einem bekräftigten religiösen Glauben suchen, sollten nicht allein an der Elle individueller Selbstverwirklichung und dynamischer Modernisierung gemessen und schon gar nicht mit politischen und wirtschaftlichen Mitteln unter Druck gesetzt werden. Umgekehrt muss aber auch jeder Angehörige einer jeden Kultur offen sein für den Diskurs und nicht seine tatsächlich bestehende oder subjektiv so wahrgenommene Unterlegenheit pflegen, um sich endlos beklagen oder gar voller Hass zerstören zu können. Die Menschenrechte garantieren gerade auch deshalb den freien Diskurs, damit pragmatische Vernunft gegen die Verirrungen der Leidenschaften und der Gewalt die Oberhand behält.

Das pragmatische Programm der Freiheitsrechte

Das insoweit den Freiheitsrechten zu Grunde liegende pragmatische Programm verlangt die Achtung des Anderen. Wer im Anderen, ohne angegriffen zu sein, den kulturellen Todfeind sieht, ist selber ein Feind der Freiheit, die mit den Menschenrechten versprochen wird. Jede Herrschaft, die wegen für sie vorrangiger kollektiver oder partikularer Bedürfnisse den Einzelnen entrechtet, foltert und erniedrigt, verlässt den Kreis der anerkannten Zivilisationen.

Achtungsansprüche und Verachtungsverbote

Aus der Sicht des deutschen Verfassungsrechts wäre deshalb der Appell ein doppelsinniger: Die eigene Rechtskultur darf nicht zu selbstgewiss sein, weil die sie tragende Gesellschaft längst Gefahr läuft, ihre praktischen und moralischen Grundlagen aufzuzehren, wenn sie den Verlockungen bequemer Selbstverwirklichung und des allgegenwärtigen Entertainments erliegt. Andere große Kulturen wie die des Islam vertreten in dieser Hinsicht ein berechtigtes Anliegen, machen von ihrem Selbstbestimmungsrecht Gebrauch, wenn sie *auf ihren Territorien und in ihren Republiken* auf ihr Wertesystem, auf ihren Glauben und ihre Tradition hinweisen und Achtung verlangen. Allerdings sollte auch keine Kultur verächtlich auf den dekadenten, gottlosen Westen schauen – wechselseitige Achtung und Verteidigung der eigenen Überzeugung zugleich ist schwierig, aber eben auch das Kennzeichen derjenigen Zivilisationen, die vollständige Anerkennung verdienen.

Die Selbstbegründung der westlichen Kultur ist nicht unabänderlich

Die westliche Kultur begreift sich als allgemeine menschliche Zivilisation, sie hat sich aus ihren Traditionen und unhinterfragten sozialen Selbstverständlichkeiten gelöst, sie hat die Macht der Kollektive, der Religion und der Geburtsvorrechte gebrochen. Sie hat sich buchstäblich selbst neu erfunden, nachdem sie eine bestimmte Entwicklungsrichtung einmal eingeschlagen hatte[192]. Doch niemand weiß, ob dieses größte aller sozialen Experimente gelingen wird, niemand weiß, ob nicht alternative Kulturen für künftige Entwicklungen Anschlüsse und Impulse zu geben vermögen, wir deshalb die Alternativen besser nicht in einer mit dem Tabu umzäunten und trotz rasender Progressivität doch innerlich still gestellten und mit Herrschaft gesicherten Monokultur westlichen Denkens erdrücken sollten.

Gegenseitige Öffnung und Wahrung der eigenen Identität

Die Zukunft einer friedlichen Welt liegt im Programm der sich wechselseitig füreinander öffnenden und ergänzenden Ordnungen – eine Art *komplementärer Permeabilität*[193]. Das moderne Völkerrecht anerkennt in diesem Sinne das Selbstbestimmungsrecht der Völker ebenso, wie es die Achtung grundlegender Menschenrechte unbeschadet aller Souveränitätsansprüche fordert. Folgerichtig ist es immer wieder zu grundsätzlichen Kontroversen gekommen, was vorgeht, was gewichtiger ist[194]. Soll aber beides *zusammen gehen*, wird man zu dem Gebot gelangen, dass vollgültige Souveränität im Völkerrechtsverkehr nur derjenige Staat verdient, der sich zumindest *dem Grunde nach* für die Völkerrechtsordnung mit ihren grundlegenden Menschenrechtsgehalten geöffnet hat. Umgekehrt wird aber jede Völkerrechtsordnung mit normativem Anspruch auf Universalität nur dann Respekt und Achtung verdienen, wenn sie das Selbstbestimmungsrecht der Völker und ihrer politischen Gemeinschaften als Freiheit zum Leben der eigenen Kultur nicht nur folkloristisch, sondern als hartes rechtliches Faktum begreift.

Wer zwingendes Völkerrecht kategorisch ablehnt und notorisch bricht, riskiert seine Souveränität

Der Staat, der sich insoweit kategorisch *nicht* öffnet, riskiert die Intervention der Völkergemeinschaft. Gleichzeitig muss ein solches Öffnungsgebot auch für die Völkerrechtsordnung und die ihr zu Grunde liegende politische Philosophie gelten. Wenn eine solche unzulässige Abschließung von Staaten und Kulturräumen, die mit der Missachtung zwingender Normen des Völkerrechts einhergeht, sich durchsetzte, hätte die Friedensordnung der Welt ihre kriegerische Fragmentierung zu fürchten. Damit wird die Einhaltung eines zivilisatorischen Mindeststandards von demjenigen verlangt, der Ansprüche auf anerkannte Eigenständigkeit in einer Weltrechtsordnung[195] mit Aussicht auf Erfolg geltend machen will. Zivilisatorische Sonderwege sind möglich, verdienen vielleicht sogar größeren Schutz vor den Imperativen des Ökonomischen, wenn eben nur die Fundamentalaussagen der Weltrechtsordnung anerkannt werden. Das Völkerrecht schlägt damit auf seiner hohen Ebene den bekannten Weg freiheitlicher Verfassungsstaaten ein: Innerstaatlich darf sich dort jeder so lange entfalten, wie er die Grenzziehungen des Rechts anerkennt und nicht in grundsätzliche Feindschaft zur freiheitlichen Ordnung gerät[196].

Ist Demokratie eine zivilisatorische Mindestanforderung?

Eine der schwierigsten Fragen in diesem Zusammenhang lautet: Gehört es zum ethisch begründeten und menschenrechtlich gebotenen Mindestbestand einer vollständig als zivilisiert anerkannten politischen Gemeinschaft, dass sie *demokratisch* verfasst ist? Und könnte man überhaupt mit universellem Anspruch Demokratie als Teil der Menschenrechtsgewährleistung überzeugend definieren? Wenn die Prämisse stimmt, dass die Weltgesellschaft auf dem Weg der Konstitutionalisierung nach dem Modell offener Verfassungsstaaten ist, so müssen beide Fragen bejaht werden. Im Vertrag über die Europäische Union verpflichten die Artikel 6 und 7 die Mitgliedstaaten zur Demokratie und sehen Sanktionen für den Fall der Verletzung dieses Strukturgebots vor. Artikel 25 des Internationalen Paktes über bürgerliche und politische Rechte, geschlossen im Rahmen der Vereinten Nationen, ist ein vertraglich verbürgtes Menschenrecht, an der Gestaltung öffentlicher Angelegenheiten und an Wahlen teilzunehmen.

Es wird allerdings bestritten, dass dies nur vertraglicher Ausdruck eines ohnehin bestehenden allgemeinen, auf Gewohnheitsrecht beruhenden Menschenrechts ist. Die völkerrechtlichen Pragmatiker – und Völkerrecht ist im Wesen pragmatisch – weisen darauf hin, dass die Anerkennung eines Staates als Völkerrechtssubjekt nicht davon abhängen dürfe, ob er im westlichen Sinne demokratisch sei. Angesichts der beträchtlichen Zahl undemokratischer Staaten und angesichts des Streites über die Mindestelemente der Demokratie gefährdete die Völkerrechtsordnung ansonsten sich selbst und womöglich sogar den Weltfrieden[197]. Ein damit nahe gelegtes, gewisses Zurückweichen vor entgegenstehenden konkreten Machtlagen ist im völkerrechtlichen Systemzusammenhang üblich und aus einer übergeordneten praktischen Perspektive geboten. Aber damit wird nicht gegen die Logik der aus westlicher Willensentscheidung universell gesetzten Menschenrechte verstoßen, denn sie behaupten sich in ihren grundlegenden normativen Gehalten kontrafaktisch: Die Achtung der Würde des Menschen steht niemals zur Disposition[198], auch wenn die praktische Politik und die ebenso praktische Rechtsanwendung vorübergehend genötigt sind, Konzessionen zu machen.

Ohne staatliche Ordnung kein verlässlicher Verpflichtungsadressat der Menschenrechte

Keine Konzession aus der Sicht der Menschenrechte ist die Hinnahme der Staatsgewalt als solche. Ohne staatliche Ordnung fehlt der Rechtsidee ihr materielles Substrat, ihr Verpflichtungssubjekt, die Stelle, bei der Rechte als Pflichten eingefordert werden können[199]. Die Deutung der Menschenrechte als Programm der staatsauflösenden Anarchie ist falsch, weil es einen fassbaren Garanten der freiheitlichen Ordnung geben muss, wenn wir nicht die zivilisatorische Errungenschaft einer Friedensordnung aufgeben wollen, die die feste Ordnung des legitimen Gewaltmonopols territorial umgrenzt und durch nachvollziehbare Verantwortungsbeziehungen gesichert ist. Aber auch wenn Staaten funktionell als Raum für die Möglichkeit individueller Freiheit in Sicherheit und als Organisation zur gemeinsamen Freiheitsverwirklichung unabdingbar sind und bleiben, so folgt doch aus der Logik des von allen anerkannten Gewaltmonopols und nicht minder aus der Logik der Menschenwürde, dass die wirksame Einbeziehung der Staatsbürger[200] in die Ausübung der Herrschaft geboten ist.

„Der Fürst von echter Art ist nicht da zum Ge-
nießen, sondern zum Arbeiten."
(*Friedrich der Große*, 1739)
„Jedenfalls sind Beschreibungen nicht schon
deshalb postmodern, weil man die Folgen des
Sündenfalls nicht mehr über Arbeit, sondern
über Genuß erträglich zu machen versucht."
(*Niklas Luhmann*)[201]

XIII. Die Kultur der Freiheit

1. Eros der Freiheit

Im Banne sozialtechnologischer Illusionen

Man fragt am guten Ende nach Schlussfolgerungen. Das Vor-
stehende lässt ein tiefes Unbehagen erkennen. Kann eine Gesellschaft auf Dauer frei, friedlich und gerecht bleiben, wenn
sie ihre Zusammengehörigkeit als Kulturgemeinschaft nicht
mehr ausreichend zu sichern vermag? Unsere Gesellschaft
steht im Banne einer großen sozialtechnologischen Illusion.
Wir meinen mit berechneter Steuerung, mit Datenerhebung,
Gesetzen, Finanzzuwendungen, Bürokratien das Leben organisieren zu können, ohne über das Leben zu reden[202]. Wir
brechen mehr oder minder berechenbare Lebensteile als vermeintlich beherrschbare technische Einheiten aus einem Zusammenhang heraus: den Arbeitsmarkt, politische Wahlen,
Schulbildung, abweichendes Sozialverhalten, organisierte
Kriminalität. Durch diese Abtrennung lassen sich selbstverständlich Steuerungserfolge erzielen, aber ebenso häufig
bleibt der Erfolg aus oder das Gegenteil tritt ein, wenn der
Eigensinn anderer sozialer Zusammenhänge oder derjenige
von Menschen unterschätzt oder gar nicht gesehen wurde.

Eros der Leidenschaft und Logos der Vernunft

Moderne Gesellschaften organisieren sich nach dem Logos der rationalen Selbstgründung, aber dahinter steht der Eros eines Lebensentwurfs, der Menschen mit Leidenschaft und Lust erfüllt, ihnen sinnvoll und wertvoll erscheint. Fehlt es an diesem Eros, hat der Logos der Vernunft keine Zukunft. Nicht nur der Einzelne, auch politische Gemeinschaften müssen sich selbst wollen, selbst immer wieder neu entwerfen und ihre Grundlagen bekräftigen. Es gilt zudem wieder schärfer zu erkennen, dass Menschen nicht nur sich privatrechtlich vereinigen, sondern auch öffentlich-rechtlich in politischen Gemeinschaften zusammenschließen dürfen, nach den Regeln der demokratischen Willensbildung und um gemeinsam, d. h. in organisierter Weise, Freiheit auszuüben, allerdings in Ziel und Maß begrenzt durch den Willen, den Menschen möglichst viel von ihrer Eigenwilligkeit und damit sozialtechnisch ungeregelte Freiheit zu lassen. Insbesondere die staatliche Gemeinschaft ist insofern zwar ebenso Gegner wie Garant der Grund- wie Menschenrechte[203], aber eben auch die notwendige Organisation zur gemeinsamen Freiheitsausübung, die eine kollektive Dimension der Freiheit ist[204], wenn sie sich begrenzt und Vertrauen in die Kraft individueller Freiheitsausübung zeigt.

Leistungsfreude

Aus dieser alten demokratischen und liberalen Einsicht folgt weder sozialpolitische Ignoranz noch die Rechtfertigung, der Staat dürfe mit dem Mandat der Mehrheit die Ergebnisse einer Leistungsgesellschaft nach Belieben nivellieren. Das alte bürgerliche Fundament der westlichen Freiheit führte immer die Idee der Brüderlichkeit mit sich, zeigte aber auch darin eine gewisse Härte, weil vom Bruder erwartet wurde, sich selbst zu helfen, bevor er um Hilfe bittet. Der Wind der Freiheit ist mitunter rau, wie atlantische Stürme, denen die europäischen Weltentdecker vor einem halben Jahrtausend trotzten. Nur wenn wir uns selbst und anderen etwas abver-

langen, erlangen wir die Mittel, um Hilfe an Schwache zu
leisten.

Werte sind abhängig von der alltäglichen Lebenswelt

Der Ankerpunkt der weltlichen legitimen Herrschaft ist für
den westlichen Kulturkreis die Würde und Freiheit aller
Menschen. Die Achtung ihres personalen Eigenwerts und ihrer Eigenverantwortung sind für die daraus abgeleiteten gesellschaftlichen Ordnungen grundlegend. Und jeder sollte
sich fragen, ob es dazu für die zusammenwachsende Welt tatsächlich auch nur eine denkbare Alternative gibt. Aber auch
ein solcher höchster Wert ist nicht die letzte und tiefste Erkenntnis für eine Kultur der Freiheit. Denn Werte überzeugen nur, wenn eine alltägliche Lebenswelt sie immer wieder
neu hervorbringt, bestätigt, sich an ihnen reibt. Die alltägliche Lebenswelt aber ist für den Westen schon in ihrem Tra-
ditionsbestand nicht disponibel: Man kann nicht auf das
griechische Menschenbild, nicht auf die Quellen jüdisch-
christlichen Glaubens und auch nicht auf den modernen Prozess der Rationalisierung und Weltaneignung verzichten,
ohne das aufzugeben, was den Westen ausmacht. Respekt
vor dem Kanon der Bildung und denjenigen, die ihn noch
vermitteln können, Respekt vor den alten Institutionen der
großen Kirchen ist in einer respektlosen und geschichtslosen
Zeit ein erstes und wichtiges Gebot.

Die Lust am bürgerlichen Lebensentwurf: Vor der Zeitenwende?

Aber Tradition überzeugt in der Moderne nur, wenn sie die
Idee und die Trittsicherheit für das Neue gibt. Die Zeichen
der Zeit stehen für eine Geburt einer neuen bürgerlichen
Epoche, die Lebenslust mit selbstbestimmter Disziplin verbindet, die Unterschiede zwischen Männern und Frauen
spielerisch wieder zulässt und betont, ohne in überholte Rol-
lenklischees zu verfallen oder androgyne Langeweile fortzusetzen. Der neue Bürger ist kein Untertan, er ist rebellisch,

wo ihm ein politisch korrektes Korsett angepasst werden soll, er liebt seine Eigenwilligkeit und die abweichende Ansicht, aber er liebt ebenso die Einsicht und die gelingende Bindung, die Schaffung von Freundschaften, von Intimität, von materiellen Werten. Eine neue Generation wird die Lust am Abenteuer eigener Kinder wieder entdecken, wird Existenzen, Unternehmen und Familien gründen, hierauf mit allem Recht stolz sein dürfen. Der überregulierte Staat von heute und neue sozialtechnologisch fixierte Herrschaftsformen auch überstaatlicher Art werden sich vor diesem neuen Bürgerstolz zu rechtfertigen und zu ändern haben, sie werden als nützliche Voraussetzung individueller Freiheit geachtet werden, solange sie dies sind.

Arbeit und Genuss – Freiheit und Bindung

Die praktische Lebensführung darf nicht länger aus den Fugen geraten. Die Kultur der Freiheit lebt von hohen Erwartungen an jeden einzelnen Menschen. Dass Arbeit adelt und wahrer Adel arbeitet, war eine kraftvolle Einsicht der bürgerlichen Welt, gerichtet gegen privilegierte Müßiggänger. Sie ist ein unverzichtbares Identitätsmerkmal der westlichen Kulturgemeinschaft. Der freie Mensch soll etwas leisten, soll etwas geben, bevor er etwas von anderen verlangt. Das grundlegende Prinzip der Gegenseitigkeit und damit der Gerechtigkeit funktioniert in einer Gemeinschaft freier Individuen nur, wenn der produktive Eigennutz genügend Raum hat und erst dann in gesellschaftlich vernünftige Bahnen gelenkt wird. Am besten geschieht dies selbstbestimmt durch die eigene Einsichtsfähigkeit der Menschen, aber auch durch eine neue vitale Kultur, die den alten, mit dem Aufklärungspathos verbundenen, sinnlosen sozialen Destruktivismus aufgibt und die gelingende tätige Bindung als Genuss und die beste Form der Freiheit begreift. Die überalterte, selbstgenügsame Gesellschaft, die die geringer werdenden Anteile am Weltwohlstand immer weiter umverteilt: Sie hat keine Zukunft. Der freie Mensch steht nur dann in einer Welt der Zukunft, wenn er die Gemeinschaft mit seinen Kindern lebt, in Erziehung und Bildung mit der Übergabe der Stafette der eigenen Kultur den Lauf der Zivilisation befördert.

Ehe und Familie sind kein Auslaufmodell, sie stehen vor ihrer Renaissance

Zu den großen sozialen Einrichtungen, auf denen unsere Freiheit und unsere Zukunftserwartungen ruhen, zählen immer noch und wieder stärker die Ehe und die Familie. Sie sind keine Mauern der Unfreiheit, sondern eine aufregende, eine erotische Form, um in Freiheit und selbstgewollter Bindung, in bunter Vielheit, Intimität und Wärme zugleich zu leben. Eine Gesellschaft bewahrt ihre Zukunft nur dann, wenn sie ihre kulturelle Identität durch Prägung, Erziehung und Vorbild auf eine neue Generation übertragen kann. Dies hat bislang bestens die bürgerliche Familie geleistet, die allen gezielten Unkenrufen zum Trotz keineswegs untergegangen ist, sondern der prägende Sozialraum für die übergroße Mehrheit aller Kinder geblieben ist. Die Familie ist – auch in neuen Formen – für die freiheitliche Gesellschaft das Fundament, auf dem sie ruht.

Der „menschliche Faktor"

Jede noch so raffiniert ausdifferenzierte Gesellschaft, jedes filigrane System moderner Wirtschaft, jede noch so schöne Verfassung, alle Ideen und universalen Ideale sind nur genau so viel wert wie die Menschen, die all das wollen und jeden Tag neu ebenso erfinden wie verteidigen. Die Zukunft des westlichen Wertesystems hängt davon ab, dass viele junge Menschen in einer glücklichen Umgebung zur Welt kommen und aufwachsen, freiheitliche und vitale Werte, moralische Kompetenz erlernen, Lebensklugheit, Tradition und Geschichte, Religion und Würde schon früh kennen lernen, erst im Elternhaus, dann in der Schule. Das Lachen und Weinen der Kinder, ihre Fragen und ihre Neugier, ihre Unvernunft und ihr Geschrei, ihre Ideen und ihre Einfälle: Das und nur das ist die Zukunft unserer Gesellschaft.

2. Lebensfreude und Leistungswille

Der aktive Mensch als Leitbild

Der Begriff der Leistung sollte sich in Zukunft nicht mehr als erstes auf Ansprüche an einen weit überforderten Staat richten, sondern wieder dahin gerückt werden, wo er im großen bürgerlichen Zeitalter stand: Der tätige Mensch schafft in einer guten gesellschaftlichen Ordnung die geistigen und materiellen Werte, wenn man ihn lässt und er zu kämpfen versteht. Das alte Europa wurde nicht groß durch Wehklagen, sondern durch eine selbstbewusste Aneignung der Welt. Ein neues Europa und ein erneuerter Westen werden die Welt bereichern, wenn die Menschen ihre kulturellen Weichen wieder umstellen. Die mancherorts viel zu weit ausgedehnten Interventionen des Staates in die Wirtschaft müssen zurückgenommen, die immer noch bestehenden Anreizsysteme für den Verzicht auf eigene Kinder und auf den mitunter harten Kampf in der Berufswelt sollten rasch abgebaut werden.

Gerechtigkeit hat viele Gesichter: die Kultur der Freiheit entscheidet sich für die Leistungsgerechtigkeit

Die große Idee der Gerechtigkeit ist in der modernen Gesellschaft nicht zufällig als „Leistungsgerechtigkeit" verstanden worden. Die *aristotelische* Formel, jedem das zukommen zu lassen, was ihm gebührt, hat in einem modernen Verfassungsstaat eine entschieden individualisierte Färbung bekommen. Jeder soll in den Bahnen des sittlichen Anstands und des Rechts selbst dafür sorgen, dass er das erreicht, was ihm zusteht, und es steht ihm zu, was er so rechtmäßig erreicht. Mit diesem klassischen bürgerlichen Leistungsgedanken ist unser ganzes System der Freiheit und Prosperität verbunden. Damit eine Gesellschaft als frei bezeichnet werden kann, wird sie der individuellen Willensfreiheit einen konzeptionellen Höchstrang einräumen und darf nur in einer begrenzten Weise die Ergebnisse des freien Handelns mit dem staatlichen Gewaltmonopol korrigieren. Aus der grundle-

genden Entscheidung für die individuelle Freiheit folgen als
Gebote von Verfassungsrang nicht nur die Gewährleistung
körperlicher und persönlicher Integrität, Meinungs- und Be-
kenntnisfreiheit, Grundsätze des Strafens, die eine Strafe an
die individuell zurechenbare Schuldfeststellung binden, sondern auch die wirtschaftliche Privatautonomie, das Eigentum als Grundrecht und als Institution.

Angeborene und erworbene Achtungsansprüche

Die Koordinaten für die Bestimmung des Maßes an Achtung, die einem Menschen gesellschaftlich geschuldet ist,
müssen neu bestimmt werden. Der Ausgangspunkt ist unverrückbar: Jeder Mensch hat einen Mindestanspruch an
Achtung, der auch durch größte Untaten nicht zur Disposition gestellt wird. Aber von dort aus führt nicht der Weg in
die egalitaristische Enge, sondern in das Programm der gegenseitigen Freiheitsverwirklichung. Wer sich selbst, sein
Leben, seine Biographie so entwirft und verwirklicht, dass
sein Glück zugleich die Freiheit und die Möglichkeiten anderer zu ihrem eigenen Entwurf dauerhaft befördert, hat
Anspruch auf einen hohen gesellschaftlichen Achtungsanspruch. Hier findet die Gerechtigkeit ihren sozialen
Maßstab. Der begnadete Wissenschaftler, die Erfinderin, der
mutige und verantwortliche Unternehmer, der fleißige und
kundige Handwerker, die Mütter und Väter, die mit Vorbild
und Erziehung das Gesicht der Zukunft bestimmen, sie verdienen besonderen Respekt und Anerkennung.

Achtung der Früchte des Fleißes und Gemeinschaften nach
Menschenmaß

Eine gerechte Sozialordnung, die auf individuelle Freiheit
baut, muss vor allem die Leistung und die Selbstverantwortung der einzelnen Menschen in den Mittelpunkt rücken, die
Ergebnisse des Fleißes achten. Das gilt auch dann, wenn der
Staat gefordert ist, Risiken zu mindern, die mit jedem Gebrauch der Freiheit verbunden sind. Wenn wir uns einem
marktwirtschaftlichen System anvertrauen, weil wir darin

die beste Institution zur Sicherung der Freiheit sehen, dann müssen wir politisch klug mit einem solchen System umgehen, es nicht deformieren, sondern nutzen und für eine politische Gemeinschaft um günstige Bedingungen ringen. Es müssen allgemein anerkannte Institutionen existieren, die die Freiheitsidee und die Lebenspraxis der Menschen fest und kompatibel verbinden. Dies sind die Privatautonomie und der Markt, die Demokratie und der Verfassungsstaat, der Schutz der Privatsphäre und die Familie, das Leistungsprinzip und die Bildungsidee, das Wertesystem und die Leitideen vom Lebensglück. Auf dieser Grundlage existiert dann eine politische Primärgemeinschaft, soweit sie als gemeinsames Projekt von den Bürgern gewollt ist, sie setzt Rahmenbedingungen und ist ein wichtiger Adressat für die kulturelle Selbstreflexion der freien Gesellschaft. Politische Gemeinschaften wie der Nationalstaat sind heute aber nur als weltoffene Einrichtungen im Wettbewerb und in der verbundenen Kooperation erfolgreich, sie müssen gerade deshalb aber besondere und neue Anstrengungen unternehmen, um ihre Identität zu wahren. Eine Sozialordnung kann nicht gerecht sein, wenn sie diese Funktionsbedingungen einer freien Gesellschaft und damit die Voraussetzung der persönlichen Freiheit gefährdet oder beschädigt.

3. Nationen sind heute offene politische Ordnungen und Kulturgemeinschaften

Erfolgreich sind Nationen, die auf die Vitalität freier Bürger bauen

Die Nationen des Westens müssen sich neu als vitale Wettbewerbs- und Kulturgemeinschaften entwerfen. Die atlantischen Kernstaaten des Westens haben hier weniger Nachholbedarf als die mehr etatistischen Nationen auf dem europäischen Festland. Der neue Entwurf vitaler Freiheit kann nur von den einzelnen Menschen, den Bürgern ausgehen, die ihr Leben wieder mit praktischer Vernunft selbst in die Hand nehmen und dem Schicksal als verwaltete Existenz abschwören.

Neue Kraft entsteht, wenn Menschen aufhören, wirtschaftliches, kulturelles und politisches Geschehen wie Zuschauer und Besucher eines Einkaufsparadieses zu betrachten, und stattdessen fragen, wie man etwas besser machen und vor allem, was man selbst machen kann. Doch damit ist nicht die romantische Aufhebung der Arbeitsteilung gemeint, nicht jeder in Beruf und Familie Erfolgreiche muss Schulen und Kindergärten in Eigenarbeit erhalten, und das, nachdem er hohe Steuern an den Staat abgeführt hat. Jeder muss sich aber fragen lassen, welche Beiträge er selbst für eine vitale, wohlhabende und freie Gemeinschaft geleistet hat: Wie viele Kinder hat jemand mit Liebe und Weitsicht großgezogen, wie viel uneigennützige Hilfe Notleidenden gegeben, wie viel dafür getan, dass Gemeinschaften gerecht und lebensklug bleiben? Wie viel Steuern und Abgaben hat er aus eigener Arbeit aufgebracht, wie viel dazu beigetragen, dass im Land attraktive Unternehmen und Arbeitsplätze entstanden sind?

Keine blinde Unterwerfung unter globale sozialtechnologische Herrschaft, sondern selbstbestimmte Öffnung aus Einsicht

Die Gemeinschaften wiederum, angefangen von den Familien über Vereine, Parteien, Religionen bis hin zu Nationen und übernationale Wertegemeinschaften sollten sich als selbstbewusste Teile einer vielfältigen kulturellen Welt in einem großen Prozess der Zivilisation begreifen. Weltoffenheit heißt nicht blinde Unterwerfung unter eine neue global vernetzte Herrschaft sozialtechnologischer Eliten. So wie der moderne Mensch sich als ein Souverän versteht, frei geboren, aber mit Einsicht in die Notwendigkeit freiwilliger Bindung und die Freude an der sozialen Verbindung, so treten heute auch die wichtigen sozialen Gemeinschaften in einen Wettbewerb der Selbstbehauptung und der Mitgestaltung[205]. Dazu muss man wissen, wer man ist und wer man sein will.

Wer seine Grundlagen kennt und den Blick in die Zukunft wirft, hat keine Scheu, in die Vergangenheit zu schauen, um von großen Vorbildern zu lernen. Wir müssen über die Kultur der Freiheit mit weit mehr Leidenschaft streiten, über ihre Freunde und ihre Feinde, über die Gefahren, in denen sie schwebt und die Chancen, die sie bietet. Nach dem Streit aber werden wir wieder zusammenfinden, weil wir zusammengehören, als Zugehörige zu einer Kultur und als Teil der universalen menschlichen Zivilisation.

Universalisierung des Nichtuniversellen

In einer interdependenten Weltgesellschaft wird der Westen sich mit seinem speziellen Ethos und Eros der individuellen Freiheit auf Dauer nur behaupten können, wenn er den Prozess der Rationalisierung nicht als endlose Steigerung von theoretischen Spezialdiskursen und einer immerwährenden Entzauberung und kulturellen Nivellierung begreift. Der dringend nötige Respekt vor der Vielfalt der Weltkulturen fängt damit an, die eigene Kultur zu erkennen, auch in ihrer Irrtumsanfälligkeit und Relativität, aber auch in ihrer Schönheit und Kraft. Wer ein scharfes Auge dafür hat, wird rational und emotional für eine Kultur der Freiheit optieren, notfalls kämpfen. Die Werte des Westens sind – gerade dort, wo sie tagespolitisch zugerichtet werden – in einem tieferen Sinne sowenig universell wie alle Weltdeutungen vor uns und nach uns.

Und doch hat etwas in der griechischen Antike begonnen, was die Menschheit nicht verlieren sollte, wenn sie nicht ihre Idee von sich selbst aufgeben will. Der Universalismus westlicher Werte mag sich als Behauptung des logisch zwingenden Soseins irgendwann dann als eine Schimäre erweisen. Aber der Glaube an den freien Menschen ist unverlierbare Identität des Westens. Dieser große weltumspannende Kulturkreis ist solange vital und voller Anziehungskraft, als er sein Menschenbild mit den davon untrennbaren griechisch-jüdisch-christlichen Wurzeln wirklich will, aber der Welt als universales Muster im Zivilisationsprozess der Gattung nur

mit Augenmaß und Pragmatismus empfiehlt. In internationalen Beziehungen der Gegenseitigkeit dürfen westlich ausgerichtete Staaten und Staatengemeinschaften anderen die
Einhaltung entsprechender Standards gleichsam als Gegenleistung abverlangen, bevor sie Leistungen erbringen. Aber
sie dürfen nur dort einseitig und hart auftreten, wo ein Minimum an zivilisatorischer Friedlichkeit und Menschlichkeit in
der Familie der Völker aggressiv verletzt wird.

Selbstbewusstsein statt Arroganz

Eine solche Universalisierung des Nicht-Universellen kann
nur gelingen, wenn das Muster eigener Werte als Identität
selbstbewusst gepflegt wird und offen für äußere Impulse
wie für innere Entwicklungen bleibt. Zu diesen inneren
Entwicklungen gehört zwingend die Wiederaneignung eines
sinnerfüllten Alltags, der die uralten Erfahrungen der unmittelbar begreifbaren Gegenseitigkeit, den Mut zum selbstbestimmten Leben ebenso wie die Demut vor dem unvermeintlichen Tod wieder aufnimmt. Zu diesen anthropologischen
Konstanten des Menschseins, auf deren Wiederaneignung
die Kultur der Freiheit schlechterdings nicht verzichten
kann, gehört die entschiedene Abkehr von einer in der Geschichte wohl einmaligen Ignoranz für die Freude an eigenen
Kindern, ihren alles überragenden Lebenswert und die aus
der Kinderentwöhnung folgende grassierende Zukunftsvergessenheit. Generationen von Menschen haben davon geträumt – viele im Schatten der glitzernden Fassaden tun dies
immer noch –, mit unserem Fundus an Wohlstand, Gesundheit und Freiheit Familien gründen zu können, ihre Kinder
unter solch günstigen Bedingungen wachsen zu sehen. Auf
welche abschüssige Bahn sind wir geraten, wenn wir dieses
zentrale Erlebnis eines erfüllten Lebens mit leichter Hand in
der bunten Welt von Oberflächlichkeiten aufgeben oder in
der Rangliste des Vordringlichen immer weiter nach hinten
schieben?
    Eine offene Kultur der Freiheit wird aber auch nur dann
bestehen, wenn sie ihre Arroganz ablegt und stattdessen

mehr Selbstbewusstsein gewinnt. Die politische Leitkultur der larmoyant duldenden Multikulturalität ist in Wirklichkeit Herablassung, ein Nicht-Ernst-Nehmen. Im Innern der offenen Verfassungsstaaten werden wir lernen müssen, mit verschiedenen Kulturen und ihren Herausforderungen umzugehen, und zwar ohne alles gut zu finden, was anders ist. Wir werden lernen müssen, eine Toleranz zu üben, die gerade mit der begründeten Setzung von Grenzen und dem Festhalten an eigenen Institutionen den anderen und sich selbst ernst nimmt. Wer sich selbst achtet, sieht auch im Anderssein des anderen sein eigenes Gesicht.

Anmerkungen

[1] *Theodor W. Adorno*, Kulturkritik und Gesellschaft II, 2003, S. 538.

[2] *Samuel P. Huntington*, The Clash of Civilizations, 1. Auflage New York 1996; deutsche Ausgabe: Der Kampf der Kulturen, 5. Auflage 1997.

[3] Zur Bedeutung von Zeichensystemen siehe *Umberto Eco*, La struttura assente, 1. Auflage Milano 1968; deutsche Ausgabe: Einführung in die Semiotik, 1994.

[4] *Harald Wohlrapp*, Die Suche nach einem transkulturellen Argumentationsbegriff, in: Steinmann/Scherer (Hrsg.), Zwischen Universalismus und Relativismus, 1998, S. 240 (250).

[5] Siehe *Christoph Menke*, Spiegelungen der Gleichheit, 2004, S. 83.

[6] Siehe etwa *Ward H. Goodenough*, Culture, language, and society, 2. Auflage Menlo Park 1981.

[7] *Samuel P. Huntington*, Der Kampf der Kulturen, 5. Auflage 1997, S. 60; Originalausgabe: The Clash of Civilizations, 1. Auflage New York 1996.

[8] Ausdrücklich etwa auch *Hans Küng*, Projekt Weltethos, 1990; von ihm mitbeeinflusst die Declaration of Global Ethic in Chicago 1993 vom „Parlament der Weltreligionen".

[9] Siehe etwa *Lawrence E. Harrison*, Warum Kultur wichtig ist, in: Huntington/Harrison (Hrsg.), Streit um Werte, 2002, S. 13 (25 ff.); Originalausgabe: Culture matters, New York 2000.

[10] *Barbara Crossette*, Kultur, Geschlecht und Menschenrechte, in: Huntington/Harrison (Hrsg.), Streit um Werte, 2002, S. 235 (287); Originalausgabe: Culture matters, New York 2000.

[11] *Leo Scheffczyk*, Die Frage nach der Gottesebenbildlichkeit in der modernen Theologie, in: ders. (Hrsg.), Der Mensch als Bild Gottes, 1969, S. IX ff.

[12] *Bernhard Giese*, Das Würde-Konzept, 1975.

[13] *Giovanni Pico della Mirandola*, Oratio de hominis dignitate, 1486; lateinisch/deutsche Ausgabe: Nachdruck 2001.

[14] Einer der Soziologen der ersten Generation, *Ferdinand Tönnies*, hat 1887 mit der Unterscheidung von Gemeinschaft und Gesellschaft die Spannung zwischen traditionellen Formen des Zusammenhalts und technischer Integration über Spezialsysteme der Gesellschaft in den Mittelpunkt der Aufmerksamkeit gerückt (*Ferdinand Tönnies*, Gemeinschaft und Gesellschaft, 3. Auflage 1991 des Neudrucks der 8. Auflage von 1935). Andere, von *Durkheim* bis *Habermas* (*Jürgen*

Habermas, Theorie des kommunikativen Handelns, 1981), sind ihm in diesem Ansatz gefolgt.

[15] *Karl R. Popper*, Die Logik der Forschung, 10. Auflage 1994.

[16] *Niklas Luhmann*, Die Gesellschaft der Gesellschaft, 1. Auflage 1998, S. 1141 f.

[17] In geplanter wie ungeplanter Unvollkommenheit ebenso vollständig wie fragmentarisch vorliegend in *Niklas Luhmann*, Die Gesellschaft der Gesellschaft, 1. Auflage 1998.

[18] Eigentumsrechte, Vertrags- und Berufsfreiheit schützen die Wirtschaft, staatsbürgerliche Rechte wie das Wahlrecht die Politik, die Wissenschafts- und Forschungsfreiheit die Wissenschaft, die Religionsfreiheit die Unabhängigkeit der Religion, das elterliche Erziehungsrecht und die staatliche Aufgabe der durch Elternrechte begrenzten schulischen Bildung und Erziehung gewährleisten ein autonomes Erziehungssystem. Es handelt sich mithin um Institutionen, die Freiheiten durch Typisierung lenken und dadurch fördern, zum Teil erst ermöglichen.

[19] In der Denktradition von *Edmund Husserl* kann man die systemisch-technische Sozialintegration einer lebensweltlich-kommunikativen Integration gegenüberstellen und das System als Nutznießer, aber auch als Parasit der Lebenswelt begreifen. Siehe *Jürgen Habermas*, Theorie des kommunikativen Handelns, 1981, Bd. 2, S. 277.

[20] *Friedrich Nietzsche*, Jenseits von Gut und Böse, 11. Auflage 1991.

[21] *Ferdinand Tönnies*, Gemeinschaft und Gesellschaft, 3. Auflage 1991 des Neudrucks der 8. Auflage von 1935, S. 95 f.

[22] *Samuel P. Huntington*, Who are we?. Die Krise der amerikanischen Identität, 2004, S. 52 f.; Originalausgabe: Who are we?, New York 2004.

[23] *Terry Eagleton*, Was ist Kultur?, 2. Auflage 2001, S. 23; Originalausgabe: The idea of culture, Oxford 2000.

[24] Die Wahrheit des Verhältnisses von Nationalsozialismus und Kultur dürfte eher in der überlieferten Aussage *Hermann Görings* liegen, der sagte, dass er seinen Revolver entsichere, wenn er das Wort Kultur höre.

[25] Der Begriff der Kultur blendet immer auch den Begriff der Gemeinschaft ein, der seinerseits in eine konstruktive Spannung zum Gesellschaftsbegriff gerückt werden kann, siehe *Ferdinand Tönnies*, Gemeinschaft und Gesellschaft, 3. Auflage 1991 des Neudrucks der 8. Auflage von 1935, S. 34 f.

[26] *Frithjof Rodi*, Kultur, in: Krause/Müller (Hrsg.), Theologische Realenzyklopädie, 1990, Bd. XX, S. 177.

[27] Siehe dazu *Georg Simmel*, Der Konflikt der modernen Kultur, 3. Auflage 1926.

[28] *Norbert Elias*, Über den Prozeß der Zivilisation, 1. Auflage 1976, 2 Bände.

[29] *Oswald Spengler*, Der Untergang des Abendlandes, 16. Auflage 2003.

[30] Allgemeine Erklärung zur kulturellen Vielfalt der UNESCO, verabschiedet auf der 31. Generalkonferenz am 2.11. 2001 in Paris, abgedruckt in: UNESCO heute, Ausgabe 1–2, 2002, S. 1.

[31] *Max Scheler*, Die Stellung des Menschen im Kosmos, 16. Auflage 2005 (hrsg. von Frings); *Arnold Gehlen*, Der Mensch, 14. Auflage 2004. Siehe auch unten C. II.

[32] *Gerd Roellecke*, Staat und Tod, 2004, S. 33 ff.

[33] Jedoch nicht immer als individuelles Überleben, den Tod für den Fortbestand der Gattung schließt auch die Natur nicht aus.

[34] *Edward O. Wilson*, Sociobiology, 25. Auflage Cambridge 2000.

[35] *Gerd Roellecke*, Staat und Tod, 2004, S. 33.

[36] *Max Weber*, Wissenschaft als Beruf, in: *ders.*, Gesammelte Aufsätze zur Wissenschaftslehre, 7. Auflage 1988, S. 582 (594 f.).

[37] *Udo Di Fabio*, in: Maunz/Dürig (Hrsg.), Grundgesetz. Kommentar, Stand: Februar 2004, Art. 2 Abs. 2 Rdnr. 14 f.

[38] *Herbert Marcuse*, Eros and civilization, Boston 1955; deutsche Ausgabe: Triebstruktur und Gesellschaft, 17. Auflage 1995.

[39] Diese Vereinfachung weiß natürlich, dass *Rousseau* nicht die These vertreten hat, die Menschen sollten in die Höhlen der Vorgeschichte zurück, aber sie gibt trotzdem die herrschende Tendenz bei ihm wieder, in dem Gesellschaftseintritt des Menschen seine Erbsünde der egoistischen Interessenwahrnehmung zu sehen. Im Ergebnis wird dies auch von denjenigen zugestanden, die *Rousseau* sehr wohlwollend betrachten wie *Ernst Fraenkel*, Deutschland und die westlichen Demokratien, 3. Auflage 1968, S. 179.

[40] *Theodor W. Adorno*, Kulturkritik und Gesellschaft II, 2003, S. 537.

[41] *Theodor W. Adorno*, Kulturkritik und Gesellschaft II, 2003, S. 540 f.

[42] *Richard Sennett*, The Fall of Public Man, New York 1974, 1976; deutsche Ausgabe: Verfall und Ende des Öffentlichen Lebens, 13. Auflage 2002.

[43] Bei *Frank Schirrmacher*, Das Methusalem-Komplott, 2004, S. 140 f., keineswegs nur kritisch gemeint.

[44] Artikel II-85 und Artikel II-81 Absatz 1 des Vertrags über eine Verfassung für Europa.

[45] *Jean-Marie Guéhenno*, La fin de la démocratie, Paris 1993; deutsche Ausgabe: Das Ende der Demokratie, 1994.

[46] Zur Ambivalenz von politischen und rechtlichen Tabus: *Josef Isensee*, Tabu im freiheitlichen Staat, 2003.

[47] Zur codierten Ordnung von „progressiv und konservativ": *Niklas Luhmann*, Der politische Code, in: *ders.*, Soziologische Aufklärung 3, 1. Auflage 1981, S. 267 ff.

[48] Artikel I-33 Absatz 1 Unterabsatz 3 des Vertrags über eine Verfassung für Europa.

[49] Artikel I-26, I-27 des Vertrags über eine Verfassung für Europa.

[50] Siehe dazu die Entscheidung des Bundesverfassungsgerichts vom 24.9. 2003 – 2 BvR 1436/02, in: Entscheidungen des Bundesverfas-

sungsgerichts, Bd. 108, S. 282, mit dem Sondervotum der Richter *Jentsch, Di Fabio* und *Mellinghoff*, S. 314.

[51] Wie unwahrscheinlich die Umstellung der gesellschaftlichen Ordnung auf die sog. funktionale Differenzierung ohne klare Hierarchie und ohne anerkanntes gesellschaftliches Zentrum war, hat *Niklas Luhmann* immer wieder betont: siehe etwa *Niklas Luhmann*, Soziale Systeme, 1. Auflage 1984, S. 411.

[52] Umverteilungspolitik zielt darauf, der freien Gesellschaft – und damit der Disposition der Individuen – Ressourcen zu entziehen und sie der politischen Herrschaft des Staates – der politischen Gemeinschaft – einzuverleiben. Zu Beginn der siebziger Jahre hat auch ein gemäßigter Sozialdemokrat wie der damalige Münchener Oberbürgermeister *Hans Jochen Vogel* auf einer kommunalpolitischen Konferenz ausgeführt, es solle gar nicht bestritten werden, „dass der Anteil der Gemeinschaft am Sozialprodukt erhöht werden muss, dass die Steuerquote gesteigert werden muss" und dass dafür auf Bundesebene gekämpft werden müsse. Redebeitrag abgedruckt in: Roth (Hrsg.), Kommunalpolitik für wen?, Arbeitsprogramm der Jungsozialisten, 1971, S. 146.

[53] *Christoph Keese*, Rettet den Kapitalismus!, 2004.

[54] Dies ist eine Beschreibung, die *Jürgen Habermas* insbesondere in Anschluss an *Weber* und *Husserl* in einer früheren Schaffensphase mit Nachdruck und Überzeugungskraft vertreten hat, von der er aber inzwischen abgerückt zu sein scheint. Siehe *Jürgen Habermas*, Theorie des kommunikativen Handelns, 1981.

[55] *Max Weber*, Wirtschaft und Gesellschaft, 5. Auflage 1980, S. 378; *ders.*, Die protestantische Ethik und der „Geist" des Kapitalismus, 1. Auflage 1905, S. 17.

[56] *Frithard Scholz*, Freiheit als Indifferenz, 1982.

[57] *Niklas Luhmann*, Soziale Systeme, 1. Auflage 1984, S. 256ff.

[58] Siehe etwa den entsprechenden Appell an die deutsche Sozialdemokratie von *Detlev Albers*, Europa und die Sozialdemokratie, in: Frankfurter Allgemeine Zeitung vom 26. Mai 2004, S. 9.

[59] Besonders deutlich hervorgehoben im Beschluss vom 25. 2. 1975 – 1 BvF 1, 2, 3, 4, 5, 6/74, in: Entscheidungen des Bundesverfassungsgerichts, Bd. 39, S. 1 (67).

[60] Inzwischen wird immer deutlicher, in welche dramatischen Probleme eine freiheitliche und wohlhabende Gesellschaft gerät, wenn sie sich demographisch abschüssig entwickelt. Es trocknen dadurch von unten die Quellen der Vitalität aus: Wirtschaftswachstum, Leistungsfreude, unternehmerische Initiative und Einfallsreichtum hängen entscheidend von einer angemessen großen Zahl der jungen Generation ab; einer Generation, die die Chance hat, glücklich und mit klaren Werteorientierungen, mit guter Erziehung und Bildung aufzuwachsen. In den nüchternen Worten eines Monatsberichts der Deutschen Bundesbank liest sich dies im Hinblick auf die Forderung, die Staatsverschuldung rasch zu senken, wie folgt: „Eine rasche Verringerung der Schulden-

quote ist nicht zuletzt wegen der demographischen Entwicklung ange-
zeigt. Die aktuellen Vorausberechnungen weisen für Deutschland eine
gravierende Verschiebung der Altersstruktur zu Lasten der Bevölke-
rungsgruppen im Erwerbsalter aus. Der sinkende Anteil dieser Bevöl-
kerungsgruppe dürfte nicht ohne negativen Einfluss auf das Wirtschaftswachstum bleiben. Abgesehen von der Schrumpfung des
Erwerbspersonenpotentials ist es offen, wie sich ein höheres Durch-
schnittsalter der Erwerbstätigen auf deren Produktivität auswirken
wird. Positiven Einschätzungen mit Blick auf die größere Arbeitserfah-
rung stehen skeptische Voraussagen gegenüber, die eher mit einem ge-
ringeren Innovationspotenzial rechnen.", Bericht der Deutschen Bundesbank, Monatsbericht März 2004, S. 25 f.

[61] Zum Zusammenhang der Entstehung und modernen Deutung des
Begriffs der Menschenwürde und der Religionsfreiheit: *Arnd Uhle*,
Staat – Kirche – Kultur, 2004, S. 88 ff.

[62] Eine eher sozial-funktionale Antwort auf die Frage, was Werte
sind, lautet: Werte bedeuten „Höchstrelevanz mit normativem Gehalt",
Niklas Luhmann, Gibt es in unserer Gesellschaft noch unverzichtbare
Normen?, 1993, S. 18.

[63] Ähnlich: *Dieter W. Lerner*, Das Problem der Objektivität von
rechtlichen Grundwerten, Dissertation St. Gallen 1967, S. 114.

[64] *Niklas Luhmann*, Gibt es in unserer Gesellschaft noch unverzichtbare Normen?, 1993, S. 19.

[65] *Josef Isensee*, Tabu im freiheitlichen Staat, 2003.

[66] *Udo Di Fabio*, Die Grundrechte als Werteordnung, in: Juristenzeitung 2004, S. 1 ff.

[67] *Max Weber*, Wirtschaft und Gesellschaft, 5. Auflage 1980, S. 17.

[68] *Max Weber*, Wirtschaft und Gesellschaft, 5. Auflage 1980, S. 12.

[69] *Josef Isensee*, Tabu im freiheitlichen Staat, 2003.

[70] *Max Scheler*, Die Stellung des Menschen im Kosmos, 16. Auflage
2005 (hrsg. von Frings); *Arnold Gehlen*, Der Mensch, 14. Auflage 2004.
Insofern sind die Werte der Verfassung Ausdruck eines zu Grunde liegenden Menschenbildes, das von der Offenheit und Freiheit ausgeht.
Mit dem Menschenbild westlicher Verfassungen wird in einer selbstre-
ferentiellen Weise der Achtungsanspruch, der jedem menschlichen Individuum zusteht, zum Leit- und Höchstwert gesetzt. In einer der frühesten Entscheidungen des Bundesverfassungsgerichts, der SRP-
Entscheidung, ist zu lesen: „Dieser Grundordnung (der verfassungsmä-
ßigen Ordnung/Anm. des Verf.) liegt letztlich nach der im Grundgesetz
getroffenen verfassungspolitischen Entscheidung die Vorstellung zu
Grunde, daß der Mensch in der Schöpfungsordnung einen eigenen selb-
ständigen Wert besitzt und Freiheit und Gleichheit dauernde Grundwerte der staatlichen Einheit sind. Daher ist die Grundordnung eine
wertgebundene Ordnung. Sie ist das Gegenteil des totalen Staates, der
als ausschließliche Herrschaftsmacht Menschenwürde, Freiheit und
Gleichheit ablehnt." (Bundesverfassungsgericht, Beschluss vom 23. 10.

1952 – 1 BvB 1/51, in: Entscheidungen des Bundesverfassungsgerichts, Bd. 2, S. 1 [12]).

[71] Bundesverfassungsgericht, Beschluss vom 23. 10. 1952 – 1 BvB 1/51, in: Entscheidungen des Bundesverfassungsgerichts, Bd. 2, S. 1 (12).

[72] Bundesverfassungsgericht, Beschluss vom 17. 8. 1956 – 1 BvB 2/51, in: Entscheidungen des Bundesverfassungsgerichts, Bd. 5, S. 85 (204).

[73] *Jürgen Habermas*, Die Zukunft der menschlichen Natur, 1. Auflage 2001, S. 121 („gattungsethisches Selbstverständnis"); *Peter Häberle*, in: Isensee/Kirchhof (Hrsg.), Handbuch des Staatsrechts der Bundesrepublik Deutschland, 1. Auflage 1987, Bd. I, § 20 Rdnr. 65 f.; *Matthias Herdegen*, in: Maunz/Dürig (Hrsg.), Grundgesetz. Kommentar, Stand: Februar 2004, Art. 1 Abs. 1 Rdnr. 1, vgl. aber auch Rdnr. 29; *Wolfram Höfling*, in: Sachs (Hrsg.), Grundgesetz. Kommentar, 3. Auflage 2003, Art. 1 Rdnr. 42; *Tatjana Geddert-Steinacher*, Menschenwürde als Verfassungsbegriff, 1990, S. 176 f.

[74] Vgl. hierzu: Bundesverfassungsgericht, Beschluss vom 15. 12. 1970 – 2 BvF 1/69, 2 BvR 629/68 und 308/69, in: Entscheidungen des Bundesverfassungsgerichts, Bd. 30, S. 1 (25 f.); Beschluss vom 21. 4. 1993 – 2 BvR 930/92, in: Neue Juristische Wochenschrift 1993, S. 3315. Hierdurch soll allerdings keine Abstufung des Menschenwürdeschutzes beschworen werden. Vgl. zu den sog. „relativierenden Definitionen" der Menschenwürde: *Tatjana Geddert-Steinacher*, Menschenwürde als Verfassungsbegriff, 1990, S. 45 ff.; warnend hierzu: *Ernst-Wolfgang Böckenförde*, in: Frankfurter Allgemeine Zeitung vom 3. September 2003, S. 33 f.

[75] Ob eine Verletzung der Menschenwürde vorliegt, kann immer nur aus den Gesamtumständen geschlossen werden, dabei spielen die Ziele des aktiv Handelnden – wird aus bloßem Eigennutz gehandelt oder um Belange Einzelner oder der Allgemeinheit zu wahren? – und das vorangegangene Handeln des mutmaßlichen Opfers eine Rolle, dies ist beispielsweise von Bedeutung beim Einsatz von Brechmitteln zur Strafverfolgung. Vgl. hierzu Bundesverfassungsgericht, Beschluss vom 15. 9. 1999 – 2 BvR 2360/95, in: Neue Zeitschrift für Strafrecht 2000, S. 96, mit kritischer Anmerkung *Stephan Rixen*, S. 381 f.; Kammergericht, Urteil vom 28. 3. 2000 – 1 Ss 87/98 (74/98), in: Neue Zeitschrift für Strafrecht, Rechtsprechungs-Report 2001, S. 204 ff.; Oberlandesgericht Frankfurt a. M., Urteil vom 27. 9. 2002 – 1 Ss 49/02, in: Neue Zeitschrift für Strafrecht, Rechtsprechungs-Report 2003, S. 23 ff.

[76] *Ludwig Wittgenstein*, Vortrag über Ethik und andere kleine Schriften, 2. Auflage 1991, S. 86.

[77] *Charles Taylor*, Negative Freiheit?, 1. Auflage 1988, S. 130 f.; Originalausgabe: Philosophical Papers, Cambridge 1985.

[78] *Wolf Singer*, Ein neues Menschenbild?, 2003, S. 24 ff.

[79] *Jean-Francois Lyotard*, La condition postmoderne, Paris 1979; deutsche Ausgabe: Das postmoderne Wissen, 4. Auflage 1999.

[80] Wobei Ordnung andere Möglichkeiten ausschließt, aber auch die mit der Selektion präsentierte Disjunktion von begrenzten Möglichkeiten erst wählbar macht, siehe *Niklas Luhmann*, Die Gesellschaft der Gesellschaft, 1. Auflage 1998.

[81] Dazu rechnet auch eine neuere Entscheidung des EuGH vom 14. Okt. 2004 (Laserdrome) – C-36/02, in: Neue Zeitschrift für Verwaltungsrecht 2004, S. 1471, die den mitgliedstaatlichen Verwaltungsbehörden bei Beschränkungen der Dienstleistungsfreiheit dann einen europarechtlich nicht vollständig nachprüfbaren Beurteilungsspielraum einräumt, wenn es um die Festlegung der nationalen Vorstellung von Menschenwürde geht. Siehe auch den Vorlagebeschluss des Bundesverwaltungsgerichts: Bundesverwaltungsgericht, Beschluss vom 24. 10. 2001 – 6 C 3/01, in: Entscheidungen des Bundesverwaltungsgerichts, Bd. 115, S. 189. Das Bundesverfassungsgericht hat in seiner neueren Rechtsprechung ebenfalls von den Notwendigkeiten gesprochen, die Entscheidungen internationaler Gerichte in die eigene systematisch ausgewogene Rechtsordnung schonend einzupassen. Bundesverfassungsgericht, Beschluss vom 14. 10. 2004 – 2 BvR 1481/04, in: Neue Juristische Wochenschrift 2004, S. 3407 (Berücksichtigung der Entscheidungen des EGMR durch deutsche Gerichte).

[82] Schon diese Formulierung gilt seit der kulturellen Wende von 1968 zu den „unerhörten", jedenfalls unerlaubten, Begründungen für eine soziale Norm.

[83] Frankfurter Allgemeine Zeitung vom 18. Januar 2005, S. 8.

[84] *Joachim Fest*, Die schwierige Freiheit, 1. Auflage 1993, S. 66.

[85] Bundesverfassungsgericht, Beschluss vom 25. 2. 1975 – 1 BvF 1, 2, 3, 4, 5, 6/74, in: Entscheidungen des Bundesverfassungsgerichts, Bd. 39, S. 1 (43).

[86] *Paul Kirchhof*, Der Staat als Garant und Gegner der Freiheit, 2004, S. 34f.

[87] *Friedrich A. von Hayek*, Die Verfassung der Freiheit, 4. Auflage 2005.

[88] Artikel 18, 21 Absatz 2 des Grundgesetzes.

[89] Die Kalkulation des Nutzens darf für die Bürger nicht reduziert werden auf die Vorteilsberechnung verwalteter Existenzen, die mit bestimmtem Verhalten das Wohlwollen des staatlichen Wohltäters erlangen, und dabei so wenig Engagement zeigen wie möglich.

[90] *Wolfgang Kersting*, Kritik der Gleichheit, 2002, S. 9.

[91] *Wolfgang Kersting*, Kritik der Gleichheit, 2002, S. 9f.

[92] *Giovanni Pico della Mirandola*, Oratio de hominis dignitate, 1486; lateinisch/deutsche Ausgabe: Nachdruck 2001. Siehe zur Ideengeschichte der Würdevorstellung auch: *Theo Kobusch*, Die Entdeckung der Person, 2. Auflage 1997.

[93] *Christoph Menke*, Spiegelungen der Gleichheit, 2004, S. 22f.

[94] Siehe etwa *Philip Allott*, The Health of Nations, Cambridge 2002.

[95] Dazu auch rechtsvergleichend *Björn G. Schubert*, Affirmative Action und Reverse Discrimination, 2003.

[96] Das sehen auch die radikalen Kritiker so, wie etwa *Johan Galtung*, Menschenrechte – anders gesehen, 2. Auflage 1997, S. 221.

[97] Wobei die Ironie der Deregulierung häufig in einer Zunahme der Regeln liegt, siehe das Beispiel bei *Udo Di Fabio*, Das Recht offener Staaten, 1998, S. 41 Fußn. 87.

[98] *Paul Kirchhof*, Der sanfte Verlust der Freiheit, 2004; *ders. u. a.*, Karlsruher Entwurf zur Reform des Einkommensteuergesetzes, 2001.

[99] *John S. Mill*, Über die Freiheit, Drittes Kapitel, Schlusspassage, Nachdruck (2004) von 1988; Originalausgabe: On liberty, 1859.

[100] Siehe *Milton Friedman*, Kapitalismus und Freiheit, 2004, S. 196; Originalausgabe: Capitalism and freedom, 7. Auflage Chicago 1991.

[101] *Stefan Gosepath*, Gleiche Gerechtigkeit, 2004, S. 352.

[102] *Stefan Gosepath*, Gleiche Gerechtigkeit, 2004, S. 185.

[103] *Johann G. Fichte*, Grundlagen des Naturrechts nach Prinzipien der Wissenschaftslehre, 1797, Zweiter Anhang, § 22.

[104] *Stefan Gosepath*, Gleiche Gerechtigkeit, 2004, S. 144f., räumt allerdings die willkürliche Setzung ein, aber warum dann der Begründungsaufwand, wenn es nur um Plausibilität geht?

[105] *Udo Di Fabio*, in: Maunz/Dürig (Hrsg.), Grundgesetz. Kommentar, Stand: Februar 2004, Art. 2 Abs. 2 Rdnr. 12.

[106] In der Sprache des öffentlichen Rechts: „Selbstbestimmung des Einzelnen im Rechtsleben", Bundesverfassungsgericht, Beschluss vom 19. 10. 1993 – 1 BvR 567, 1044/89, in: Entscheidungen des Bundesverfassungsgerichts, Bd. 89, S. 214 (231), unter Hinweis auf *Hans-Uwe Erichsen*, in: Isensee/Kirchhof (Hrsg.), Handbuch des Staatsrechts der Bundesrepublik Deutschland, 1989, Bd. VI, § 152 Rdnr. 58.

[107] Vgl. Bundesverfassungsgericht, Beschluss vom 19. 10. 1993 – 1 BvR 567, 1044/89, in: Entscheidungen des Bundesverfassungsgerichts, Bd. 89, S. 214 (215).

[108] Dazu erst benötigt man die Verfassung im modernen Sinne. Gesellschaften, die ihre Einheit in der Religion oder in segmentärer Differenzierung mit politisch-kultureller Spitzenrepräsentation finden, haben zwar womöglich Fundamentalnormen, aber keine gesetzte, positivierte Verfassung als konstruktiven Entwurf.

[109] *Aristoteles*, Die Nikomachische Ethik; deutsche Ausgabe: Nickel (Hrsg.), 2005, VIII 15.

[110] *Niklas Luhmann*, Macht, 1975, S. 60ff.

[111] *Georg W. F. Hegel*, Phänomenologie des Geistes, 1807, IV A., Selbstständigkeit und Unselbstständigkeit des Bewusstseins; Herrschaft und Knechtschaft.

[112] Bundesverfassungsgericht, Beschluss vom 19. 3. 2003 – 2 BvL 9, 10, 11, 12/98, in: Entscheidungen des Bundesverfassungsgerichts, Bd. 108, S. 1 (19f.); Beschluss vom 7. 2. 1991 – 2 BvL 24/84, in: Entscheidungen des Bundesverfassungsgerichts, Bd. 83, S. 363 (392).

[113] *Niklas Luhmann*, Die Gesellschaft der Gesellschaft, 1. Auflage 1998, S. 1061 ff.

[114] Die bürgerliche Nützlichkeitserwägung ist der beste Garant gegen Fanatismus und Terrorismus, siehe *Gerd Roellecke*, Staat und Tod, 2004, S. 56 f.

[115] Wenn die soziale Welt gänzlich nach autopoietischen Funktionssystemen verstanden wird, ist sie halbiert, ebenso, wenn man meint, Rechtswerte oder politomoralische Systeme seien identisch mit Gesellschaft oder auch nur ihr Kern. Siehe zur diesbezüglichen Kritik an der Systemtheorie: *Matthias Beyerle*, Die Vollendung des staatstheoretischen Nihilismus, in: Der Staat 1997, S. 163 (169).

[116] *John Rawls*, Eine Theorie der Gerechtigkeit, 8. Auflage 1994, S. 124 f.; Originalausgabe: A Theory of Justice, Cambridge 1971; *Charles Taylor*, Negative Freiheit?, 1. Auflage 1988, S. 177 ff.; Originalausgabe: Philosophical Papers, Cambridge 1985.

[117] Dazu näher unten VII.

[118] *Niklas Luhmann*, Die Wissenschaft der Gesellschaft, 1. Auflage 1990, S. 267.

[119] *Thomas Nipperdey*, Deutsche Geschichte, 1800–1866: Bürgerwelt und starker Staat, 1. Auflage 1983, S. 130.

[120] *Carl Schmitt*, Die geistesgeschichtliche Lage des heutigen Parlamentarismus, 8. Auflage 1996. *Schmitt* versucht Demokratie gegen Liberalismus auszuspielen und damit eine demokratische Gesellschaft zu entwerfen, die nicht bürgerlich ist, a. a. O., S. 13 ff. Der antibürgerliche Führerstaat verstand sich durchaus in dieser Denkrichtung.

[121] Artikel 6 Absatz 1 des Grundgesetzes.

[122] Dazu näher *Udo Di Fabio*, Die Grundrechte als Werteordnung, in: Juristenzeitung 2004, S. 1 ff.

[123] Zur Erwerbsorientierung und zur noch vorhandenen Akzeptanz der sog. Hausfrauenehe: Kommission für Zukunftsfragen der Freistaaten Bayern und Sachsen (Hrsg.), Erwerbstätigkeit und Arbeitslosigkeit in Deutschland, Teil II, 1997, S. 37 f.

[124] Zum Prozess des Wandels siehe etwa: *Norbert F. Schneider*, Familie und private Lebensführung in West- und Ostdeutschland, 1994.

[125] Das Grundgesetz stand diesem Wandel des Leitbildes privater Lebensführung nicht etwa feindlich gegenüber, sondern wies mit seinem Artikel 3 Absatz 2 – der Forderung nach der Gleichberechtigung der Geschlechter – sogar mit den Weg.

[126] *Udo Di Fabio*, Der Schutz von Ehe und Familie: Verfassungsentscheidung für die vitale Gesellschaft, in: Neue Juristische Wochenschrift 2003, S. 993 (994, 998).

[127] Unter Berücksichtigung auch der neuen Bundesländer hatte Deutschland im Jahr 2001 bei 82 Mio. Einwohnern 743 500 Geburten zu verzeichnen, während Frankreich mit 61,1 Mio. Einwohnern 775 000 Geburten registrierte, siehe dazu *Stéphanie Brossé-Verbiest/Norbert*

Wagner, Familienpolitik in Frankreich, in: Konrad-Adenauer-Stiftung (Hrsg.), Auslandsinformationen, Ausgabe 7/2003, S. 54.

[128] *Niklas Luhmann*, Liebe als Passion, Sonderausgabe 2003.

[129] Allein für die Finanzierung der Arbeitslosigkeit über die Bundesagentur für Arbeit und die vom Bund finanzierte Arbeitslosenhilfe werden 75 Mrd. oder 3,5 % des Bruttoinlandsprodukts aufgewendet, siehe Bericht der Deutschen Bundesbank, Monatsbericht März 2004, S. 24.

[130] Siehe dazu die Dokumentation der Referate und Arbeitsergebnisse der Jahrestagung der Katholischen Frauengemeinschaft Deutschlands (kfd) – Berufstätige Frauen, 1999: Chance für Eltern oder Risiko für Frauen? Erziehungsgehalt und seine Bedeutung für die erwerbstätige Frau.

[131] Siehe *Rainer Geißler*, Die Sozialstruktur Deutschlands, 3. Auflage 2002, S. 54.

[132] Bundesverfassungsgericht, Beschluss vom 3. 4. 2001 – 1 BvR 1629/94, in: Entscheidungen des Bundesverfassungsgerichts, Bd. 103, S. 242 (263 ff.).

[133] Bundesverfassungsgericht, Beschluss vom 3. 4. 2001 – 1 BvR 1629/94, in: Entscheidungen des Bundesverfassungsgerichts, Bd. 103, S. 242 (267).

[134] Zu den Rahmenbedingungen, die Eltern vorfinden: *Karen Pfundt*, Die Kunst, in Deutschland Kinder zu haben, 2004.

[135] *Max Weber*, Wirtschaft und Gesellschaft, 5. Auflage 1980, S. 308.

[136] *Klaus Schlaich*, Zur weltanschaulichen und konfessionellen Neutralität des Staates, in: Essener Gespräche zum Thema Staat und Kirche, Bd. 4 (1969), S. 9 ff.

[137] *Axel von Campenhausen*, in: Listl/Pirson (Hrsg.), Handbuch des Staatskirchenrechts der Bundesrepublik Deutschland, 2. Auflage 1994, Bd. I, § 2 S. 66 ff.

[138] *Johannes Neumann*, Der Reichsdeputationshauptschluss von 1803 – Voraussetzungen und Folgen, 2002.

[139] *Rolf Schieder*, Wieviel Religion verträgt Deutschland?, 2001, S. 35.

[140] *Peter Badura*, in: Listl/Pirson (Hrsg.), Handbuch des Staatskirchenrechts der Bundesrepublik Deutschland, 2. Auflage 1994, Bd. I, § 6 S. 229.

[141] Siehe zum Religionsunterricht: *Christoph Link*, in: Listl/Pirson (Hrsg.), Handbuch des Staatskirchenrechts der Bundesrepublik Deutschland, 2. Auflage 1995, Bd. II, § 54 S. 503 ff.

[142] Zu dem für den Staat verbindlichen Gebot weltanschaulich-religiöser Neutralität: Bundesverfassungsgericht, Beschluss vom 17. 2. 1965 – 1 BvR 732/64, in: Entscheidungen des Bundesverfassungsgerichts, Bd. 18, S. 385 (386); Beschluss vom 14. 12. 1965 – 1 BvR 413, 416/60, in: Entscheidungen des Bundesverfassungsgerichts, Bd. 19, S. 206 (216); Beschluss vom 16. 10. 1968 – 1 BvR 241/66, in: Entscheidungen des Bundesverfassungsgerichts, Bd. 24, S. 236 (246). Zum Grundsatz

der Parität der Kirchen und Bekenntnisse Beschluss vom 28. 04. 1965 –
1 BvR 346/61, in: Entscheidungen des Bundesverfassungsgerichts,
Bd. 19, S. 1 (8); Beschluss vom 16. 10. 1968 – 1 BvR 241/66, in: Entscheidungen des Bundesverfassungsgerichts, Bd. 24, S. 236 (246).

[143] *Carl Schmitt*, Politische Theologie, 2. Ausgabe 1934, S. 49 ff.

[144] So das Bundesverfassungsgericht in seiner Entscheidung über den
Anspruch der Religionsgemeinschaft „Zeugen Jehovas", als öffentlich-
rechtliche Körperschaft anerkannt zu werden, Bundesverfassungsgericht, Beschluss vom 19. 12. 2000 – 2 BvR 1500/97, in: Entscheidungen
des Bundesverfassungsgerichts, Bd. 102, S. 370 (392).

[145] Näher dazu *Arnd Uhle*, Staat – Kirche – Kultur, 2004.

[146] *Francis Fukuyama*, Staaten bauen, 2004, S. 158; Originalausgabe:
State-building, Ithaca 2004.

[147] *Thomas Mann*, Betrachtungen eines Unpolitischen, 2. Auflage
2002, S. 487 f.

[148] *Michael Theunissen*, Schicksal in Antike und Moderne, 2004,
S. 50 f.

[149] *Udo Di Fabio*, Mehrebenendemokratie in Europa – Der Weg in die
komplementäre Ordnung, in: Walter Hallstein-Institut für Europäisches Verfassungsrecht (Hrsg.), Die Konsolidierung der europäischen
Verfassung: von Nizza bis 2004, 2002, S. 107 ff.

[150] *Fritz Fischer*, Griff nach der Weltmacht, Nachdruck (2002) der
Sonderausgabe von 1967.

[151] Indes siehe auch zu den modernen Quellen der Idee eines sozialen
Königtums: *Karl H. Metz*, Preußen als Modell einer Idee der Sozialpolitik, in: Bahners/Roellecke (Hrsg.), Preußische Stile, 2001, S. 355 ff.

[152] *Ernst Benda*, Zwerg in Gelee, in: Frankfurter Allgemeine Zeitung
vom 3. Januar 2005, S. 9.

[153] *Ernst Benda*, Zwerg in Gelee, in: Frankfurter Allgemeine Zeitung
vom 3. Januar 2005, S. 9.

[154] Dazu *Udo Di Fabio*, Die Staatsrechtslehre und der Staat, 2003,
S. 54 ff.

[155] Eine moderate Neuauflage dieser staatsfixierten Modernisierungs-
geste findet sich heute bei *Paul Nolte*, Generation Reform, 2004.

[156] Einen bemerkenswerten Versuch in die Richtung nüchterner Be-
standsaufnahme findet sich bei Bahners/Roellecke (Hrsg.), Preußische
Stile, 2001.

[157] *Niklas Luhmann*, Die Gesellschaft der Gesellschaft, 1. Auflage
1998, S. 1077.

[158] *Jürgen Habermas*, Hat die Konstitutionalisierung des Völkerrechts
noch eine Chance?, in: *ders.*, Der gespaltene Westen, 2004, S. 113 (114 ff.).

[159] Gesehen wird dabei allerdings die Gefahr des Antiamerikanismus
von *Jürgen Habermas*, Der gespaltene Westen, 2004, S. 109. Siehe auch
ders., Ist die Herausbildung einer europäischen Identität nötig, und ist
sie möglich?, in: *ders.*, Der gespaltene Westen, 2004, S. 68 (74 f.).

[160] *Carl Schmitt*, Der Begriff des Politischen, 6. Auflage 1996, S. 26 ff.

¹⁶¹ So sieht es auch der als Kommissar am Widerstand des Europäischen Parlaments gescheiterte italienische Intellektuelle *Rocco Buttiglione*, siehe Die Welt vom 5. November 2004, S. 10.

¹⁶² *Niklas Luhmann*, Die Gesellschaft der Gesellschaft, 1. Auflage 1998, S. 1078.

¹⁶³ Siehe insoweit Artikel 1 Ziffer 2 und Artikel 55 UN-Charta, wonach die UN auf die Entwicklung von „freundschaftlichen, auf der Achtung vor dem Grundsatz der Gleichberechtigung und Selbstbestimmung der Völker beruhende Beziehungen zwischen den Nationen" hinwirken soll.

¹⁶⁴ Siehe dazu *Thilo Marauhn*, Anspruch auf Sezession?, in: Heintze (Hrsg.), Selbstbestimmungsrecht der Völker – Herausforderung der Staatenwelt, 1997, S. 105 ff.

¹⁶⁵ *Jürgen Habermas*, Hat die Konstitutionalisierung des Völkerrechts noch eine Chance?, in: *ders.*, Der gespaltene Westen, 2004, S. 113 (117ff.).

¹⁶⁶ Vgl. *Ulrich K. Preuß*, Der Kosovo-Krieg, das Völkerrecht und die Moral, in: Merkel (Hrsg.), Der Kosovo-Krieg und das Völkerrecht, 2000, S. 115 (117f.).

¹⁶⁷ Näher dazu *Udo Di Fabio*, Mehrebenendemokratie in Europa – Der Weg in die komplementäre Ordnung, in: Walter Hallstein-Institut für Europäisches Verfassungsrecht (Hrsg.), Die Konsolidierung der europäischen Verfassung: von Nizza bis 2004, 2002, S. 107 (120f.).

¹⁶⁸ *Bruno Simma*, Die NATO, die UN und militärische Gewaltanwendung: Rechtliche Aspekte, in: Merkel (Hrsg.), Der Kosovo-Krieg und das Völkerrecht, 2000, S. 9 (48f.).

¹⁶⁹ *Dieter Senghaas*, Recht auf Nothilfe, in: Merkel (Hrsg.), Der Kosovo-Krieg und das Völkerrecht, 2000, S. 99 (103).

¹⁷⁰ *Dieter Senghaas*, Recht auf Nothilfe, in: Merkel (Hrsg.), Der Kosovo-Krieg und das Völkerrecht, 2000, S. 99 (104).

¹⁷¹ *Carl Schmitt*, Großraum gegen Universalismus, in: *ders.*, Positionen und Begriffe, 3. Auflage 1994, S. 335 (341f.).

¹⁷² Abschließende Bemerkungen des Menschenrechtsausschusses: Deutschland 04/05/2004, CCPR/CO/80/DEU, Ziffern 13, 14 und 19.

¹⁷³ Europäischer Gerichtshof für Menschenrechte, Urteil vom 26. 2. 2004 – No. 74969/01 (Görgülü/Deutschland), in: Neue Juristische Wochenschrift 2004, S. 3397, sowie Bundesverfassungsgericht, Beschluss vom 14. 10. 2004 – 2 BvR 1481/04, in: Neue Juristische Wochenschrift 2004, S. 3407 (Berücksichtigung der Entscheidungen des EGMR durch deutsche Gerichte).

¹⁷⁴ Siehe vor allem die Resolution 2200A (XXI) vom 16. 12. 1966 über den Internationalen Pakt über bürgerliche und politische Rechte (Zivilpakt) und über den Internationalen Pakt über wirtschaftliche, soziale und kulturelle Rechte (Sozialpakt). Der deutsche Text ist veröffentlicht in: Bundesgesetzblatt, Teil II, 1973, S. 1534ff. bzw. S. 1570ff.

[175] *Harald Wohlrapp*, Die Suche nach einem transkulturellen Argumentationsbegriff, in: Steinmann/Scherer (Hrsg.), Zwischen Universalismus und Relativismus, 1998, S. 240 (269f.).

[176] *Friedrich Kambartel*, Vernunftkultur und Kulturrelativismus, in: Steinmann/Scherer (Hrsg.), Zwischen Universalismus und Relativismus, 1998, S. 212 (219).

[177] *Horst Gronke*, Kulturalismus: Relativismus wider willen?, in: Steinmann/Scherer (Hrsg.), Zwischen Universalismus und Relativismus, 1998, S. 384 (399).

[178] *Mala Htun*, Institutionen und Ungleichheit der Geschlechter in Lateinamerika, in: Huntington/Harrison (Hrsg.), Streit um Werte, 2002, S. 288 (298ff.); Originalausgabe: Culture matters, New York 2000.

[179] Ein solches rational kontrolliertes Überschreiten des einfachlogischen „Entweder-Oder" fällt an sich den auf binäre Klarheit angewiesenen Juristen schwerer als den Feuilletonisten. Dass es auch anders herum sein kann, zeigen die Rezeption einer Entscheidung des Bundesverfassungsgerichts zu diesem Punkt der Öffnung und Selbstbehauptung: Bundesverfassungsgericht, Beschluss vom 14. 10. 2004 – 2 BvR 1481/04, in: Neue Juristische Wochenschrift 2004, S. 3407 (Berücksichtigung der Entscheidungen des EGMR durch deutsche Gerichte) und die Glosse im Feuilleton der Frankfurter Allgemeine Zeitung vom 20. Oktober 2004: „Karlsruher Hymnen", S. 33.

[180] Ein umfassendes Verbot des Angriffskrieges wurde sogar erst mit dem Vertrag über die Ächtung des Krieges vom 27. August 1928, Reichsgesetzblatt, Teil II, 1929, S. 97, dem sog. Briand-Kellog-Pakt, statuiert.

[181] *Francis Fukuyama*, The End of History, New York 1992; deutsche Ausgabe: Das Ende der Geschichte, 1992.

[182] In diese Richtung die Kritik von *Michael Walzer*, Philosophy and Democracy, in: Political Theory, Bd. 9 (1981), S. 379.

[183] *John Rawls*, A Theory of Justice, Cambridge 1971; deutsche Ausgabe: Eine Theorie der Gerechtigkeit, 8. Auflage 1994.

[184] *Niklas Luhmann*, Gibt es in unserer Gesellschaft noch unverzichtbare Normen?, 1993.

[185] *Niklas Luhmann*, Gibt es in unserer Gesellschaft noch unverzichtbare Normen?, 1993, S. 21f.

[186] *Niklas Luhmann*, Die Religion der Gesellschaft, 2000, S. 352.

[187] *Francis Fukuyama*, State-building, Ithaca 2004; deutsche Ausgabe: Staaten bauen, 2004.

[188] *Daniel Thürer*, Das Selbstbestimmungsrecht der Völker, 1976.

[189] Siehe dazu *Juliane Kokott*, Souveräne Gleichheit und Demokratie im Völkerrecht, in: Zeitschrift für ausländisches öffentliches Recht und Völkerrecht, Bd. 64 (2004), S. 517ff.

[190] Reflexiv in einem reifen Sinne bedeutet, dass man die Willkür auch der gut begründeten Entscheidung erkennt und sie womöglich gerade

deshalb als unabänderlich verteidigt. Dafür muss man indes überzeugende Gründe vorbringen. Denn die Entscheidung, Menschen mit fundamentalen Rechten ausgestattet in den Mittelpunkt der gesamten
Rechtsordnung zu rücken, ist aus der Interessenlage eines jeden Einzelnen ebenso nahe liegend wie angesichts konkreter Machtlagen unwahrscheinlich. Politische Herrschaft kann sich im ersten Zugriff viel besser
über den Vorrang des Kollektiven vor dem Individuellen rechtfertigen.
Es sind denn auch mehr die unseligen Erfahrungen mit kollektivistischen Glücksverheißungen, aber auch die Logik bürgerlich aufgeklärten Denkens, die eine Gesellschaft unbeirrt als Ensemble freier Menschen versteht, ausnahmslos frei, weil dies Gattungsmerkmal ist. Der
Mensch ist frei, weil er im Sinne *Kants* als das Subjekt des moralischen
Gesetzes frei sein muss, *Immanuel Kant*, Kritik der Urteilskraft, 1790,
§ 86.

[191] Siehe *Ronald Dworkin*, Life's dominion, New York 1993, S. 77 f.;
deutsche Ausgabe: Die Grenzen des Lebens, 1994.

[192] *Norbert Elias*, Über den Prozeß der Zivilisation, 1. Auflage 1976,
Zweiter Band, S. 313 f., der darauf hinweist, dass Zivilisation nicht rational erfunden wurde – also gerade nicht dem Programm der individuellen Selbstschöpfung entspricht –, aber in ihrer Entwicklung begriffen
und dann gelenkt und beherrscht werden kann.

[193] Zur Permeabilität im Völkerrecht: *Eberhard Menzel*, Das Völkerrecht und die politisch-sozialen Grundstrukturen der modernen Welt,
in: Picht/Eisenbart (Hrsg.), Frieden und Völkerrecht, 1973, S. 401
(410 ff.).

[194] Dafür steht etwa die Resolution 1514 (XV) der Generalversammlung der Vereinten Nationen vom 14. 12. 1960, betreffend die Erklärung
über die Gewährung von Unabhängigkeit an koloniale Länder und
Völker vom 14. 12. 1964, siehe *Peter J. Opitz*, Die verletzte Würde –
Probleme und Perspektiven des internationalen Menschenrechtsschut-
zes, in: ders. (Hrsg.), Weltprobleme, 5. Auflage 2001, S. 287 (295).

[195] Weltrechtsordnung ist das sich ausbildende Rechtssystem der
Weltgesellschaft, die jenseits national begrenzter Gesellschaftsverständ-
nisse zunehmend kräftiger spürbar wird. Siehe *Niklas Luhmann*, Die
Weltgesellschaft, in: *ders.*, Soziologische Aufklärung 2, 1. Auflage 1975,
S. 51 ff.; *Martin List*, Was heißt Weltgesellschaft?, in: Moltmann/Seng-
haas-Knobloch (Hrsg.), Konflikte in der Weltgesellschaft und Friedens-
strategien, 1989, S. 29 ff.; *Udo Di Fabio*, Der Verfassungsstaat in der
Weltgesellschaft, 2001, S. 9 f.; 15 ff.

[196] *Udo Di Fabio*, in: Maunz/Dürig (Hrsg.), Grundgesetz. Kommentar, Stand: Februar 2004, Art. 2 Abs. 1 Rdnr. 1 f.

[197] Siehe etwa *Karl Doehring*, Demokratie und Völkerrecht, in:
Cremer/Giegerich/Richter/Zimmermann (Hrsg.), Tradition und Weltoffenheit des Rechts, Festschrift für Helmut Steinberger, 2002, S. 127 ff.

[198] Zur Unterscheidung von kognitiver und normativer Erwartung:
Niklas Luhmann, Rechtssoziologie, 3. Auflage 1987, Bd. 1/2, S. 40 ff.

[199] Dahinter steht die tiefere Einsicht, dass Freiheit erst durch Ordnung in die Welt kommt, siehe *Andreas Anter*, Die Macht der Ordnung, 2004, S. 80.

[200] *Udo Di Fabio*, Das Recht offener Staaten, 1998, S. 25 ff.

[201] *Friedrich der Große*, Antimacchiavell, 1739; *Niklas Luhmann*, Die Gesellschaft der Gesellschaft, 1. Auflage 1998, S. 1149.

[202] Auch die so raffiniert angelegte Systemtheorie *Luhmanns* wird wie vieles, was sie beobachtet, zum heimlichen Opfer einer Paradoxie, der keine Theorie entkommen kann. Jede Wissenschaft, jedes rationale Denken im neuzeitlichen Sinne gewinnen ihre Inhalte und Verknüpfungen über Leitunterscheidungen, die in eine ungeteilte Welt gesetzt werden. Ohne Unterscheidungen können wir nichts klar erkennen und intersubjektiv begründbar machen, aber es ist nicht identisch mit Denken und Handeln schlechthin.

[203] *Paul Kirchhof*, Der Staat als Garant und Gegner der Freiheit, 2004.

[204] Zu Dimensionen der Freiheit: *Udo Di Fabio*, Das Recht offener Staaten, 1998, S. 84 ff.

[205] Diese Bewahrung von freiheitlicher Identität auch im Prozess der internationalen Öffnung und Bindung hat das Bundesverfassungsgericht mit großem Beharrungsvermögen zur Leitschnur seiner Rechtsprechung gemacht, siehe etwa Bundesverfassungsgericht, Beschluss vom 22. 10. 1986 – 2 BvR 197/83, in: Entscheidungen des Bundesverfassungsgerichts, Bd. 73, S. 339 ff. (Solange II); Beschluss vom 12. 10. 1993 – 2 BvR 2134, 2159/92, in: Entscheidungen des Bundesverfassungsgerichts, Bd. 89, S. 155 ff. (Maastricht); Beschluss vom 14. 10. 2004 – 2 BvR 1481/04, in: Neue Juristische Wochenschrift 2004, S. 3407 (Berücksichtigung der Entscheidungen des EGMR durch deutsche Gerichte).